工业和信息化普通高等教育“十三五”规划教材立项项目

全国财经类“十三五”规划教材基础课系列

管理理论与实务

微课版 | 第3版

◆ 曹云明 万佳丽 主编

◆ 韩磊 周树滨 胡玉宏 许艳辉 副主编

THE THEORY AND PRACTICE OF MANAGEMENT

人民邮电出版社

北京

图书在版编目（CIP）数据

管理理论与实务 : 微课版 / 曹云明，万佳丽主编
. -- 3版. -- 北京 : 人民邮电出版社，2019.2(2022.6重印)
全国财经类“十三五”规划教材基础课系列
ISBN 978-7-115-49938-7

Ⅰ. ①管… Ⅱ. ①曹… ②万… Ⅲ. ①管理学—高等
学校—教材 Ⅳ. ①C93

中国版本图书馆CIP数据核字(2018)第251767号

内 容 提 要

本书遵循“理论够用，重在实践”的原则；以实用性、应用性为准则；突出课程教学的职业性、开放性和综合性，以“激发兴趣，打好基础，提高素质，倡导创新”为宗旨；根据社会组织管理的基本原则、技术和方法，以管理的职能为主线，将全书的内容设置为 8 个模块：管理概述模块、计划模块、决策模块、组织模块、领导模块、控制模块、创新模块、现代管理中的热点问题模块。每个模块都由导入案例、理论部分和实务部分组成。

本书可作为高等院校、高职高专院校经济、管理类学生学习和了解管理学知识的通用教材，也可作为各类企事业单位管理人员的培训用书，还可作为社会自学者的参考书。

◆ 主　　编　曹云明　万佳丽
副 主 编　韩　磊　周树滨　胡玉宏　许艳辉
责任编辑　刘　琦
责任印制　焦志炜

◆ 人民邮电出版社出版发行　　北京市丰台区成寿寺路 11 号
邮编　100164　　电子邮件　315@ptpress.com.cn
网址　http://www.ptpress.com.cn
固安县铭成印刷有限公司印刷

◆ 开本：787×1092　1/16
印张：14.5　　2019 年 2 月第 3 版
字数：326 千字　　2022 年 6 月河北第 3 次印刷

定价：49.80 元

读者服务热线：(010)81055256　印装质量热线：(010)81055316
反盗版热线：(010)81055315
广告经营许可证：京东市监广登字20170147号

第 3 版前言

2011 年 9 月，《管理理论与实务》第 1 版正式出版；2014 年 8 月，该书第 2 版正式修订出版，《管理理论与实务（第 2 版）》自出版以来，得到了同行的认可，同时广大读者和同行也给编者提出了很多宝贵建议。在第 2 版教材的基础上，我们组织我校商学院保险学教研室、市场营销教研室、金融工程教研室的专业教师及支持我们的广大友人，对第 2 版教材进行了再一次修订。

本次修订，结合近几年企业管理及应用型本科、职业院校等的教学需要，对部分内容进行了修改、更新。本书的特点是：1. 支持“理实一体化”教学，全书采用模块化设计，每个模块都通过模拟实务的形式展现一个场景，配合场景拍摄了企业模拟视频案例，视频案例以二维码形式设置在每个模块实务部分的企业模拟案例（视频案例）部分，便于教师开展情景模拟教学。实务部分融入了对社会热点问题的讨论，能有效提高学生应用管理理论解决现实问题的能力。另外，为了拓宽学生的知识范围，我们还在理论部分增加了管理故事、扩展阅读等内容。2. 将理论性较强的知识做成动画视频，以二维码的方式链入教材中，可以方便院校进行移动授课。3. 将案例进行更新，使其更符合互联网时代、自媒体时代的特征，更能指导学生的就业、创业实践。重点对全面质量管理、目标管理的内容进行了完善，以使教材内容符合当今企业卓越绩效管理的大趋势；引入信息安全管理等新知识，关注管理层面的社会热点。以上视频、资源可在书中直接扫描二维码获取，也可在人邮教育社区（www.ryjiaoyu.com）上下载。

本书由山东英才学院商学院教学副院长曹云明、商学院副教授万佳丽任主编；山东外国语职业学院副校长韩磊、济南汉宇轩餐饮管理有限公司总经理周树滨、北京恩格威认证中心有限公司高级审核员兼培训讲师胡玉宏、山东外国语职业学院工商管理教研室主任许艳辉任副主编；山东英才学院教授司传宁任顾问；山东省教育科学研究院、办公室副主任赵瑞山，山东英才学院杨涛、李修海、丁伟、张萌、吴秋娅、裴斐、薛晓玲，山东外国语职业学院侯熙格参与修订。其中，赵瑞山、吴秋娅、杨涛修订模块一和模块二；赵瑞山、薛晓玲、杨涛修订模块三和模块四；张萌、李修海修订模块五和模块六；裴斐、丁伟修订模块七和模块八；侯熙格制作了部分动画视频。全书由万佳丽、曹云明统一修改、定稿，由司传宁、韩磊对内容构成、模块形式、实训模式等做通盘规划，并为本书的修订提供了建设性意见。

本书在修订过程中得到了山东中大机械装备有限公司、济南益佳农服航空科技有限公司和日照广大建筑材料有限公司的大力支持和帮助；同时本书在编写过程中还参考了国内外管理学专家、学者的诸多著作，在此一并向他们表示由衷的感谢和敬意。

编者

2018 年 9 月

目录

目 录

模块一

管理概述

管理的第一目标是使较高的工资与较低的劳动成本结合起来。

——泰勒

目标与要求

本模块主要阐述管理的概念、作用与职能，管理的主要思想及其演变过程，管理的基本原理与管理者的分类与技能等内容。本模块的学习目标是，要求学生了解管理的基本理论知识，能结合市场经济新环境，熟练运用现代管理思想解决企业的实际问题；在认识企业客观存在的基础上，掌握管理的含义，理解并掌握管理思想的演变过程，能正确分析管理者的类别与各自具备的主要技能，了解管理的基本原理，从而为企业管理实践服务。

导入案例

尼西奇公司的管理对象

提到婴儿，我们自然而然地会想到尿垫，而说起尿垫，我们不能不提起日本尼西奇公司的多川博。多川博刚工作时，就创办了生产销售雨衣、游泳帽、防雨斗篷、尿垫等日用橡胶制品的综合性企业——尼西奇公司。当时，尼西奇公司没有自己的拳头产品，市场上什么好卖，它就生产什么。由于这样形不成自己的特色，尼西奇的知名度不高，再加上多川博年轻气盛、好大喜功，因此，尼西奇不可避免地陷入了“贪多嚼不烂”的境地。

由于没有具有特色的拳头产品，企业经营不是很稳定，经常订单不多，这使刚成立不久的尼西奇公司面临着倒闭的危险。但多川博并没有手足无措、自乱阵脚，而是仔细地分析了自己在经营中存在的问题，努力地寻觅起死回生的捷径。多川博从日本政府的人口普查资料中发现，日本每年都要出生 250 万名左右的婴儿。这个数字给了他很大的启示，若每个婴儿每天只用 2 块尿垫，那 250 万婴儿每天就要用 500 万块。尿垫市场的潜在需求很大，多川博预料市场对尿垫的需求肯定会随着婴儿出生率的提高而增长。就这样，尼西奇尿垫专业公司应运而生，它专门产销婴儿尿垫，并集中全力打造独具一格的产品特色，创造名牌产品“尼西奇”尿垫。专业公司创立后，不断采用新材料、新技术和新设备，不断推出深受妈妈们喜爱的各种“尼西奇”尿垫，在市场中站稳了脚跟。其产品不但垄断了日本的国内市场，还远销 70 多个国家和地区。企业取得的成就离不开成功的经营管理，正如其独特的产品一样，尼西奇公司的经营和管理也是颇具特色的。

尼西奇公司转向专门生产尿垫是成功的，现在日本婴儿使用的尿垫中每三条就有一条是尼西奇专业公司生产的。尼西奇公司被日本政府评为“出口有功企业”，多川博也被誉为“尿垫大王”。

注：管理对象包括人、财、物、时间、信息五要素。

【分析提示】

1. 尼西奇公司的管理对象主要指什么？
2. 尼西奇公司能够成功，其管理对象的转变起到了多大的作用？

第一部分　理论部分

第一节　管理的概念、作用与职能

提到管理者，过去我们通常会想到比尔·盖茨、李嘉诚等著名企业家。提到管理，似乎也认为这是企业家所从事的工作，非常高深莫测。随着社会的发展，管理越来越普及，尤其是在我国大力提倡“大众创业、万众创新”的今天，新创业企业的企业主也成为管理队伍的主力军。除此之外，在日常生活中，我们会经常谈到管理，也会时不时从事管理工作。

管理活动自人类出现便有之，与此同时，管理思想也逐步产生。无论古代还是现代，东方还是西方，我们均可以找到对管理的精彩论述。如果我们以弗雷德里克·温斯洛·泰勒（F.W.Taylor）的名著《科学管理原理》（1911年）以及亨利·法约尔（H.Fayol）的名著《工业管理和一般管理》（1916 年）为管理学诞生的标志，那么，现代意义上的管理学发展至今不过一百年。近一个世纪，管理学发展迅速，成果层出不穷。然而，伴随着新世纪的新要求，管理学仍需进一步发展。

扫一扫

管理的定义

问题思考

什么是管理？

一、管理的概念

管理这个词，有管辖、处理、管人、理事等意，即对在一定范围内的人员与事务进行安排和处理。然而，这只是对管理的一种简单的字面解释，不能完整表达管理本身所具有的意义。

由于管理行为的多样性和复杂性，管理的对象包括人、财、物、时间、信息等多种要素，要对管理下一个准确的定义非常困难，究其原因，主要在于每个人都侧重管理的一部分，没有涵盖管理的全部环节。古今中外，不同的人对管理有不同的理解，一些管理学大家对管理的理解也有不同。

1911 年，“科学管理之父”泰勒出版了《科学管理原理》一书，他认为：“管理就是确切地知道你要别人去干什么，并使他用最好的方法去干。”泰勒强调的是从个人认识角度出发的概念。在这个定义中，他谈到了管理的目的、效率和方法，但没有涉及具体的组织行为，这只是对管理最粗浅的认识。

1916 年，“经营管理之父”法约尔指出：“管理是所有人类组织（不论是家庭、企业还是政府）共有的一种活动，这种活动主要由五个要素组成，即计划、组织、指挥、协调和控制。所以，管理就是实行计划、组织、指挥、协调和控制。”法约尔从管理的组织过程出发，谈到了管理的五项职能，然而，他只是将管理的职能组合在了一起，并没有给管理确定一个定义。计划、组织、指挥、协调和控制是管理的一般职能，不能说明管理的本质和具体的功能。

集管理之大成的管理学家孔茨说：“管理就是由一个或更多的人来协调他人的活动，以便收到个人单独活动所不能收到的效果。所以，管理就是创造一种良好的环境，使人在群体里高效率地完成既定工作。”孔茨的这段论述强调了协调的重要性以及人在管理中的重要性。这个定义的重要之处在于指出了管理的体系问题。

“现代管理学之父”彼得·德鲁克结合他的管理实践活动说：“归根结底，管理就是一种实践，其本质不在于‘知’，而在于‘行’，其验证不在于逻辑，而在于成果。所以，管理的唯一权威就是成就。”德鲁克强调的是管理的实践特性和实用效果。从严格意义上说，德鲁克的这一认识把人们对管理的认识从虚无化拉回到了现实之中，避免了那种为了管理而管理的行为的发生。但是，过于强调管理的实用效果也可能会造成不注重客观规律、急功近利，在现实之中会适得其反。

另外，各国不同时期的不同管理学家也各有不同的认识。在本书中，我们倾向于管理学的研究对象为管理，包括管理活动和管理过程，引申孔茨对于管理的定义，认为管理是一个协调工作活动的过程，以便能够有效率和有效果地同别人一起或通过别人实现组织的目标。

问题思考

效率和效果之间有什么关系？高效率是否一定会产生好效果？

效率是指以尽可能少的投入获得尽可能多的产出。尽可能少的投入，如在生产管理中减少原材料用量、减少工时、减少工资支出，在物流管理中降低库存水平、降低运输油耗等。效率通常指“正确地做事”，是做事的方式。

效果是指所从事的工作和活动有助于组织达到其目标，是对工作结果状况的表达。例如，原材料用量减少，使产品不合格率提高了；减少工资支出，使员工积极性降低；降低库存水平，降低运输油耗，使顾客满意度降低。这些高效率的做法却产生了不良的效果，对企业的影响是负面的。效果通常指“做正确的事”，是做事的结果。

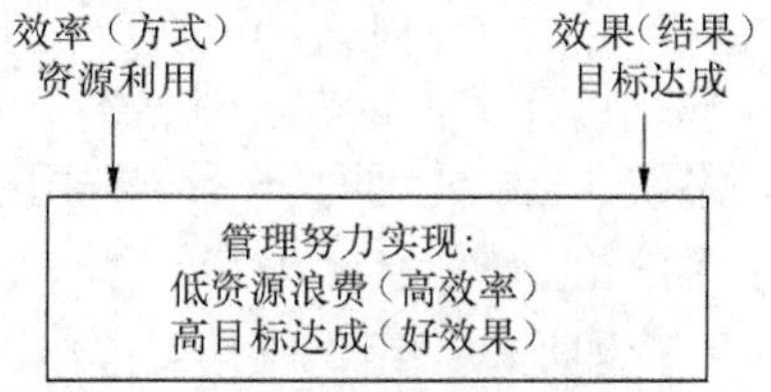

图 1-1 管理的效率和效果

管理的效率和效果之间的关系，如图 1-1 所示。

问题思考

参考相关书籍，查阅相关网站，试回答管理学的研究对象和管理的对象有什么不同。

管理故事

新西兰的某个动物园得到两只袋鼠。为了好好照顾袋鼠，动物园领导专门咨询了动物专家，并根据专家的建议，为袋鼠兴建了一个既舒适又宽敞的围场。同时，动物园领导还别出心裁地筑起了1米高的篱笆，以免袋鼠跳出去。

可是，第二天一大早，动物管理员惊奇地发现两只袋鼠在围场外吃着青草。动物园领导认定是篱笆的高度过低，所以，他们将篱笆又加高了0.5米。但是，同样的事情在第3天又发生了，袋鼠又跑到了篱笆外面。

动物园领导又下令将篱笆增高至2米，心想这下总该没什么问题了吧。可是，管理员还是发现，袋鼠仍旧在篱笆外悠闲地吃着青草。

动物园领导百思不得其解。被篱笆围住的长颈鹿忍不住问其中的一只袋鼠："你是怎么跳过那么高的篱笆的？你到底能够跳多高啊？"

"唉！我真是弄不明白，他们为什么一直在加高篱笆！"袋鼠笑着回答说，"事实上，我从来都不曾跳过篱笆，而是走出围场的，因为他们一直没把围场的门关上。"

结合法约尔提出的管理的五项职能，思考这一管理案例对你有何启示。

二、管理的作用

有人群活动的地方就有管理。人类的欲望是无限的，而人类社会的资源是稀缺的，稀缺的社会资源与无限的人类欲望相互矛盾，管理是解决这一矛盾的方法之一。有了管理，企业和其他社会组织才能有效地运行，简而言之，管理是保证组织有效运行所不可缺少的条件。管理是组织中协调各部分活动，并使之与环境相适应的主要力量。所有的管理活动都是在组织中进行的，有组织，就有管理；反之，有了管理，组织才能进行正常的活动。当组织规模比较小的时候，管理对组织的影响也小，组织中的管理活动比较简单，并未形成独立的管理职能，因而也就显现不出管理的重要性。小企业可以凭借经验维持自身的发展。但是，随着人类的进步和组织的发展壮大，包含的管理要素越来越多，关系错综复杂，管理所起的作用也越来越大。

问题思考

对你而言学习管理是为了当管理者吗？

要回答这个问题，首先需要了解管理的作用。综合来看，管理的作用主要表现在以下两个方面。

（一）管理可以维持组织的存在

社会系统学派认为，组织包含三个基本要素，即信息系统、做贡献的意愿、共同的目的。而系统管理学派认为，组织要素就是组成组织系统的五个子系统，即目标与价值子系统、技术子系统、社会心理学子系统、组织结构子系统、组织管理子系统。本节中采用系统管理学派的子系统论。

管理是一切组织正常发挥作用的前提，任何一个有组织的集体活动，不论其性质如何，都只有在管理者对它加以管理的条件下，才能按照所要求的方向进行。

组织是由组织的要素组成的，组织的要素互相作用使组织具有整体功能。然而，仅仅有了组织要素还是不够的，这是因为各自独立的组织要素不会完成组织的目标，只有通过管理，使之有机地结合在一起，组织才能正常地运行与活动。组织要素的作用依赖于管理。管理在组织中协调各部分的活动，并使组织与环境相适应。在一个组织中，没有管理，其内部就无法彼此协作地进行工作，就无法达到既定的目标，甚至连这个组织的存在都是不可能的。集体活动发挥作用的效果大多取决于组织的管理水平。

组织对管理的要求和对管理的依赖性与组织的规模是密切相关的，共同劳动的规模越大，劳动分工和协作越精细、复杂，管理工作也就越重要。

总而言之，生产社会化程度越高，劳动分工和协作越精细，就越要有严密的、科学的管理。组织系统越庞大，管理问题也就越复杂，庞大的现代化生产系统要求管理者有相当高的管理水平，否则就无法正常运转。

（二）管理可以提高组织的效率

效率就是以尽可能少的投入获得尽可能多的产出，组织最高的目标就是以最少的投入获得最多的产出。管理使企业内部每个部门、每个层次的员工的行为协调起来，保证整个企业以最低成本、最快的速度获得最大的利益。

在现实生活中，我们常常可以看到这种情况。有的亏损企业仅仅由于换了一个精明强干、善于管理的厂长，很快扭亏为盈；有些企业尽管拥有较为先进的设备和技术，却没有发挥其应有的作用；还有些企业尽管物质技术条件较差，却能够凭借科学的管理，充分发挥其潜力，反而更胜一筹，从而在激烈的社会竞争中取得优势。有效的管理，可以提高组织系统的整体功能。因为有效的管理，会使组织系统的整体功能大于组织因素各自功能的简单相加，起到提高组织系统整体功能的作用。在相同的物质条件和技术条件下，由于管理水平的不同而产生效益、效率或速度的差别，这就是管理的作用。

在组织活动中，需要考虑多种要素，如目标与价值、技术、社会心理学、组织结构、组织管理学等，它们都是组织活动不可缺少的要素，每一要素能否发挥其潜能，发挥到什么程度，都会对管理活动产生不同的影响。高效率的管理，正在于寻求各组织要素、各环节、各项管理措施、各项政策以及各种手段的最佳组合。这种组合，会产生一种新的效能，可以充分发挥这些要素的最大潜能，使人尽其才、物尽其用。例如，对于人员来说，每个人都具有一定的能力，但是有很大的弹性。如能积极开发人力资源，采取有效的管理措施，使每个人的聪明才智得到充分的发挥，就会产生一种巨大的力量，从而有助于实现组织的目标。

问题思考

结合自身每月生活费用或每学期课程学习的情况，试归纳管理在其中的作用。

三、管理的职能

管理职能是指管理作为一种社会活动具有的功能和作用，能帮助组织充分利用其资源以实现组织的目标，它确定的是“管理者是做什么的”问题。管理的职能可以分为以下两类。

（一）管理的专门职能

管理的专门职能是从不同企业或社会组织的具体管理内容出发，对管理活动所做的分解与综合，如生产管理、销售管理、供应管理、运输管理、财务管理、人事管理等。管理的专门职能既与行业的分类密切相关，又与组织设置的岗位密切相关。伴随着新行业、新岗位的出现，管理的专门职能也越来越多，如互联网管理、智能项目管理、微商管理、电商运营管理等。

（二）管理的基本职能

扫一扫

管理的基本职能

确定管理的基本职能对任何组织而言都至关重要，但作为合理组织活动的一般职能，管理的基本职能究竟应该包括哪些内容，至今仍众说不一（见表 1-1）。

表 1-1　　管理的基本职能

代表人物	法约尔	古利克、厄威克	孔茨
职能	计划	计划	计划
	组织	组织	组织
	指挥	人事	人事
	协调	指挥	领导
	控制	协调	控制
		报告	
		预算	

20 世纪 60 年代以来，随着系统论、控制论和信息论的产生以及现代技术手段的发展，决策在管理中的作用日益突出。西蒙等人在解释管理职能时，突出了决策职能。他认为，决策贯穿于管理过程的各个方面，管理的核心是决策。

美国学者米和希克斯在总结前人对管理职能分析的基础上，提出了创新职能，突出了创新可以使组织的管理不断适应时代发展的论点。

本书综合不同学者的观点，根据实践需要，倾向于以下职能划分，即计划、决策、组织、领导、控制、创新，并在模块二～模块七中进行详细论述。

第二节　管理的主要思想及其演变过程

随着管理实践的日益丰富，管理思想也逐渐形成，对管理思想进行系统化归纳、总结，又形成了管理理论。管理理论在实践中不断发展完善，又反过来指导管理实践。当人们把对管理活动规律性的认识上升为系统化、条理化的知识体系时，管理作为一门科学才真正诞生。

管理者应在管理思想的演变过程中，吸取前人的管理理论精华；同时，挖掘古今中外丰富的管理思想，与现代管理理论与管理实践有机结合，进而对管理实践中出现的问题进行思考，形成与需求、实践相一致的管理学，而不是一味盲目模仿。

一、中国古代的管理思想

我国古代管理思想大致包括三个部分，即治国、治生和治身。治国是处理整个社会、国家管理关系的活动，是治理整个国家、社会的基本思路和指导思想，主要是对行政、军事、货币、财赋、市场等方面进行管理的学问；治生是在生产发展和经济运行的基础上，通过各方面的实践逐步积累起来的，主要包括工农牧渔业、手工业、交通运输、建筑工程、市场经营等方面的管理学问；治身主要是研究谋略、用人、激励、公关、博弈等方面的学问。综合起来，我国古代的管理思想可归纳为以下几个。

（一）“以人为本”的管理思想

“以人为本”思想最早是由春秋时期的政治家管仲提出的，他主张只有解决好人的问题，才能达到“本理国固”的目的，我国传统的民本思想基本上就是由此传承下来的。“以人为本”强调把管理的重点放在组织内部的人力资源上，认为这是企业取胜的关键，如惠普“尊重个人价值”的精神、本田“人为中心”的精神等。

现代企业卓越绩效将“以人为本”作为九项基本理念之一，强调人是管理的核心因素，人的属性、心理、情绪、信念、需求、素质、价值等一系列与人有关的问题均应成为管理者关注的重要问题。尊重人、依靠人、发展人、为了人，是“以人为本”管理思想的出发点和归宿。“以人为本”要始终围绕调动人的主动性、积极性和创造性去开展组织的一切管理活动。组织中的人是管理主客体的统一，管理者应鼓励他们努力实现管理目标和参与日常事务管理。

（二）“正人必先正己”的管理思想

我国古代管理特别强调领导者道德素质的重要性，崇尚“道德教化”和“正己正人”的管理思想。现代企业卓越绩效也认为高层领导的作用尤其重要，将“远见卓识的领导”作为管理的基本理念之一，强调高层领导对企业伦理层面的作用，以及对组织使命、愿景、价值观的确定和贯彻层面的作用。从管理学的角度来说，最佳的管理行为应是以双向约束为基本要求的，不仅约束他人行为使之端正，同时也使管理者自己的行为得以规范。

（三）富有辩证法思想的“经权观”管理思想

我国古代管理思想普遍贯穿着经权观，“经”指管理中普遍的稳定的原则，“权”指根据时空和势态变化而不断改变着的方法和策略。“经权观”要求根据普遍的管理原则和事物运动的客观规律来选择和确定合适的管理策略和方法，最后实现管理目标；同时，要求根据不断变化的情势而随时调整自己的管理方式。

（四）经世实用的战略管理思想

我国古代的军事典籍中蕴藏着大量的战略管理思想，这已成为今天军事乃至企业经营战略管理的重要思想宝藏。《孙子兵法》着重指出了战略谋划的重要性，强调以战略统领组织的管理活动，获得持续发展和成功。

现代企业卓越绩效也将“战略导向”作为管理理念之一，关注战略制定过程及战略如何应对长短期挑战、机遇和发挥优势，如何反映创新机会，均衡考虑相关方的需要等；领导更是关注战略实施计划的制订与部署，以及对战略绩效的预测与考量。

（五）“天人合一”的整体和谐观管理思想

古代管理思想是以整体和谐观为基础的，也就是把管理作为一个统一的整体的过程，促使社会与自然、管理系统与外部环境以及管理组织内各种组成之间达到和谐，把管理的各个要素和功能组成一个统一的有序结构。

我国古代的管理思想把人作为管理的重心；把组织与分工作为管理的基础；强调了农本商末的固国思想；突出了义与情在管理中的价值；赞赏用计谋实现管理目标；把中庸作为管理行为的基准；把求同视为管理的重要价值。我国古代的管理思想是经过漫长的历史积累起来的，为我们今天的科学管理打下了坚实的基础。

问题思考

观察周围的企业，调查以上思想在企业中的运用。

二、国外早期的管理思想

在国外的古代管理思想中，最具有代表性的管理思想是苏美尔人的管理思想、古埃及人的管理思想、古巴比伦人的管理思想、古希伯来人的管理思想、古希腊人的管理思想、古罗马人的管理思想。早期的管理对象是国家、军队、部落、教会和家庭，也有对小规模、初级的经济活动的管理，早期的管理思想主要表现在以下几个方面。

（一）法律成为国家管理的重要工具

古巴比伦人的《汉谟拉比法典》是古代历史上著名的法典。它涉及社会及商业管理的许多方面，对各种职业、各个层面上人员的责、权、利关系给予了明确的规定，提出了民事控制、事故责任、生产控制与激励以及最低工资的规定。古巴比伦人首先认识到责任不能推诿给下级这一原则。古希伯来人同样注重依法管理，其法典要比《汉谟拉比法典》开明进步一些。古罗马人提出的立法和司法的分权制则为后来的立宪政府的制约和平衡体制树立了一个典范。

（二）中央集权的专制政权是早期国家管理的基本特征

古埃及人建立起了以法老为最高统治者的中央集权的专制政权。法老是全国土地的最高所有者，拥有对埃及国家财产的全部支配权，法老制定了土地制度、税收制度、档案制度，把权利和财富都集中在自己手上。古罗马人建立并实行一种连续授权的组织制度。这是一种行政授权与军事控制相结合的集权型等级制度。在税收上体现了管理智慧。苏美尔人庙宇中的祭司通过赋税制度积累了大量财物，如畜群、钱财和房地产等。为了管理这些财物，他们在泥板上用文字记载账目、文件等。

（三）在工程和军事管理方面表现出高超的组织管理能力

古埃及人在建造金字塔的过程中，精心计划、组织和控制，安排和解决食物、住房、运输问题，表现出了非凡的管理和组织能力。在工程管理中，每位监工大约管理 10 名奴仆，这反映出他们已知道每位管理者所能监督的人数管理跨度是“以 10 为限”的。罗马军队实行“10 人编队制”。古希腊人的管理思想中充满着知识和思维的力量，他们崇尚民主管理，建立了有一定民主成分的政府；认识到了专业化与合理分工的原则以及管理的普遍性原则，提出管理是一种独特的技艺。他们用音乐来调节艰苦、单调、重复的工作，把财富是否得到增加作为检验管理水平高低的标准，认为加强人的管理是管理的中心任务。

三、古典管理理论

古典管理理论主要包括泰勒的科学管理理论、法约尔的一般管理原理理论和韦伯的行政组织理论。韦伯、泰勒与法约尔是西方古典管理理论的三位先驱。其贡献在于突出了管理中采用科学方法的重要性；指出坚持学习会不断地改善工作方法；确定了在组织有效运作中的许多重要原则；强调了薪金作为激励因素的潜在重要性。

（一）泰勒的科学管理理论

1. 泰勒的科学管理理论产生的背景

科学管理的倡导者是美国著名管理学家、经济学家泰勒，被后世称为“科学管理之父”，其代表作是《科学管理原理》(1911)。泰勒科学管理的产生和形成有其深刻的历史背景。19 世纪末，美国南北战争结束，资本主义处于蓬勃发展时期，生产力的发展对管理提出新的要求。在当时美国的企业中，普遍实行经验管理，由此造成一个突出的矛盾。即资本家不知道工人一天能干多少活，但总嫌工人干活少、拿工资多，于是就通过延长劳动时间、增加劳动强度来加重对工人的剥削；而工人也不知道自己一天到底能干多少活，但总认为自己干活多、拿工资少，当资本家加重对工人的剥削时，工人就用“磨洋工”消极对抗，这样，企业的劳动生产率就不高。在这种背景下，泰勒提出科学管理来解决这种劳资矛盾。

2. 泰勒研究科学管理的三大实验

(1) 金属切削实验。1881 年，在米德韦尔公司，为了解决工人的怠工问题，泰勒进行了金属切削实验。他对车床的效率问题进行了研究，开始了预期为 6 个月的实验。该实验的目的在于明确用车床、钻床、刨床等工作时，用什么样的刀具、多大的速度等来获得最佳的加工效率。

(2) 搬运生铁块实验。这一实验是在伯利恒钢铁公司五座高炉的产品搬运班组的大约 75 名工人中进行的。泰勒在进行这一实验时改进了操作方法，训练了工人，结果工人们的搬运量提高了 3 倍。

(3) 铁锹实验。这一实验系统地研究了使各种材料能够达到标准负载的锹的形状、规格，以及各种原料装锹的最好方法的问题。此外，泰勒还对每一套动作的精确时间做了研究，其方法是：选择合适且技术熟练的工人；研究这些人在工作中使用的基本操作或动作的精确序列，以及每个人所使用的工具；用秒表记录每一基本动作所需的时间，加上必要的休息时间和延误时间，找出做每一步工作的最快方法；消除所有错误动作、缓慢动作和无效动作；将最快、最好的动作和最佳工具组合在一起，成为一个序列，从而确定工人“合理的日工作量”，即劳动定额。通过实验，泰勒得出了一个“一流工人”每天应该完成的工作量。这一实验的结果是非常好的，堆料场的劳动力从 400～600 人减少为 140 人，平均每人每天的操作量从 16 吨提高到了 59 吨，每位工人的日工资从 1.15 美元提高到了 1.88 美元。

3. 泰勒科学管理理论的主要内容

科学管理理论是围绕提高工作效率这一中心问题展开的。其内容可归纳为以下几部分。

(1) 工作定额原理。泰勒认为，要提高效率，就必须制定出有科学依据的工人的“合理的日工作量”，因此必须进行工时和动作研究。合理的动作不仅会提高作业的效率，还能大大节省工人的体力消耗及避免身体损害。

(2) 挑选一流工人。泰勒指出，健全的人事管理的基本原则是使工人的能力同工作相适应，企业管理者的责任在于为雇员找到最合适的工作，培训他们成为一流的工人，激励他们尽最大的力量来工作。为了挖掘人的最大潜力，还必须做到人尽其才。因为每个人都具有不同的才能，不是每个人都适合做某项工作的，这和人的性格特点、个人特长有着密切的关系。为了最大限度地提高生产效率，对某一项工作，必须找出最适宜干这项工作的人，同时还要最大限度地挖掘最适宜干这项工作的人的最大潜力，才有可能达到最高效率。因此，对于任何一项工作，企业管理者都必须要挑选出“一流的工人”，即头等工人；然后再对一流的工人利用作业原理和时间原理进行动作优化，以使其达到最高效率。

(3) 标准化原理。劳动定额的制定是科学管理的基础，实际上是劳动时间、操作方法和使用工具的标准化问题。泰勒认为，在工作中有必要建立各种标准的操作方法、规定和条例，使用标准化的机器、工具和材料，“要为人们工作的每一个环节制定一种科学方法，以代替旧有的、只凭经验的工作方法”。标准化能大幅度地提高生产效率和工作效率，是泰勒科学管理研究的一个重要方面。

（4）计件工资制。为了鼓励工人努力工作、完成定额，泰勒提出实行激励性的计件工资报酬制度。

（5）劳资双方密切合作。泰勒认为：“在科学管理中，劳资双方在思想上要发生的大革命就是双方不再把注意力放在盈余分配上，不再把盈余分配看作最重要的事情。他们将注意力转向增加盈余的数量，使盈余增加到可使如何分配盈余的争论成为不必要。他们将会明白，当他们停止互相对抗，转为向一个方向并肩前进时，他们共同努力所创造出来的赢利会大得惊人。他们会懂得，当他们用友谊合作、互相帮助来代替敌对情绪时，通过共同努力，就能创造出比过去多得多的盈余。”如果劳资双方都把注意力放在提高劳动生产效率上，劳动生产效率提高了，不仅工人可以多拿工资，而且资本家也可以多拿利润，从而可以实现双方“最大限度的富裕”。

（6）管理职能专业化原理。在组织管理方面，泰勒认为，劳动生产效率不仅受工人的劳动态度、工作定额、作业方法和工资制度等因素的影响，同时还受管理人员的组织、指挥的影响。为此，泰勒主张，首先把计划管理工作与执行工作（工人的实际操作）相分离，建立专门的管理部门，配备专门的管理人员，其职能是进行时间和动作研究、制定劳动定额、选用标准工具和操作方法等，以实行科学管理。其次，实行职能工长制。既每位管理人员的管理工作专门化，并在自己的工作范围内直接指挥调度工人。最后，考虑到企业的机构和规模，较大的企业要实行例外原则。即高层管理人员把日常管理的权限下放，只保留企业重大事项的决策、指挥权，如投资决策、重大人事任免等。泰勒认为，摆脱日常事务，减轻负担，可以使高层管理高效化。

4. 对泰勒科学管理理论的评价

（1）泰勒科学管理理论的贡献。泰勒在历史上第一次使管理从经验上升为科学。泰勒科学管理理论的最大贡献在于泰勒所提倡的在管理中运用科学方法和他本人的科学实践精神。

科学管理之所以重要，是因为它在当时的推广，极大地促进了企业生产效率的提高，甚至能够提高整个社会的生活水平。因而其意义是历史性的，科学管理是管理发展史上的一次伟大的革命，它的提出也标志着管理学作为一门科学开始形成。泰勒也被称为“科学管理之父”。

（2）泰勒科学管理理论的局限性。科学管理理论最明显的局限性是认为工人是“经济人”；其局限性还表现为只重视物质技术因素，忽视人及社会因素。

（二）法约尔的一般管理理论

与泰勒在美国倡导科学管理的同时期，法约尔在法国研究和宣传的整个组织的科学管理的理论，被后人称为“一般管理理论”。

法约尔与泰勒都力主科学管理，但两人研究的范围和思考问题的角度是有差别的。法约尔是带着对管理人员进行管理教育这一具体目的去研究管理的。与泰勒的管理理论具有很强的操作性这一特色不同，法约尔的管理理论带有明显的理论色彩。此外，法约尔一再强调，他的管理理论不仅适用于企业，也适用于政府、教会、慈善机构、军队等各类社会组织。

法约尔的一般管理理论的内容主要是对管理职能的揭示和管理原则的归纳。

1. 区别经营和管理

法约尔区别了经营和管理，他认为这是两个不同的概念，管理包括在经营之中。法约尔把工业企业的各种活动划分为六类，即技术活动（生产、制造、加工）、商业活动（购买、销售、交换）、财务活动（筹集和最适当地利用资本）、会计活动（财产清点、资产负债表、成本、统计等）、安全活动（保护财产和人员）和管理活动（计划、组织、指挥、协调和控制）。法约尔先将企业的共性摆出来，然后指出前五种活动都不负责制订企业的总经营计划，不负责组织，不负责协调各方面的力量和行动，而这些至关重要的职能应属于管理。不论企业大还是小、复杂还是简单，这六种活动总是存在的。法约尔指出，这些职能并不是相互割裂的，它们之间实际上相互联系、相互配合，共同组成一个有机系统来达成企业生存与发展的目的。由于上述六种职能都需要具有相关才能的人才能执行，而企业员工作为各个职能的具体执行者，则必须具备这些能力才能胜任上述职能。

法约尔定义管理就是实行计划、组织、指挥、协调和控制。这是最早对管理的概念和管理职能的界定，对以后管理思想的发展起着重要的作用。今天，我们将其简述为计划、组织、领导和控制。

2. 提出管理的十四项原则

法约尔根据长期的管理经验提出了一般管理的十四项原则，即劳动分工原则、权力与责任原则、纪律原则、统一指挥原则、统一领导原则、个人利益服从集体利益原则、人员报酬合理原则、集中原则、等级制度原则、秩序原则、公平原则、人员的稳定原则、首创精神原则以及人员的团结原则。

3. 对一般管理理论的评价

（1）管理具有"普遍性"。法约尔强调所有的机构都需要实行管理。这种对管理"普遍性"的认识和实践，对当时有重大影响。他克服了狭隘的观点，不再把管理限于某一个范围、看成是某一方面的活动；同时，他把管理活动从经营中单独列出来，作为一个独立的职能和研究项目，这一切都是非常有见地的。泰勒看到了企业中科学管理法和哲学思想的普遍性，但他没有像法约尔那样，在更广阔的视野里看到管理活动的普遍性。

（2）更具"一般性"。法约尔的管理理论是概括性的，所涉及的是带普遍性的管理理论问题，所以更具一般性。从理论角度来讲，它对管理理论发展的影响，也许比科学管理理论还要大些。

（3）它为管理过程学派奠定了理论基础。法约尔的一般管理理论最先将经营与管理区别开来，最先归纳了管理的五大职能，在管理学史上是一个重要的里程碑。它所开创的一般管理理论，后来成了管理过程学派的基础理论。

（三）韦伯的行政组织理论

韦伯与泰勒、法约尔是同一时代的人，是德国古典管理理论代表人物之一。他在管理思想方面的贡献是在《社会组织与经济组织理论》一书中提出了理想行政组织体系理论，由此被人们称为"行政组织理论之父"。这个理论的核心是对组织中三种合法权力的精辟分析和关于理想官僚组织的六项特征描述。

1. 组织中三种合法权力

韦伯认为，任何组织都必须以某种形式的权力作为基础，没有这种权力，任何组织都不能实现自己的目标。人类社会存在三种为社会所接受的合法权力。

（1）传统权力：由传统惯例或世袭得来。对于传统权力，韦伯认为，人们对其服从是因为领袖人物占据着传统所支持的权力地位；同时，领袖人物也受着传统的制约。但是，人们对传统权力的服从并不是以与个人无关的秩序为依据的，而是习惯于义务领域内的个人忠诚。领袖人物的作用似乎只为了维护传统，因而这种权力形式效率较低，不宜作为行政组织体系的基础。

（2）超凡权力：来源于别人的崇拜与追随。超凡权力的合法性，完全依靠对于领袖人物的信仰，他必须以不断的奇迹和英雄之举赢得追随者。超凡权力过于带有感情色彩并且是非理性的，不是依据规章制度而是依据神秘的启示。所以，超凡权力也不宜作为行政组织体系的基础。

（3）法定权力：由理性——法律规定的权力。韦伯认为，只有法定权力才能作为行政组织体系的基础，其最根本的特征在于它提供了慎重的公正。原因是：①管理的连续性使管理活动必须有秩序地进行；②以“能”为本的择人方式提供了理性基础；③领导者的权力受到约束，并非无限。

2. 行政组织理论的主要内容

（1）明确的职位分工。它对每个职位上的组织成员的权力和责任都有明确的规定，并作为正式职责使之合法化。

（2）自上而下的权力等级系统。官员们按职务等级系列和权力等级进行安排，在组织内，按照地位的高低规定成员间命令与服从的关系，形成一个自上而下的、等级严密的指挥体系，每一职务均有明确的职权范围。

（3）规范录用。人员的任用完全根据职务的要求，通过正式的考评和教育、训练来实现。每个职位上的人员必须称职，同时，不能随意被免职。

（4）管理职业化。管理人员有固定的薪金和明文规定的晋升制度，是职业管理人员，而不是组织的所有者。

（5）建立理性化的行动准则，工作中人与人之间只有职务关系，不受个人情感和喜好的影响。管理人员在组织中的职务活动应当与私人事务区别开来，公私事务之间应有明确的界限。管理人员没有组织财产的所有权，并且不能滥用职权。

（6）遵守规则和纪律。组织中包括管理人员在内的所有成员必须严格遵守组织的规则和纪律，以确保统一性。

韦伯认为，理想的行政组织体系最符合理性原则，效率最高，能适用于各种管理工作和各种大型组织，如国家机构、军队和各种团体。

以上三位代表人物的管理理论，尽管研究的侧重点不同，但都是对传统管理的突破，致力于管理的科学化，故都属于古典的科学管理理论。古典管理理论的共同点是比较注重组织机构、正式的权力关系、规章程序和经济利益等“物”的因素，都主张一种理性化、规范化、标准化的管理。它们共同的缺点，就是“见物不见人”，忽视人的因素，忽视人的多方面需要，不注意充分调动人的积极性。这些缺点被后面介绍的行为管理理论所克服。

四、行为管理理论

20世纪20年代后期产生的人群关系学说和行为管理理论，开始重视古典管理理论所忽视的内容——人的因素。从此，管理的中心开始由“物”向“人”转移。

（一）人群关系理论与霍桑实验

乔治·埃尔顿·梅奥（E.Mayo，1880—1949），原籍澳大利亚，后移居美国，是人群关系理论及行为科学的代表人物，从事心理学和行为科学研究。他的代表作为《工业文明的人类问题》（1933）。该书总结了他亲身参与和指导的霍桑实验及其他几个实验的研究成果，详细地论述了人群关系理论的主要思想。梅奥是继泰勒和法约尔之后，对近代管理思想和理论的发展做出重大贡献的学者之一。

霍桑实验是于 1924—1932 年在美国芝加哥郊外的西方电器公司的霍桑工厂进行的。这是一个制造电话交换机的工厂，具有较完善的娱乐设施、医疗制度和养老金制度等，但工人们仍愤愤不平，生产成绩也不理想。为探求原因，1924 年 11 月，美国国家研究委员会组织了一个由心理学家等多领域专家参加的研究小组，在该厂开展实验研究。这个实验研究的中心课题是生产效率与工作物质条件间的相互关系。为了开展这方面的研究，他们挑选了一批女工，将她们分别编成两个小组，一个组为控制组，另一个组为实验组，前者生产条件始终不变，后者则做种种变化，然后比较两个组的实验结果，以便得出相应的结论。

1. 霍桑实验的主要内容

霍桑实验包括以下四部分内容。

（1）照明实验。梅奥等人的这个实验是研究照明条件的变化对生产效率的影响。在实验开始时，研究小组设想，提高照明度会使产量增加。但实验结果表明两个组的产量几乎等量上升，看不出提高照明度对产量有什么影响。后来，他们又采取相反的措施，逐渐降低实验组的照明度。按研究小组的设想，实验组的产量必然会下降。可是事实上，尽管照明度一再下降，甚至降到相当于月光的程度，产量并没有显著下降。因此，尽管这一实验进行了两年半的时间，却得不出相应的结论。生产条件的改变并没有按人们预期的那样导致生产效率的相应改变。相反，与平常情况相比较，在整个实验过程中，不论在何种情况下，生产效率均有大幅度提高。这个结果使研究小组感到茫然，致使这项实验难以继续进行。就在这时，梅奥等哈佛大学的心理研究人员来到了霍桑工厂，重新组成了新的研究实验小组，继续进行实验工作。经过对前阶段实验的认真分析并进一步进行深入的实验，他们终于明白了整个实验过程中两组产量都有提高的原因。如果让工人们在特定条件下进行实验，参加人员认为这是管理人员对她们格外重视；同时，在实验中管理人员与工人之间以及工人与工人之间建立了融洽的关系，促使实验中两组产量提高。这充分表明，良好的心理状态与人群关系比照明条件更为重要，更有利于提高生产效率。

（2）福利实验。梅奥等人的这个实验是确定改善福利条件与工作时间等其他条件对生产的影响。梅奥选出 6 名女工在单独的房间里从事装配继电器的工作，在实验过程中逐步增加一些福利，如缩短工作时间、延长休息时间、免费供应茶点等。实验研究者原来设想，这些福利会刺激人们的生产积极性，一旦取消这些福利措施，生产一定会下降，于是在实验进行了两个月之后取消了各种福利。而实验的结果仍与学者们的设想相反，产量不仅没有下降，反而继续增加。经过深入了解分析，他们发现，这依然是融洽的人群关系在起作用。这个实验表明，人群关系在调动积极性、提高产量方面，是比福利更重要的一个因素。

（3）群众实验。梅奥等人在这个实验中选择 14 名男工在单独的房间里从事绕线、焊接和检验工作，对这个班组实行特殊的计件工资制度。实验者原来设想，实行这套奖励办法会使工人更加努力工作，以便得到更多的报酬。但观察的结果发现，产量只保持在中等水平，每位工人的平均日产量都差不多，而且他们出于群体的利益，自发地形成了一些规范。他们约定，谁也不能干得太多，突出自己，谁也不能干得太少，影响全组的产量，并且约法三章，不准向管理者告密，如有人违反这些规定，轻则受挖苦谩骂，重则被拳打脚踢。进一步调查发现，工人们之所以维护中等水平的产量，是担心产量提高，管理当局会改变现行奖励制度，或裁减人员，使部分工人失业，或者会使干得慢的伙伴受到惩罚。这一实验结果表明，工人为了维护班组内部的团结，可以放弃物质利益的引诱。梅奥由此提出“非正式群体”的概念，认为在正式的组织中存在自发形成的非正式群体，这种群体有自己的特殊规范。它不仅对人们的行为起着调节和控制作用，而且同时会加强内部的协作关系。

（4）谈话实验。梅奥等人在霍桑工厂进行了大规模的态度调查，用了两年多时间，找工人个别谈话2万余人次。他们规定，在谈话过程中，调查人员要耐心倾听工人对厂方的各种意见和不满，并做详细记录，对工人的不满意见不准反驳和训斥。这项谈话实验收到了意想不到的效果，霍桑工厂的产量大幅度提高。这是由于工人长期以来对工厂的各项管理制度和方法有许多不满，无处发泄，调查者使他们将这些不满都发泄出来，因而使人感到心情舒畅，从而大幅度地提高了产量。

2. 霍桑实验的结论

通过霍桑实验，梅奥等人提出了人群关系理论，其主要论点如下。

（1）工人是“社会人”，而不是“经济人”。古典管理理论的基础是把人设想为“经济人”，即认为工人工作都是为了追求高的经济收入，金钱是刺激人们工作积极性的唯一动力。霍桑实验证明人是社会人，影响人的工作积极性的因素，除了物质利益之外，还有社会的、心理的因素，如人们追求人与人之间的友情、安全感、归属感，渴望受人尊重等，因此，不能忽视社会心理因素对劳动积极性的影响。

（2）决定生产效率的首要因素是职工的“士气”，而不是物质条件。古典管理理论认为，生产效率的高低主要取决于物质条件。而霍桑实验证明，良好的物质条件未必带来生产效率的提高。生产效率的提高主要取决于工人的“士气”。工人的“士气”又取决于他们的满足度，特别是对人际关系等社会因素的满足度。

（3）企业中存在着“非正式组织”。古典管理理论只看到正式组织及其作用，并把正式组织看作达到最高效率的唯一保证。而霍桑实验发现，工人在企业内部共同劳动的过程中，必然产生共同的感情、态度和倾向，形成一些共同的行为规范和惯例，支配着成员的行为。这就构成了一个体系，即“非正式组织”。

（4）霍桑实验还提出了新型领导能力问题。它提出领导在了解人们合乎逻辑的行为时，还须了解不合乎逻辑的行为，要善于倾听工人的意见和与工人沟通，使正式组织的经济需要与非正式组织的社会需要取得平衡。实验的结果证明：新型的领导能力在于，通过提高工人心理需求的满足度来达到提高劳动生产率和工作效率的目的；新型的领导艺术在于，使正式组织满足工人经济需求的功能与非正式组织满足工人社会心理性需求的功能保持平衡。

霍桑实验的结论及在此基础上所总结出来的人群关系理论，在企业管理领域有着重要的意义与深远的影响。它第一次正式地把心理学、社会学引入企业管理领域中来，因而有力地冲击了传统的管理理论。梅奥通过霍桑实验提出的人群关系理论，为管理心理学的形成奠定了实验的理论基础。在西方心理学界，梅奥被公认为工业社会心理学的创始人和管理心理学的先驱。

问题思考

你的生活中存在非正式组织吗？你能区分正式组织和非正式组织吗？

（二）马斯洛的需要层次理论

需要层次理论是美国心理学家亚伯拉罕·马斯洛（A.H.Maslow）于1943年提出的一种关于人的需要结构的理论。该理论几十年来流行甚广，是国外心理学家试图揭示需要规律的主要理论。

马斯洛的需要层次理论把需要分成生理需要、安全需要、社交需要、尊重需要和自我实现的需要五种。人都潜藏着这五种不同层次的需要，但在不同的时期表现出来的各种需要的迫切程度是不同的。人的最迫切的需要才是激励人行动的主要原因和动力。人的需要是从外部得来的满足逐渐向内在得到的满足转化。

1. 马斯洛的需要层次理论的基本假设

（1）人主要是受满足某种需要的欲望所驱使的需求动物。人类的需要是无止境的，当个人的一种需要被满足之后，另一种需要就会产生。

（2）人类所追求的需要具有普遍性，这些需要有层次之分。

2. 马斯洛的需要层次理论的基本内容

（1）生理需要。这是人类维持自身生存的最基本要求，包括对水、食物、衣服、住房、睡眠等方面的要求。如果这些需要得不到满足，人类的生存就成了问题。在这个意义上，生理需要是推动人们行动的最强大动力。马斯洛认为，只有这些最基本的需要被满足到维持生存所必需的程度后，其他的需要才能成为新的激励因素，而到了此时，这些已相对满足的需要也就不再成为激励因素了。

（2）安全需要。这是人类要求保障人身安全、健康和家庭安全等方面的需要。马斯洛认为，整个有机体是一个追求安全的机制，人的感受器官、效应器官、智能和其他能量主要是寻求安全的工具，甚至可以把科学和人生观都看成满足安全需要的一部分。这种需要一旦被相对满足后，也就不再成为激励因素了。

（3）社交需要。这一层次的需要包括两个方面的内容。一是友爱的需要，即人人都需要伙伴之间、同事之间关系融洽或保持友谊和忠诚；人人都希望得到爱情，希望爱别人，也渴望接受别人的爱。二是归属的需要，即人都有一种归属于一个群体的感情，希望成为群体中的一员，并相互关心和照顾。它和一个人的生理特性、经历、受教育程度、宗教信仰都有关系。

（4）尊重需要。人人都希望自己有稳定的社会地位，要求个人的能力和成就得到社会的承认。尊重需要又可分为内部尊重和外部尊重。内部尊重是指一个人希望在各种不同情境中有实力、能胜任、充满信心、能独立自主。总之，内部尊重就是人的自尊。外部尊重是指一个人希望有地位、有威信，得到别人的尊重、信赖和高度评价。马斯洛认为，尊重需要得到满足，能使人对自己充满信心，对社会满腔热情，体验到自己活着的用处和价值。

（5）自我实现的需要。这是最高层次的需要，它是指实现个人理想、抱负，最大程度地发挥个人的能力，完成与自己的能力相称的一切事情的需要。也就是说，人必须干称职的工作，这样才会感到最大的快乐。马斯洛提出，满足自我实现的需要的途径是因人而异的。自我实现的需要是人努力发挥自己的潜力，使自己越来越成为自己所期望的人物。

低层次的需要基本得到满足以后，它的激励作用就会降低，其优势地位将不再保持下去，高层次的需要会取代它成为推动行为的主要原因。有的需要一经满足，便不能成为激发人们行为的起因，于是被其他需要取而代之。

高层次的需要比低层次的需要具有更高的价值。热情是由高层次的需要激发的。人的最高需要即自我实现的需要就是以最有效和最完整的方式发挥自己的潜力，唯此才能使人得到高峰体验。

人的五种基本需要在一般人身上往往是无意识的。对于个体来说，无意识的动机比有意识的动机更重要。有丰富经验的人，通过适当的技巧可以把无意识的需要转变为有意识的需要。

马斯洛的需要层次理论，如图 1-2 所示。

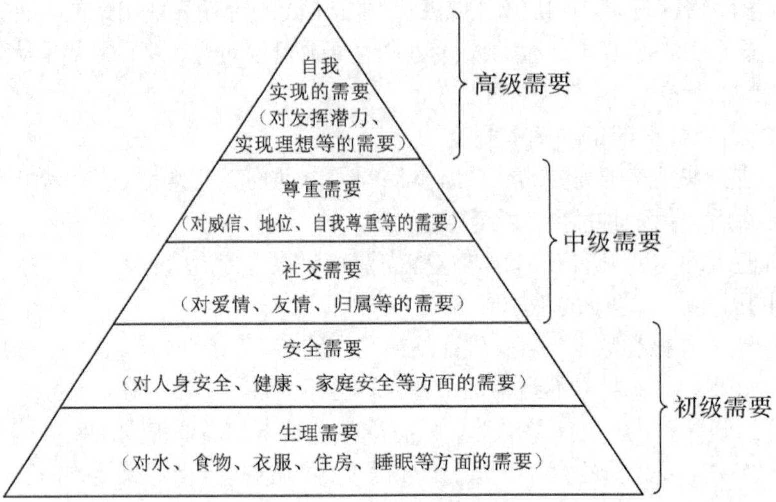

图 1-2　马斯洛的需要层次理论

3. 马斯洛的需要层次理论的基本观点

（1）五种需要像阶梯一样从低到高，按层次逐级递升，但这种次序不是完全固定的，可以变化，也有种种例外情况。

（2）一般来说，某一层次的需要被相对满足了，人的需要就会向高一层次发展，追求更高层次的需要就成为驱使行为的动力。相应地，获得基本满足的需要就不再是一股激励力量。

（3）五种需要可以分为三级。其中，生理需要、安全需要属于初级需要，这些需要通过外部条件就可以被满足；社交需要和尊重需要是中级需要，它们是通过内部因素被满足的；而自我实现的需要是高级需要，是无止境的。同一时期，一个人可能有几种需要，但每一时期总有一种需要占支配地位，对行为起决定作用。任何一种需要都不会因为更高层次需要的发展而消失。各层次的需要相互依赖和重叠，高层次的需要发展后，低层次的需要仍然存在，只是对行为影响的程度大大降低。

（4）马斯洛和其他的行为科学家都认为，一个国家多数人的需要层次结构，是同这个国家的经济发展水平、科技发展水平、文化和人民受教育的程度直接相关的。在不发达国家，以生理需要和安全需要为主要需要的人较多，而高级需要为主要需要的人较少；而在发达国家，则刚好相反。在同一国家的不同时期，人们的需要层次会随着生产水平的变化而变化。

4. 需要层次论在管理中的应用

马斯洛把人的需要划分为五个层次，即生理需要、安全需要、社交需要、尊重需要、自我实现的需要。了解员工的需要是应用需要层次理论对员工进行激励的一个重要前提。在不同组织、不同时期的员工以及同一组织中不同员工的需要充满差异性，而且经常变化。因此，管理者应该经常性地用各种方式进行调研，弄清员工未得到满足的需要是什么，然后有针对性地进行激励。

扫一扫

马斯洛的需要层次理论

知识拓展

1954 年，马斯洛在《激励与个性》一书中探讨了他早期著作中提及的另外两种需要：求知需要和审美需要。这两种需要未被列入他的需要层次理论中，他认为，这两种需要应居于尊重需要与自我实现的需要之间。

（三）行为科学管理理论

梅奥和他的同事们进行的霍桑实验和提出的人群关系理论，开创了运用科学方法研究工作环境中的人之先河。后来的研究者，主要是一些受过专业训练的心理学家、社会学家和人类学家，他们纷纷运用专业知识和更复杂的方法，深入研究组织中人的行为规律。这些学者被称为“行为科学家”，而不是“人群关系理论家”。行为科学家们建立了行为科学洋派，并提出了行为科学管理理论。行为科学管理理论与人群关系理论一脉相承，同属一个学派，但与人群关系理论比较，行为科学管理管理理论具有以下特点。

（1）由单纯强调感情因素，搞好人与人之间的关系转向探索人的行为规律，进行人力资源的开发。

（2）强调个人目标与组织目标的一致性，主张组织目标要更多地体现个人目标。

（3）重视人的主动性、创造性，主张民主参与式的管理，主张以工作本身满足人的需要。

行为科学管理理论主要有以下四部分内容。

（1）关于人的需要、动机和激励的研究。在这方面有代表性的理论有马斯洛的需要层次理论、赫兹伯格的双因素论、麦克利兰的成就需要论、弗鲁姆的期望理论、斯金纳的强化理论，以及亚当斯的公平理论等。

（2）同企业管理有关的“人性”问题。在这方面有代表性的理论有麦格雷戈的 X-Y 理论、沙因的人性假设理论、阿吉里斯的“不成熟—成熟”理论等。

（3）企业中的非正式组织以及人与人之间的关系问题。在这方面有代表性的理论有卢因的团体力学理论、布雷德福的敏感性训练理论等。

（4）企业中领导方式的问题。在这方面有代表性的理论有利克特的管理方式理论、布莱克和穆顿的管理方格图理论、坦南鲍姆和施米特的领导方式连续统一体理论、菲德勒的有效领导的权变模式等。

行为科学管理理论的贡献是，提供了有关组织中人的行为方面的知识，强调一种以人为中心的管理，对于推动管理由科学管理思想阶段僵化的专制式管理向灵活的、激励式的管理的转变起了重要的作用。

五、现代管理理论

（一）管理科学理论

管理科学理论是泰勒科学管理理论的继续和发展。该理论最早起源于第二次世界大战期间。

管理科学理论注重于在制定决策时使用定量技术和方法。其解决问题的一般方法步骤是：首先，由专家组或小组来分析问题，提出尝试性的解决方案；然后，由科学小组用数学方法编制一个能反映与问题相关的因素和它们之间关系的模型，用计算机分析改变模型中的任何一个变量值时所产生的影响；最后，管理科学小组将模型和计算结果提交给决策层，作为决策的客观依据。该方法完全靠数字来说话，完全排除决策过程的个人主观因素和艺术成分。

管理科学理论的贡献主要是为决策提供一个定量思维的框架，使决策有可能建立在比较客观可靠的基础上，决策有可能做到精确化。但批评者认为，管理和决策是非常复杂的过程，恐怕不是严格地按照某一模式就能解决得了的问题。

问题思考

目前，我们能否广泛地应用定量分析法做决策？

（二）系统管理理论

系统管理理论盛行于 20 世纪 60 年代。系统管理理论就是把一般系统理论应用于企业管理，对企业和其他组织的结构、管理活动和过程进行系统的分析。该理论主要代表人物有卡斯特（F.E.Kast）、罗森茨韦克（J.E.Rosenzweig）。他们两人的代表作有《系统理论与管理》《组织与管理》等。

其理论要点如下。

（1）组织是一个开放系统，是更为广阔的环境超系统中的一个子系统。组织在一定的环境中生存和发展，与环境不断地进行着物质、能量、信息的交流和变换，组织在“投入—转换—产出”的过程中不断进行自我调节，与环境保持动态的平衡。这一系统观点要求组织的管理者了解外部环境的变化，并要考虑这种变化将对组织内部环境所产生的影响。

（2）组织内部是一个由许多相互联系的要素（分系统）构成的复杂系统。这些要素是目标和价值、结构、技术、社会心理、管理，其中任何一个要素的变化都会影响到其他要素。以往的各个管理学派都是孤立地研究组织的某一个分系统，只强调某一分系统的重要性，没有把它看作整体的一部分，更没有看到它对其他部分和整个组织的影响。卡斯特和罗森茨韦克对组织所做的系统分析，试图给人们提供一个从整体出发思考组织管理问题的理论框架。

（三）权变理论

权变理论是一种较新的管理思想，代表人物为伍德沃德，其代表作为《工业组织：理论和实践》。权变理论认为，组织和组织成员的行为是复杂的，加上环境的复杂性和不断变化，使得普遍适用的有效管理方法实质上是不可能存在的。没有一种理论和一种方法适用于所有的情况，那么就应该根据具体情况来选用合适的管理方法，为此，要进行大量的调查研究，然后把组织的情况进行分类，建立不同的模式，再选用合适的管理方式。

在建立模式时要考虑到，组织的规模越大，所需的协调工作量就越大；不同模式的组织，有不同的目标，采用不同的工艺技术；管理者位置的高低直接影响到他所采用的管理方式；不同的职位要求不同的权力；由于人与人之间的差异，管理者对每个下级的影响是不同的；管理者要考虑到环境因素的稳定性，来采取不同的管理方法。

权变理论可以说继承了各种管理思想，只是强调了在各种不同情况下要找到适用的理论和方法。

六、当代管理理论新进展

进入 20 世纪 80 年代以后，世界经济环境的发展变化，科学技术迅速发展并被广泛应用，市场竞争日益激烈和国际化，促使人们对管理和组织进行了多种角度、多种形式的探索，形成了一些新的管理理论。

（一）竞争战略理论

迈克尔·波特是哈佛大学商学院的著名教授，是当今世界最有影响力的管理学家之一，提出了企业竞争战略理论。他认为，行业竞争中决定规模的五种力量模型为供应商的力量、替代品的威胁、购买者的力量、潜在竞争加入者的威胁、竞争对手。在分析五种战略力量的基础上，波特提出只有两种达到突出业绩的途径：一是成为行业中成本最低的生产者；二是产品和服务在某些方面与众不同，形成消费者偏好。这一理论体现了波特杰出的三类成功战略思想。

1. 成本领先战略

成本领先战略是指企业通过在内部加强成本控制，在研究开发、生产、销售、服务和广告等领域内把成本降到最低，成为行业中的成本领先者的战略。企业凭借其成本优势，可以在激烈的市场竞争中获得竞争优势。

企业采用成本领先战略的动因主要有形成进入障碍、增强企业讨价还价的能力、降低替代品的威胁、保持领先的竞争地位。企业采用成本领先战略可以使企业有效地面对行业中的五种竞争力量，以低成本的优势获得高于行业平均水平的利润。

2. 差异化战略

差异化战略是指通过提供与众不同的产品和服务，满足顾客特殊的需求，形成竞争优势的战略。这种战略主要依靠产品和服务的特色，而不是依靠产品和服务的成本。但是应该注意，差异化战略不是讲企业可以忽略成本，只是强调这时的战略侧重点不是成本问题。

差异化战略对于企业的益处主要表现在形成进入障碍、降低顾客的价格敏感程度、增强讨价还价的能力、减少替代品的威胁。要实行差异化战略，企业通常需要具备特殊的管理技能和组织结构。

3. 专业化战略

专业化战略是指把经营战略的重点放在一个特定的目标市场上，为特定的地区或特定的消费群体提供特定的产品或服务。企业采用专业化战略能够以更高的效率、更好的效果为某一战略对象服务。

波特认为，对这三种战略，企业必须明确要采用哪一种，徘徊其间企业将会处于极差的战略地位，不利于企业的发展。

（二）全面质量管理

扫一扫

全面质量管理

质量管理诞生于 20 世纪以前。那时，质量管理作为企业管理不是很重要的一个组成部分，是简单的操作检验，依附于基层管理人员。自 20 世纪初泰勒提出科学管理理论以后，质量管理开始成为高层管理工作中的重要组成部分。

1947 年 2 月 23 日国际标准化组织（ISO）在日内瓦成立，1987 年策划制定了 ISO 9000 族质量管理体系标准，这标志着在全球范围内质量管理标准化的开始。到目前 ISO 成员已经超个 170 个，而 ISO 9000 族质量管理体系标准也从 1987 年开始进行了四次修改，现在推行的是第四版的标准：2015 版的 ISO 9000 族质量管理体系标准。支持质量管理体系的技术文件包括：ISO/TR 10013 和 ISO/TR 10017。借鉴 ISO 9000 族质量管理体系标准成功的经验，ISO 针对对经济发展、科技发展、环境保护、安全生产等的需求，先后制定了 ISO 14000 环境管理体系系列标准、ISO 22000 食品安全管理系列标准、ISO 26000 社会责任体系标准、ISO 20000、27001 信息安全管理体系标准、ISO 45001 职业健康安全管理体系标准、ISO 50001 能源管理体系标准等。目前，管理体系标准在全球得到广泛应用。

从 20 世纪 80 年代开始，西方发达国家中的企业普遍进行了一场质量革命，这场革命被称为“全面质量管理”。

所谓“全面质量管理”（Total Quality Management，TQM），就是指一个组织以质量为中心，以全员参与为基础，目的在于通过顾客满意和本组织所有成员及社会受益而达到长期成功的途径。在全面质量管理中，质量这个概念和全部管理目标的实现有关，如图1-3所示。

人们对质量问题的重视可以追溯到第二次世界大战以后。在日本战后重建的过程中，一些美国人去日本帮助生产现代化的生产设备。在这批美国人当中，爱德华·戴明（W.Edwards Deming）是一位有突出贡献的质量专家。他在日本大力推广和运用被他发展了的统计过程控制技术，获得较大的成功，他本人也因此在日本享有盛名。但直到20世纪80年代初，他的理论才得到西方国家的认真对待。

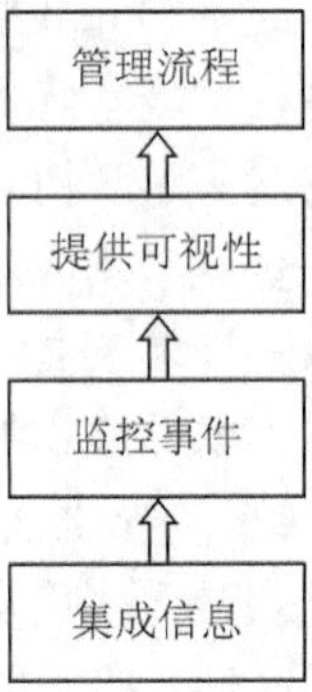

图1-3　全面质量管理

另一位著名的质量管理专家是美国的约瑟夫·朱兰（Joseph Juran）。他所倡导的质量管理理念和方法始终影响着世界企业界以及世界质量管理的发展。他的“质量计划、质量控制和质量改进”被称为“朱兰三步曲”。他的《质量管理手册》被称为当今世界质量控制的名著，为全面质量管理奠定了理论基础。

在全面质量管理中，有四个十分重要的因素：一是员工参与；二是顾客导向；三是标杆管理；四是持续改进。

案例解读

新旧动能转换中的全面质量管理典范
——济南益佳农服航空科技有限公司的管理特色

济南益佳农服航空科技有限公司是山东植保无人机研制开发生产的重要对外交流的平台。自2017年开始营业以来，公司始终坚持以“宾客至上、服务一流、与时俱进、持续创新”为原则。

从成立至今，在短短一年时间内，公司之所以能在无人机百家争鸣的大环境下站稳脚跟，并且技术水平和服务质量一直处于稳步提高的态势，除了行业本身符合高新技术产业的大环境要求外，科学的管理与研发也起到了决定性的作用。

一、科学的管理工具指导公司稳步健康发展

公司于2017年，依照国际标准化组织发布的ISO 9001质量管理体系，结合自身实际情况，完成了无人机技术标准的参与制定，通过一年多的规范运行，公司目前已经形成了P（策划）、D（实施）、C（检查）、A（改进）的有效循环系统。

在全面实施质量管理体系的基础上，公司还分别采用了6S管理、六西格玛管理、卓越绩效管理等管理方法与体系。在日常的工作中，质量检查员和各部门体系审核员不定期通过暗访、现场观察等对公司各项质量运行情况进行标准化检查；每季度公司的体系审核员对各部门质量体系的运行情况进行内部审核；公司还会邀请第三方体系认证的权威机构进行外部审核，以确保质量不断提高。

二、奖惩制度完善，全面进行正能量引导

公司非常重视正能量引导效果，及时起草完善了《公司奖励制度》，制定了各种奖励形式，如服务感动奖、服务创新奖、技术创新奖、排除隐患奖等多种奖励形式，针对中层管理以上人员制定了《公司绩效考核办法》。公司每月整理发放日常奖励；每月组织各部门评选技术服务先进标兵；每季度对中层以上人员进行绩效考核，并组织评选服务先进典型；每年组织先进班组、先进个人评选。公司对评选出的先进人员均不同程度地给予表彰奖励。

三、重视人才培养，全面提高服务质量

公司年初制订全年培训计划，并严格按照有关规定进行有效实施，公司为提高全体员工的文化技术水平，还与山东航空管理局进行合作，开展了无人机飞手取证教育，对积极参与学习的员工，公司给予不同程度的学费报销奖励。

四、履行社会责任，树立伦理典范

在日常工作中，公司会及时收集员工的自身经济、身体健康情况等信息。遇有生病员工，公司领导会及时到员工家中看望，了解病情，送去慰问品；同时感谢家属长期以来对公司工作的大力支持。积极联合社会团体，对需要帮助的贫困家庭及落后地区的孩子们进行慈善捐助，获得社会好评。

以上四方面相互渗透、相互促进、相互结合、缺一不可。它们有效保障了公司的各方面服务质量和客户满意度不断提高，确保了公司各目标的圆满实现。

目前，公司正在与相关科研院所机构进行深度合作，相信在不远的将来，一定会在无人机植保科技研发服务管理方面碰撞出耀眼的火花。

（三）企业再造

20 世纪 80 年代初到 90 年代，西方发达国家的经济经过短暂的复苏后又重新跌入衰退状态，许多规模庞大的企业组织结构臃肿，工作效率低下，难以适应市场环境的变化，出现了“大企业病”的现象。当时，迈克尔·哈默与詹姆斯·钱皮为了改变这种状况，在广泛深入企业调研的基础上提出了企业再造理论，并于 1993 年出版了《再造公司——企业革命宣言》一书。

所谓企业再造，是指为了获取可以用诸如成本、质量、服务和速度等方面进行衡量的显著成就，对企业的经营过程进行根本性的再思考和关键性的再设计，亦即“从头改变，重新设计”。企业再造包括企业战略再造、企业文化再造、市场营销再造、企业组织再造、企业生产流程再造和质量控制系统再造。再造的核心是重组业务流程。

企业再造的原则与方法如下。

（1）紧密配合市场需求确定企业的业务流程。

（2）根据企业的业务流程确定企业的组织结构。

（3）以新的、柔性的、扁平化的和以团队为基础的企业组织结构取代传统的企业组织结构。

（4）强调信息技术与信息的及时获取，加强企业与顾客、企业内部经营部门与职能部门的沟通与联系。

企业再造是围绕业务流程展开的。业务流程再造的关键是重新设计业务流程。再造不是对现有的东西稍做改良，而是要重新做，要脱胎换骨。要做到脱胎换骨，就要求从根本上改变思路。

案例解读：流程再造成功案例——新产品开发流程（柯达公司）

1987 年，柯达公司的老对手富士公司推出一种 35 毫米、一次性使用的新式照相机。顾客买了这种照相机，装上胶卷用过一次以后，可以把照相机退给冲洗这种胶卷的服务商。后者把这架照相机拆成零部件，供重新装配照相机使用。柯达公司当时还没有一种照相机能同它匹敌，甚至还没有开始设计能同它竞争的产品。柯达公司如果按照原先的产品设计流程，从着手设计一直到生产出一种能同富士照相机抗衡的产品，要花70个星期的时间，这样会让富士公司在新开辟的市场上遥遥领先，大获其利。为了争时间、夺市场，柯达公司对其新产品开发流程进行了再造。

新产品开发流程大多或是依次进行的，或是齐头并进的。前者进度缓慢，后者也不快。按照依次进行的新产品开发流程，负责开发产品某一部分的个人或小组要等到上一步骤完成之后，才能开展自己的工作。例如，首先由照相机箱体的设计人员开始设计机盒，然后由快门设计人员设计快门，这以后再由胶卷装置设计人员接着开展工作。如此等等，设计进度缓慢也就不足为奇了。

按照齐头并进的产品开发流程，照相机的各个组成部分的设计工作是同时进行的。不过，这种方法也有自己的问题，即各个组成部分的设计工作相互之间往往不协调。其原因在于，虽然各个设计组是从设计同一种照相机出发进行自己的设计工作的，但是，一个组在设计上所做的变动（往往是一些改进），其他组是难以及时知晓的。于是，新设计的照相机在准备投产之前，还要回到设计上做一番调整。

柯达公司原先同时采用了一部分是依次进行和齐头并进的新产品开发流程，但进度都很慢。照相机设计工作是齐头并进的，而制造部门的模具设计工作是在照相机设计工作完成后才开始的。于是，柯达公司制造部门的工程技术人员要在照相机设计人员开始设计工作后，再等待28个星期，才能着手开展自己的工作。

柯达公司对新产品开发的流程进行了再造。办法是创造性地运用了一种新技术，这种新技术名叫计算机辅助设计/计算机辅助制造（CAD/CAM）。这种技术可以让工程技术人员不是在制图桌上，而是在计算机智能终端旁从事设计工作。以计算机显示屏取代图纸，仅此一项便能提高工程技术人员的工作效率。不过，这对于新产品开发的整个流程的影响还是有限的。

柯达公司之所以能对其新产品开发的整个流程成功进行再造，是由于利用了一种技术，即产品设计的整套数据库。这种数据库每天把每一名工程技术人员的工作成果收集起来，并将各成果结合成一个互相连贯的整体。每天上午上班后，设计小组和个人可检查一下，看看别的组、别的人员前一天的工作有没有给自己的工作或给整个设计工作带来问题。如果带来了问题，就立即着手解决问题，而不是像先前那样，徒劳地工作了几个星期或几个月之后，再去解决问题。此外，这种技术还可以让制造部门的工程技术人员在新产品设计工作开始后只等待10个星期，就能着手进行自己所担负的模具设计工作，也就是紧跟在设计人员交出某种款式新产品的第一个原型之后，就着手模具设计。

柯达公司这种新的设计流程叫作协调一致工程。它已广泛应用于航空和航天工业以及汽车工业，现在又在消费品生产方面开始吸引追随者。柯达公司运用了协调一致工程，使35毫米、一次性照相机从概念到投产的整个新产品开发流程所需的时间减少了将近一半，也就是减少到了38个星期。此外，由于再造设计流程后，工程技术人员可以在产品设计完成之前开展自己的设计工作，可以从容地推敲、运用专业知识去设计模具，使之既便于制造，花费用又不多。柯达公司已经使其一次性照相机的模具制造费用和照相机的生产成本降低了25%。

流程再造从管理层面来讲可以很好地提高管理效率、强化管理效果，但流程再造并不是领导与战略决策问题，很多企业在注重流程再造的同时，也需要制定好切实可行的战略，并有效实施战略计划，做好决策，这样企业才能够很好地发展。

（四）学习型组织

20 世纪 80 年代以来，随着信息技术的发展，知识经济时代进程的加快，企业面临着前所未有的激烈竞争，使企业生存的风险大为增加。传统的企业组织已越来越不适应环境，其突出表现就是许多曾名噪一时的大公司纷纷退出历史舞台。因此，提高企业适应外部环境的能力，延长组织寿命是管理的又一重点。在这样的大背景下，1990 年，美国麻省理工学院教授彼得 • 圣吉（Peter M.Senge）撰写的《第五项修炼——学习型组织的艺术和实务》，吸收东西方管理文化的精髓，提出了以“五项修炼”为基础的学习型组织理念。从此，建立学习型组织成为管理理论和实践的热点。学习型组织是指通过营造整个组织的学习气氛，充分发挥员工的创造性思维能力而建立起来的一种有机的、高度柔性的、横向网格式的、符合人性的、能持续发展的组织。学习型组织是未来成功企业的模式。

所谓学习型组织，就是通过不断的学习来改革组织本身。善于不断地学习是它的本质特征。彼得 • 圣吉认为，企业的领导者和全体职工都要进行五项修炼。

1. 锻炼系统思考能力

系统思考是五项修炼的核心，通过信息收集，掌握事件的全貌，以避免见树不见林，培养纵观全局的思考能力，看清楚问题的本质，进而清楚地了解因果关系。

案例解读：杜邦公司的“市场瞭望哨”

杜邦公司创办于 1802 年，是世界上著名的大企业之一。经过 200 多年的发展，杜邦公司今天所经营的产品涉及化纤、医药、石油、汽车制造、煤矿开采、工业化学制品、油漆、炸药、印刷设备等领域，近年来又涉足电子行业，其销售产品达 1 800 种之多，多年的研究开发经费超 10 亿美元，研究出 1 000 种以上的新奇化合物——等于每天有 2～3 件新产品问世，而且每个月至少从新开发的众多产品中选出一种产品使之商业化。

杜邦公司兴盛 200 多年的一个重要原因，就是围绕市场开发产品，并且在世界上最早设立了市场环境“瞭望哨”——经济研究室。成立于 1935 年的杜邦公司经济研究室，由受过专门培训的经济学家组成，以研究全国性和世界性的经济发展现状、结构特点及发展趋势为重点，注重调查、分析、预测与本公司产品有关的经济、政治科技、文化等市场动向。

除了向总公司领导及有关业务部门做专题报告及口头报告，解答问题外，经济研究室还每月整理出版两份刊物。一份发给公司的主要供应厂家和客户，报道有关信息和资料；另一份在内部发行，主要内容包括根据内部经营全貌分析存在的问题，提出解决措施，研究短期和长期的战略规划、市场需求量，以及同竞争对手之间的比较性资料。另外每季度还会整理出版一期《经济展望》供总公司领导机构和各部门经理在进行经营决策时参考。从资料的收集、整理到管理，杜邦公司设计了一个非常完整的系统工作流程，这也是杜邦公司 200 多年兴盛不衰的原因之一。

2. 追求自我超越

自我超越是五项修炼的基础，强调要认识真实世界，关注于创造自己的最理想境界，并为了填补这两者之间的差距产生不断学习的意愿，不断自我创造与自我超越。

3. 改善心智模式

组织的障碍，多来自于个人的旧思维，如固执己见、本位主义，唯有通过团队学习以及标杆学习，才能改变心智模式，有所创新。

4. 建立共同愿景

所谓共同愿景，是指能鼓舞组织成员共同努力的愿望和远景，或者说是共同的目标和理想。愿景可以凝聚公司上下的意志力。共同愿景可使大家努力的方向一致，使个人也乐于奉献，乐于为组织目标奋斗。

5. 开展团队学习

团队智慧应大于个人智慧的平均值，通过集体思考和分析，找出个人弱点，强化团队向心力，有助于做出正确的组织决策。

要进行这五项修炼，必须建立学习型组织。彼得·圣吉认为，判断一个组织是否是学习型组织的标准有以下四个：①人们能不能不断检验自己的经验；②人们有没有生产知识；③大家能否分享组织中的知识；④组织中的学习是否和组织的目标息息相关。

人们对于学习型组织存在不少误解，有人认为其艰涩难懂，其实它的基本精神及主要内容和我们的观念差距并不是很大，只不过是用一种新的思想把我们已经做的工作加以整合和改造而已。

案例解读：联想——我国第一个学习型组织

联想集团创建于1984年，现已发展成为拥有19家国内分公司，21家海外分支机构，近千个销售网点，职工6 000余人，净资产16亿元，以联想计算机、计算机主板、系统集成、代理销售、工业投资和科技园区六大支柱产业为主的技工贸一体、多元化发展的大型信息产业集团。1997年，其销售总额达125亿元人民币，并在各主要业务领域都取得了显著成绩，其中联想计算机闯入亚太十强，排名第五，联想QDI主板跻身世界板卡供应第三位，联想系统集成公司成为国内优秀系统集成企业之一，1995年—1997年连续三年在全国电子百强企业中排名第二、全国高新技术百强企业中排名第一。

联想的成功原因是多方面的，但不可忽视的一点是，联想进行了极富特色的组织学习实践，使得联想能顺应环境的变化，及时调整组织结构、管理方式，从而健康成长。

早期，联想从与惠普的合作中学习到了与市场运作、渠道建设及管理方法有关的知识，拥有了企业管理经验，这对于联想成功地跨越成长中的管理障碍大有裨益；现在，联想积极开展国际、国内技术合作，与计算机界众多知名公司，如英特尔、微软、惠普、东芝等，保持着良好的合作关系，并在与众多国际大公司的合作中受益匪浅。

除了能从合作伙伴那里学到东西之外，联想还是一个非常有心的“学习者”，善于通过竞争对手、本行业或其他行业优秀企业以及顾客等各种途径进行学习。

柳传志有句名言：“要想着打，不能蒙着打。”这句话的意思是说，要善于总结，善于思考，不能光干不总结。

分析：

1. 联想是一家什么样的公司?
2. 联想有几种学习方式?

（五）文化管理

20世纪80年代以后，整个国际经济形势发生了巨大的变化。比较典型的是日本，在短短的20多年里，一跃成为世界第二发达的资本主义国家，成为美国的主要市场竞争对手。这使得西方的管理学者对传统的管理理论进行了深入的思考。由此，西方企业界兴起企业文化风潮。

1981 年，威廉·大内发表了轰动美国管理界的名著《Z 理论》。这本书系统地比较了美国企业管理同日本企业管理的差别，指出了如何从采用美国式管理的组织向采用日本式管理的组织——Z 型组织转变的许多措施，其核心就是要信任和关心职工。

经过实地考察和对比研究，美国人得出了一个共同的结论，日本的经济奇迹来自日本式的经营管理，而在日本经营管理最成功的企业里，使其成功的不是严格的规章制度，更不是计算机或任何一种管理技术，而是企业文化。当美国人反过来总结美国杰出企业的成功经验时，他们惊奇地发现，许多一流的日本公司遵循的法则，在美国杰出的企业中也被认真地执行着。所有这些成功的企业，都有一个共同的特点，就是都有一种有力的"企业文化"。企业文化是杰出企业成功的关键。

文化管理是企业管理的软件构成部分，比相当于硬件的企业制度有更重要的作用。

其一是文化管理的导向作用。企业不仅要赢利，更要凝聚人心，这就需要企业文化。

其二是激励作用。企业应考虑将物质激励和精神激励相结合，精神激励中的情感激励和对自尊的满足属于文化管理的范围。

其三是凝聚作用。好的企业文化可以增强员工的凝聚力。

其四是文化管理的塑造作用。企业员工不仅要具备好的技术，更应有好的精神风貌，企业文化强调员工应有团队意识、合作精神，会增强企业竞争力。

其五是对资源的整合作用。企业在经营中形成经营理念、经营哲学，这对物质资源和精神资源具有整合作用。

其六是辐射作用。一家公司的成功，离不开成功的品牌战略，而品牌的背后就是文化，企业品牌是企业文化在社会上的一种印象、一种辐射。企业文化一经社会公众、顾客、供应商、政府等了解，经新闻媒体报道，传遍世界，也就树立了企业的形象。所以，拥有良好的企业文化，就会树立好的企业形象，不断积累好的企业形象就能变成好的品牌。

文化管理是科学管理的延伸，是管理适应现代社会经济发展大趋势的必然选择，管理实践应当充分体现文化管理的基本精神。文化管理就是从文化的高度来管理企业，以文化为基础，强调人的能动性，强调团队精神和情感管理，管理的重点在于人的思想和观念。

除了上面介绍的五种理论之外，还有管理信息化、虚拟企业等先进理论，请读者结合学习和工作实践深入体会。

第三节　管理者的分类与技能

一、管理者的定义

在我们这个社会中，存在着各种各样的人，其中有一类人，我们把他们称之为管理者。这类人存在于各种营利或非营利组织中，他们的工作都是和管理紧密联系在一起的。如果从事管理的人就是管理者，那人人都是管理者，因为每个人都可以管理自己做自我管理，没有社会工作的人也可以管理家庭。管理者确实是从事管理的人，但从事管理的人不都是管理者。

那么，怎样的人才算是管理者呢？管理者是那些在组织中行使管理职能，指挥或协调他人完成具体任务的人。所以首先，管理者的管理对象是组织而不是个体，其次，管理者在组织中主要从事管理工作，他们不从事生产、产品开发、销售等，他们从事生产管理、研发管理、销售管理等。管理者的这一定义区别于作业人员，作业人员是指在组织中直接从事具体的业务且不承担对他人工作监督职责的人。

问题思考

管理者是干什么的？在组织中充当什么角色？管理人员有哪些类别？

二、管理者的分类

（一）按层次分类

1. 高层管理者

高层管理者是指对整个组织的管理负有全面责任的人，他们的主要职责是制定组织的总目标、总战略，掌握组织的大政方针并评价整个组织的绩效。

2. 中层管理者

他们的主要职责是贯彻执行高层管理者所制定的重大决策，监督和协调基层管理者的工作。与高层管理者相比，中层管理者特别注意日常的管理工作；与基层管理者相比，中层管理者特别注意对日常管理工作的整理与汇总，在组织中起着承上启下的作用。

3. 基层管理者

他们的主要职责是给下属作业人员分派具体工作任务，直接指挥和监督现场作业活动，保证各项任务的有效完成。

管理者的层次分类如图1-4所示。

（二）按领域分类

1. 综合管理人员

综合管理人员是负责管理整个组织或组织中某个事业部的全部活动的管理者，如大区总经理、分公司总经理等。

2. 专业管理人员

专业管理人员是只负责管理组织中某一类活动的管理者，如财务总监、营销总监等。

管理者的领域分类如图1-5所示。

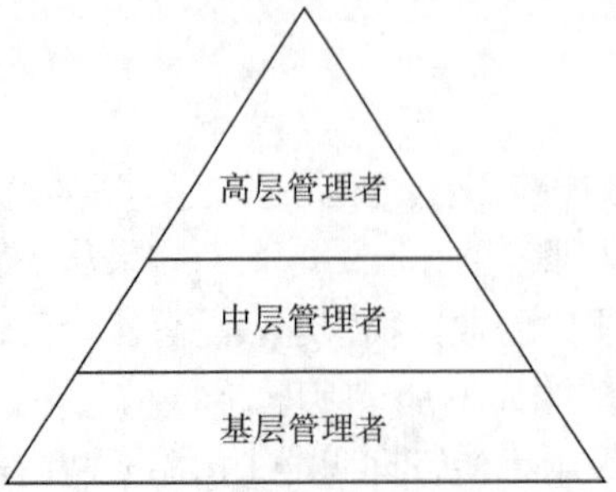

图1-4　管理者的层次分类

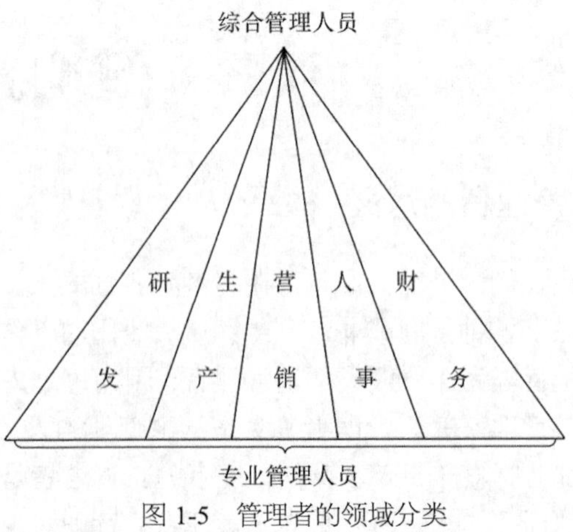

图1-5　管理者的领域分类

三、管理者的技能

（一）管理者的一般技能

1. 技术性技能

技术性技能是指对某项活动，尤其是对涉及方法、流程、程序或技巧的特定活动的理解程度。它包括专门知识、在专业范围内的分析能力以及灵活地运用该专业的工具和技巧的能力。相对来说，管理层次越低的管理者越需要具有技术性技能，特别是一线的管理者，掌握技术性技能是最重要的。

问题思考

结合自己的专业与阶段性职业发展目标，谈谈技术性技能对自己的重要性。谈谈自己周边的组织有没有外行领导内行的案例，简要说明一下面临的问题。

2. 人际关系技能

人际关系技能是指与处理人事关系有关的技能，即理解、激励他人并与他人共事的能力。许多研究表明，人际关系技能是管理者必须具备的技能中最重要的技能。这种技能对各层次的管理者都具有同等重要的意义。在相同条件下，一个具备这方面技能的管理者肯定可以在管理中取得更大的成功。

管理故事

小王和小李是大学同学，两人同时到一家外企工作，但试用期三个月过后只有一人能留下。企业的经理是一位叫乔治的外国人。到公司一个多月后的一天，小李看到小王在记东西，但小王看到小李后慌张地将本子收起，小李好奇，觉得两人关系不错，非让小王说个究竟。小王没办法，将本子给小李看，小李一看傻眼了，上面记录的是自己每天的一举一动。在小李的追问下，小王说出了原因，原来进公司的第一天，乔治就给了小王一个本子，让小王记录小李的一举一动，试用期结束后再交给乔治。小李听后也拿出了自己收到的乔治给的本子，但上面什么也没写。

你认为乔治的做法对吗？为什么？

3. 概念化技能

概念化技能是指管理者对复杂情况进行抽象和概念化的技能。运用这种技能，管理者能够将组织看作一个整体，理解各部分之间的关系，想象组织如何适应它所处的大环境。对高层管理者来说，这种技能是非常重要的。组织的功能是相互依赖的，一个优秀的管理者应具有宏观的视野、整体的考虑、系统的思考和把握大局的能力，应了解国内外政治、经济、社会、文化发展变化的现状与趋势，从组织之中超脱出来，将组织视为世界大环境的一个有机组成部分，从大环境角度为组织建构愿景、发展战略，以保证组织的永续生存和发展。

4. 诊断技能

诊断技能是指针对特定的情境寻求最佳反应的能力，也就是分析问题、探究原因、制定应对策略的能力。正如一个医生根据病人的病情进行诊断方能对症下药一样，一个组织的管理者应根据组织内部各种现象来分析研究各种表象，进而探究其实质。

5. 沟通技能

沟通技能是指收集和发送信息的能力。管理者应能通过书写、口头与肢体语言，有效与明确地向他人表达自己的想法、感受与态度，也能较快、正确地解读他人的信息，从而了解他人的想法、感受与态度。管理者需要沟通技能。沟通技能涉及许多方面，如简化运用语言、积极倾听、重视反馈、控制情绪等。虽然拥有沟通技能并不意味着会成为一个好的管理者，但缺乏沟通技能则会使管理者遇到许多麻烦和障碍。

（二）对各层次管理者的技能要求

1. 对高层管理者的技能要求

高层管理者更需具备的是统筹规划技能、分析与思维能力、目标导向能力等。

2. 对中层管理者的技能要求

中层管理者需具备沟通能力、计划能力、组织能力、督导能力（控制能力）、时间管理能力等。

3. 对基层管理者的技能要求

基层管理者需具备计划与分配任务的能力、解决实际问题的操作能力、督促能力、时间管理能力。

第四节 管理的基本原理

原理是指某种客观事物的实质及其运动的基本规律。管理原理是对包含各种复杂因素和关系的管理活动的客观规律的描述，是在总结了大量管理活动经验的基础上，撇开各种社会组织之间的差异，经过高度综合概括出的具有普遍性、规律性的结论。管理原理具有客观性、概括性、稳定性、系统性的特征。

在管理活动中，大家普遍认同的基本原理可以被概括为系统原理、人本原理、责任原理、效益原理，这些原理对管理活动具有普遍的指导意义。

一、系统原理

（一）系统的含义

系统是指由若干相互联系、相互作用的部分组成的，在一定环境中具有特定功能的有机整体。它包含以下内涵：第一，系统的组成部分有两个或两个以上，单个部分构不成系统；第二，系统的各要素之间存在着一定的联系，不是各自独立存在的；第三，系统整体具有不同于各个部分的新的属性和功能，且系统整体要优于部分，即 $1+1>2$。

（二）系统的特征

1. 目的性

系统的存在有明确的目的，并且目的往往是多重的。例如医院的主要目的是救死扶伤，疗养型的医院还可以疗养；企业的根本目的是获得利润，同时还可以满足社会的多种需求。

2. 集合性

一个系统至少要由两个相互区别、相互联系的要素构成，且强调整体的功能大于部分的功能。例如，物流中公铁联运的背驮式运输系统优于单纯的公路运输和单纯的铁路运输，既节省成本又减少货损。

3. 相关性

系统是由相互联系的子系统形成的，其中某一子系统发生改变，就意味着系统的功能发生了改变，或者说要保持原有的功能，其他子系统也要进行相应改变或调整。

4. 适应性

适应性是指系统要达到或实现原有的目标或功能，必须能够适应外部环境的变化。不能适应外部环境变化的系统是不可取的。

5. 整体性

组成系统的各部分不是相互独立的，最终要成为一个有机整体。每个子系统都要服从整体系统，以求达到整体最优。

6. 有序性

由于系统的结构、功能和层次的动态演变有某种方向性，因而系统具有有序性的特点。有序能使系统趋于稳定。

运用系统原理分析和处理管理问题，就是把管理活动涉及的相关要素看作系统的有机组成部分，按照系统管理的基本要求，组合各种资源，组织管理过程，按照管理目标要求，优化部分与整体之间的关系，以实现总体效益最大化。

二、人本原理

人本原理，就是指组织的各项管理活动，都应以调动和激发人的积极性、主动性和创造性为根本，是追求人的全面发展的一项管理原理。具体来讲，人本原理强调依靠人的力量，开发人的智能，尊重人的人格，塑造人的品质，凝聚人心，即尊重人、依靠人、发展人、为了人。

（一）人本管理实现的方式

人本原理是现代管理发展的必然趋势和客观要求，任何一个组织的管理者在管理实践中都必须以人本原理作为管理的主导思想，在管理的全过程中实行以人为中心的管理，在最大的限度内激发组织成员的积极性、主动性和创造性，有效地实现组织目标。人本管理的实现方式有以下几种。

1. 动力管理

动力是推动组织事业向前发展的力量。当组织出现生产无序、效率低下、人员懈怠时，管理者首先要注意的是推动工作进步的动力是否充足。没有动力，管理就不可能进行有序运动。

一般来讲，管理的基本动力有三种类型，即物质动力、精神动力、信息动力。

第一，物质动力不仅包括对个人的物质刺激，更重要的还有组织的经济效益。只有把对组织的贡献与从组织得到的物质利益紧密结合起来，才能形成动力。

第二，精神动力是指由组织及其成员的观念、理想、信仰等精神方面的追求所形成的管理动力，它包括理想教育、日常的思想政治工作、精神奖励等。精神动力是客观存在的，它能弥补物质动力的缺陷，而且本身就有巨大的威力，在某些特定的情况下，还可以成为决定性的力量。

第三，信息动力是指信息的传递所构成的反馈对组织活动发展的推动作用。从管理的角度来看，信息作为一种动力，有超越物质和精神的相对独立性。在信息化社会，信息冲击产生的压力会转变成你追我赶的竞争动力，它对组织活动起着直接的、整体的、全面的促进作用。

管理者要有效地实现动力管理，就必须从根本上重视人的需要。

趣味案例

一位60岁的独身老太太，感觉年事已高，就让侄子照顾其生活，并且写下遗嘱，待其去世后侄子就可以获得她的全部财产。此后，老太太发现，他的侄子好像总盼望她去世。请问问题出在什么地方？你认为老太太应如何进行激励？

2. 柔性管理

柔性管理是相对刚性管理而言的。在刚性管理中，组织管理者是以制度和职权为条件，利用约束、监督、强制和惩罚等手段对组织成员进行管理的。而柔性管理是以情感和文化为基础，运用尊重、激励、引导和启迪等方式进行管理。从本质上说，柔性管理是一种"以人为本"的管理，它是组织管理者依据组织成员的心理和行为规律，以人性化的工作方式和管理思维，在组织成员中形成一种潜在的说服力，从而把组织的意志变为组织成员的自觉行动。因此，实行柔性管理应从情感管理入手，实行民主管理、自我管理和文化管理。

3. 人才管理

人才管理的根本是善于发现人才、培养人才和合理使用人才。将人本原理的思想落实到人才管理中去，就要求管理者在工作中实现人岗匹配、人尽其才、才尽其用的目标。实现这一目标，须做好以下工作。

（1）人才测评。人才测评主要是通过心理测试、行为观察分析、情景模拟演练等，对人才的素质、结构和兴趣等方面有一个比较客观的认识，这种认识为管理者认识人才价值、挖掘人才潜能提供了帮助和指导。人才测评能够为组织提供整体的人力资源状况和水平的相关信息，为组织做好人力资源规划打下基础，以便在人员的招聘和员工的培养和使用等方面进行有针对性的管理。

（2）能级管理。在组织管理中，机构、人员等都有一个能量的问题，能量大，作用大。现代管理的任务就是建立一种使组织中的每个人都能"各尽其能"的运作机制，为组织合理地配备人才和使用人才打下坚实的基础。实行能级管理，就可以完成这个任务。

随着知识经济的发展和市场经济的完善，组织对人的能力要求日益提高。能力的内在结构不仅包含知识、智力和技能，更为重要的是包含人的创新能力，这意味着以人为本必须以人的能力为本。因此，管理者在实施能级管理的过程中，要侧重于发现能力、使用能力和开发能力三大环节，将具有不同能力的组织成员配置到不同的岗位上，实现组织成员能力的优化组合，使能力与能级相符。而处在不同能级的组织成员，则享受不同的待遇，组织成员的能力越强，结构越合理，享受的待遇就越好。

（3）工作丰富化。工作丰富化是指通过改进工作设计，丰富工作内容，赋予职工更多的尝试机会，来增加工作本身的刺激性和挑战性，使职工获得发挥聪明才智和取得个人成就的机会。

企业可通过以下措施促进工作丰富化：①在工作方式、工作次序和作业速度方面给职工更大的自由，使每位职工对自己的工作负有明确的责任；②安排和鼓励职工定期轮换工作岗位和工种；③扩大职工的工作范围，让职工参与某项业务活动的全过程，使职工明确认识到自己的工作对企业整体发展的意义及做出的贡献等。工作丰富化，使工作不再是一种烦琐、冗长、沉重的劳作，而是一种具有丰富意义和乐趣、讲究质量的生活方式。它能够在提高工作效率的同时，起到增加员工满足感的作用。

（二）应用人本原理的要求

人本原理强调管理中人的工作的重要性，主张一切活动都应以关心人，尊重人，发挥人的积极性、主动性、创造性和创新性为基点，一切工作都要以做好人的工作为根本。其一，管理者应从顾客和员工两方面建立广泛的激励机制，给员工适当授权，为企业创造良好的内外环境。其二，建立行为监督机制，不但要有企业的监督，还要有员工的自我监督，以体现尊重的价值。其三，量才授职，使员工真正做到人尽其才。其四，恰当运用动力，恰当运用各种激励方式，保证组织目标的实现。

问题思考

怎样理解现在招聘中要求专业对口与人本原理中工作丰富化的矛盾与联系？

三、责任原理

（一）责任原理的含义

责任原理是在合理分工的基础上明确各部门与个人必须完成的工作任务和必须承担的相应责任，从而提高人的潜能的有效办法。责任原理的本质是保证及提高组织的效益和效率。

（二）责任原理的内容

（1）明确每个人的职责是挖掘人的潜能的最好办法（明确每个人的责任）。

（2）职位设计和权限委授要合理，权力可以授予，但责任不能授予。

（3）奖惩要分明、公正而及时。

四、效益原理

（一）效益原理的含义

效益原理是指组织的各项管理活动都要以实现有效性、追求高效益为目标的管理原理，即一切管理工作都要力图以最少的投入和消耗，获取最多的效益。“向管理要效益，管理出效率”，已成为人们的共识。

（二）管理者运用效益原理应注意的问题

管理者在实际工作中运用效益原理，应做到以下四点。

1. 两种效益相统一

在任何管理活动中都必须坚持两种效益相统一的观点。社会效益是前提，经济效益是根本，两个效益一起抓。

2. 坚持整体性原则

坚持整体性原则是指既要从全局效益出发，又要从局部的效益着眼，以获得最佳的整体效益。

3. 讲实效

管理者在思想上必须明确，工作中不能只讲动机，更重要的是要讲实效，不能当一名忙忙碌碌的事务主义者。

4. 长远目标与当前任务相结合

要善于把长远目标与当前任务相结合，增强工作的预见性、计划性，减少盲目性、随意性，以达到事半功倍的效果。

知识介绍：效果、效率和效益的区别与联系

效果指人们或组织通过某种行为、力量、手段、方式而产生的结果。这种结果中有的是有效益的，有的是无效益的。例如，有的企业生产的产品虽然质量合格，但产销不对路，在市场上卖不出去，积压在仓库里，最后甚至会变成废弃的物质。这些产品是不具有效益的。所以，只有那些为社会所接受的效果，才是有效益的。

效率是指特定的系统在单位时间内的投入与所取得的效果之间的比率。这个比率是一个经常用来衡量管理水平的标准。例如，要衡量企业的管理水平，就必须考察企业投入的资金、技术、人力、物力等因素与所获得的利润之间的比率。在一定的时间内，如果消耗的物资、能量等因素越少，而产生的效果越大，就意味着效率越高；反之，如果消耗的物资、能量等因素越多，而产生的效果越小，就意味着效率越低。

效益是某种活动所要产生的有益效果及其所达到的程度，是效果和利益的总称。它可分为经济效益和社会效益两类，其中，经济效益是人们在社会经济活动中取得的收益性成果；社会效益则是在经济效益之外的对社会生活有益的效果。经济效益和社会效益，两者既有联系又有区别。经济效益是讲求社会效益的基础，而追求社会效益又是促进经济效益提高的重要条件。两者的区别主要表现在，经济效益比社会效益更加直接一些，易于衡量，我们可以运用若干经济指标来计算它；而社会效益则难以计量，我们必须借助其他形式来间接考核它。

一般而言，企业组织的诸多管理活动就是为取得经济效益而开展的，企业追求良好的经济效益，不仅是出于积累资金、自我发展的需要，而更为重要的是能够促进社会进步、国民经济的发展以及社会生产力的提高，因此，经济效益与社会效益从根本上说应该是一致的。但是，当有的企业只从局部考虑问题，或者采取不合理、不合法的手段获得经济效益时，二者就会产生矛盾，而管理的作用就在于要消除这种矛盾，力求将经济效益与社会效益有机地结合起来。

第二部分　实务部分

任务一　思考与讨论

一、简答题

1. 管理的概念是什么？管理有什么作用？

2. 根据自己的理解简述管理的职能。

3. 管理理论的演变可分为哪几个阶段？说说每个阶段有哪些主要的理论和特点。

4. 试分析比较泰勒的科学管理理论与梅奥的人群关系理论的差别，并对两种管理理论做简要的评价。

5. 马斯洛的需要层次理论的内容有哪些？它对领导做好激励工作有什么作用？

6. 你认为法约尔的管理原则哪些在今天仍然适用？

7. 管理科学理论的主要贡献是什么？该理论有一个观点认为，决策必须排除决策过程中的艺术成分，你同意吗？

8. 简述管理人员与作业人员的区别或者管理工作与作业工作的区别。

9. 处于不同层次的管理人员在管理技能要求上有何区别？

10. 什么是管理原理？管理的原理有哪些？简述系统原理的主要观点。

二、讨论题

1. 运用管理学的知识，从管理的角度出发，分析近两年出现的“企业用工荒”问题与“大学生就业难”问题。

2. 请结合管理学的相关知识，剖析在2013年发生的山东“夺命快递”事件中，管理对企业的重要性。你认为好的管理应该注重什么？

3. 有人说：“当代管理的趋势是逐步由以物为中心的刚性管理，走向以人为中心的柔性管理。”管理者应该怎样理解这句话？

4. 人本原理在现实生活中有何指导作用？

任务二　案例分析

案例一　迥然不同的管理方式

海伦、汗克、乔、萨利四个人都是美国西南金属制品公司的管理人员。海伦和乔负责产品销售，汗克和萨利负责生产。他们对所学的理论有不同的看法，现正展开激烈的争论。

乔认为，系统管理理论对我们这样的公司是很有用的。例如，如果生产工人偷工减料或做手脚的话，如果原材料价格上涨，就会影响我们的产品销售。系统管理理论中讲的环境影响与我们公司的情况很相似。在目前这种经济环境中公司会受到环境的极大影响。在油价暴涨期间，我们当时还能控制自己的公司。现在我们在销售方面每前进一步，都要经过艰苦的战斗。

萨利不认为公司现在的困境与系统管理理论之间有什么必然的内在联系：我们曾在这种经济系统中受到过伤害。当然，你可以认为这是与系统管理理论相一致的。但是我并不认为我们就有采用系统管理理论的必要。我并不能预见系统影响所带来的后果。所以，我认为权变理论更适用于我们。

海伦对他们这样的讨论表示有不同的看法。她说：“对系统管理理论我还没有很好地考虑。但是，我认为权变理论对我们是很有用的。虽然我们以前亦经常采用权变理论，但是我却没有认识到自己是在运用权变理论。例如，我有一些顾客是家庭主妇，她们经常讨论关于孩子和如何度过周末之类的问题，从她们的谈话中我就知道她们要采购什么东西了。顾客也不希望我们‘逼’他们去买他们不需要的东西。我认为，如果我们花上一二个小时与他们自由交谈的话，那肯定会提高我们的销售量。但是，我也碰到一些截然不同的顾客，他们一定要我向他们推荐产品，要我替他们在购物中做主。这些人也经常到我这里来走走，但不是闲谈，而是做生意。因此，你可以看到，我每天都在运用权变理论来对付不同的顾客。为了适应形势，我经常改变销售方式和风格，许多销售人员都是这样做的。”

汗克有些激动地说：“我同意萨利的观点。教授们都把自己的理论吹得天花乱坠，他们的理论听起来很好，但是却无助于我们的管理实际。对于培训班上讲的激励要素问题我也不同意。我认为泰勒在很久以前就对激励问题有了正确的论述。要激励工人，就是要根据他们所做的工作付给他们报酬。如果工人什么也没有做，公司则用不着付任何报酬。你们和我一样清楚，人们只是为钱工作，钱就是最好的激励。”

问题：

1. 你同意哪一个人的观点？他们的观点有什么不同？
2. 如果你是乔，你如何使萨利信服系统管理理论？
3. 你认为汗克关于激励问题的看法怎样？他的观点是属于哪一种管理理论的观点？

案例二　用“芝麻”代替“西瓜”的奖励

一家很大的食品公司刚刚通过了一项评审极其严格的产品认证。在准备评审期间，广大员工加班加点，废寝忘食，牺牲了个人时间，通过一年多的努力，终于获得评审通过。

当宣读这个好消息的时候，大家都兴奋不已。公司领导决定召集全体员工开庆祝会并对员工进行嘉奖。公司把员工召集到自助餐厅，由董事长表达对每位员工的感谢，宣布这次评审通过对公司的意义。董事长说：“评审通过是一次伟大的胜利，是大家共同努力的结果。为了庆祝这次巨大的成功，公司为每人准备了一份很有意义的礼物。”此时，大家就像过节一样高兴。公关部经理推上礼物并揭开了罩在礼物上的布。啊！竟是由很多包好的蛋糕搭建起的“金字塔”，上面还有“共创辉煌”几个大字。会场上先是一片寂静，接着爆发出震耳欲聋的喊声。

后来，大家排着队，陆续领走公司为大家准备的礼物——蛋糕。在员工摇着头，苦笑着领走奖品时，可怜的CEO好像只剩下最后一点呼吸了。其他员工的表情也让他心凉。随后的时间里，“蛋糕”就成了公司里使用频率最高的词语了，也是大家彼此戏谑的代名词。

问题：

1. 用马斯洛的需要层次理论解释这家公司在此次激励中存在的问题。
2. 评价这家食品公司管理的效率和效果如何？

任务三　企业模拟案例（视频案例）

企业模拟案例一

扫描二维码，观看视频后回答以下问题。

1. 如果你是信奉泰勒科学管理理论的段经理，你将如何改进管理方法？请将段经理对小李谈话的内容进行整理。

2. 如果你是信奉梅奥人群关系理论的段经理，你采用何种管理方法？将段经理对小李谈话的内容进行整理。

3. 你认为要处理好此事，经理应该具备哪些技能？

企业模拟案例二

扫描二维码，观看视频后回答以下问题。

1. 高层管理者是怎样炼成的？
2. 在企业管理中，以管人为主，还是以管事为主？

扫一扫

案例一

扫一扫

案例二

模块二

计划

孙子曰："兵者，国之大事也。死生之地，存亡之道，不可不察也。故经之以五事，校之以计，而索其情。"

——《孙子兵法》

目标与要求

本模块主要阐述目标及目标管理、计划的类型与制订过程、计划工作的方法。通过对本模块的学习，学生应了解计划的理论知识，并能将知识实践化，达到熟练解决企业问题的水平；结合企业实践理解计划的含义和作用，了解计划的类型和制订过程，熟练掌握和运用计划的制订方法——滚动计划法、甘特图法、网络计划技术等；重点掌握目标管理的特点与目标管理的过程；具有能够运用所学的知识制订合理计划的能力，能够根据目标管理的程序为组织制订并实施一个完整的目标管理计划。

导入案例

吴越之战中的计划

历史上，战争是国家的大事，关系人民生死、国家存亡，涉及政治、经济、文化、法制等各个方面。

领导者的运筹谋划是决定战争胜负的首要因素和前提条件。春秋末年，越王攻灭吴国之战，就全面体现了谋划的重要性。公元前494年，越国进攻吴国而战败，越王勾践在危急关头决定委曲求全保存国土，以谋东山再起。他根据本国国情和吴国情况，制订了转败为胜的计划，即"破吴七计”。一是送金钱财物，以取悦吴国君臣；二是高价买进吴国的粟米，以减少吴国的积粮；三是多送美女，以消磨敌人的斗志；四是把能工巧匠和优良的木材送去帮他们多建宫殿，以削弱吴国的财力；五是派能言善辩的人去给夫差拍马屁，并花言巧语扰乱他们的决策；六是设法使规劝夫差仇视提防越国的谏臣自杀，以除掉吴王的臂膀；七是积财练兵，等待敌人露出破绽，乘机进攻。经过长达13年的谋划，越国终于完成了灭吴计划。

启示：由以上案例可见计划的重要性。计划是有预见性的，计划周密，条件充分，胜利的可能性就大。“多算胜，少算不胜”，“知己知彼，百战不殆”。制订计划要收集信息，调查对方，考察己方；制订行动方案，明确方案实施的措施，要合理配置资源，符合实际，顺应民心，调动全体人员的积极性，为目标而努力。

【分析提示】

1. 结合案例，阐述计划的重要性。
2. 请同学们结合自身情况，制订一份学习“管理理论与实务”课程的计划。

第一部分　理论部分

第一节　目标及目标管理

管理故事：哲学家与建筑工人

有一位哲学家到了一个建筑工地，分别问三个正在干活的工人：“你在干什么？”

第一个工人头也不抬地说：“你没有看到吗？我在砌砖。”

第二个工人抬了抬头说：“我在砌一堵墙。”

第三个工人热情洋溢、满怀憧憬地说：“我在建一座教堂！”

听完之后，哲学家马上对这三人的未来做出了判断：第一个人心中眼中只有砖，可以肯定他的一辈子能把砖砌好就很不错了；第二个人眼中有墙，心中有墙，好好干或许能当一位工长或技术员；唯有第三位，必有大出息，因为他有“远见”，他的心中有座殿堂。

数年之后，哲学家再次来到了工地，看到第一位工人依旧在那里砌砖，而第二位已经成为工长，正在指挥部分工人干活。这时，一位衣着整洁的人出现在他的面前，哲学家一眼就认出了他。他就是当年那第三位工人，现在已经是这家公司的高层管理者。

启示：一个人需要有远见，我们不能只看眼前的东西，如果你有远见，并且能够为之付诸行动时，那么一切皆有可能。

古希腊哲学大师亚里士多德很尖刻地区分了两种人，即“吃饭是为了活着”和“活着是为了吃饭”。人之所以伟大，是因为目标伟大。一个人的目标，决定了他的生活和事业。

问题：你如何看待“管理理论与实务”这门课程？学习它是为了获得学分，或是掌握一些管理知识，还是对希望得到一些指导。请用一句话归纳一下。

一、目标的含义及性质

（一）目标的含义

组织开展一切活动之前首先要进行目标设定，目标是什么呢？怎么设定目标呢？目标是人们预期活动的方向和要达到的结果。组织的目标是组织在一定时期内通过努力争取达到的理想状态或期望获得的成果，它包括组织的目的、任务、具体的目标项目和指标以及指标的时限。没有一个既定目标，管理就没有努力的方向，无法有效地协调资源。目标是管理部门前进的终点或目的地。

目标不是目的，目标区别于目的。目标是某种行为活动的特殊性的、个别化的、阶段性的追求。而目的比较抽象，是某种行为活动的普遍性的、统一性的、终极性的宗旨或方针。某一行为活动目的的最终实现有赖于许多隶属的具体行为活动目标的实现，目的内含的精神是贯穿于各个具体目标之中的。

目标分战略目标和战术目标。战略目标是组织的经营方向，是企业活动要达到的目的，它是组织从事某项事业的预期结果，是抽象的组织使命的具体化。例如，阿里巴巴的使命是“让天下没有难做的生意”。它由此定位自己是谁，致力于什么事情，进而确定组织的未来走向——组织愿景“让客户相会、工作和生活在阿里巴巴，并持续发展最少 102 年”。组织通过使命职责化和愿景目标化，最终确定阿里巴巴的战略目标。战术目标是企业战略目标在阶段上和部门间的分解，它说明了企业在某一阶段期望达到的结果，说明了各个部门的工作任务和工作重点。

无论是战略目标还是战术目标，目标都是期望的成果。所谓目标，就是一个组织在未来一段时间内要实现的目的或要达到的成果。从管理的角度看，组织的目标具有独特的性质特征，因此，制定目标时必须注意这些性质特征。

问题思考

你所在组织的战略目标是什么？

（二）目标的性质

1. 多样性

现实告诉我们，不论组织或个人，其所确定的目标往往有多个。即使是组织的主要目标，也可以用不同的指标来全面反映。组织目标中不可缺少的内容如图 2-1 所示。

1. 市场地位
2. 获得一定的利润或投资收益
3. 重点研究、连续开发适当的产品
4. 增加公众持有的股票数量
5. 在国际市场中销售产品
6. 保证优势产品的竞争价格
7. 员工的工作质量

……

图 2-1　企业的总目标或目的

对于大多数组织而言，组织目标一般包括以下几个。

（1）生存目标。由组织宗旨决定的基本目标，如酒店的客流量。生存目标是组织存在和发展的前提，是组织最基本的目标。

（2）财务目标。财务目标主要关注组织如何确定资金需求，保证资金供给；如何实施资金预算管理、成本管理和财务风险管理，将资金的实际使用情况与计划相比较，及时采取必要的措施，适时调整；如何加快资金周转速度，提高资产利用率，以实现财务资源的有效配置，并提高资金的使用效率和安全度。对于一般组织，资产负债率、投入产出比、投资回报率、劳动生产率、成本及费用、收入与利润等是最常见的财务目标。对于非营利性组织而言，其财务目标主要是对费用的控制和资金的有效运用。

（3）人力资源目标。人力资源目标主要关注人才的选、用、育、留四个方面。“选”主要指需求、招聘、任用和留住；“用”主要指做好员工的绩效管理；“育”指关注员工的学习和发展；“留”则强调员工的权益与满意程度。前两者是组织的战略目标，后两者是个人目标。

（4）环境目标。主要针对组织与外部环境的关系，包括组织的社会责任、组织形象、竞争地位等。环境目标的内容很广，无法像财务目标和人力资源目标那样具体化。

考虑到过多的目标会使执行的组织或个人因应接不暇而顾此失彼，因此，应当尽量减少目标的数量，突出主要目标。同时，对各个目标的相对重要性和完成时间做出合理的划定是非常有必要的。

问题思考

考虑你所在组织的目标中，哪些属于环境目标？

2. 层次性

组织的目标是一个层次体系。高层是整个组织的战略目标，中层是各部门的目标，底层是基层单位的目标和个人目标。同层次的管理人员负责相应目标的制定和实现。执行董事和最高层经理班子负责整个组织的战略目标的制定和实现；中层主管，如部门经理、分部经理负责各自部门和分部目标的制定和实现；基层管理者主要关心的是各自单位目标及其下属目标的制定和实现。

问题思考

组织的目标如果没有层次性，会出现什么状况？

3. 网络性目标的网络性

网络性目标的网络性，一方面体现为目标的上下层次之间纵向的密切关联。上层目标需要由下层目标支持，下层目标需要上层目标指明方向，这样，组织各层次的目标就形成了一个目标网络。另一方面，网络性体现的是目标的部门之间横向的密切关联。一个部门制定完全适用于该部门的目标是相对容易的，但这个目标常常会在经营上与另一个部门的目标相矛盾。现实中，组织成员往往会选择对本部门可能有利的目标。因此，组织中的各个部门在制定自己部门的目标时，应当与其他部门的目标相协调。

问题思考

本部门目标与其他部门目标不一致时，如何协调？

4. 时间性

目标的时间性一是体现在它的跨度上，根据跨度不同，可分为短期（一年以内）、中期（一年以上、五年以内）和长期（五年以上）目标；二是体现在时间期限上，任何有效的目标都是有明确的完成期限的；三是体现在目标前后的时间连续上，往往今天的目标会和过去的目标关联，未来的目标会和今天的目标关联。

问题思考

组织应是如何调整长期、中期、短期目标的？

5. 可考核性

考核目标的方法是将目标量化，这会给组织活动的控制、成员的绩效考评带来方便。要实现目标的可考核性需要将模糊的目标清晰化，如“合理利润”这个目标就很模糊，因为在不同的人对“合理”的解释是不同的。但是，如果改成“在下一会计年度终了时实现销售利润 1 000 万元”就清晰了，因为它有明确的期限，有量化的指标。尽管有时将目标量化会有困难，另外过于量化的指标会成为一种束缚，但是原则上，还是应当以可考核的目标为基准。

问题思考

不可考核的目标会导致什么结果？

6. 难度适中性

目标难度适中对执行者有激励的作用。

为了保证目标适中，一是要使目标有可实现性；二是要使目标有可挑战性。根据期望理论，人们在工作中的努力程度是效价和期望值的乘积。其中效价是工作人员对目标价值的评价；期望值是工作人员对目标能够实现概率的估计；效价和期望值之间是乘积的关系。对一个工作人员来说，如果目标的可实现性很小，那么他对该目标的期望值就很低，该目标对他而言激励作用就很小。同样，对一个工作人员来说，如果目标没有挑战性，那么他对目标价值的评价（效价）就很低，该目标对他而言激励作用也就很小。因此，一个目标要对其接受者产生激励作用，它的可实现性和挑战性都必须达到一定程度才行，一个难度适中的目标正好符合这样的条件。

问题思考

难以实现的目标会给组织和个人带来什么影响？

7. 两面性

目标的两面性是指目标的真实性和宣称性并存。真实的目标是企业相信并切实追求的。但是，除了真实的目标以外，企业还大量存在着宣称的目标，即只是企业的一种官方陈述，企业并不打算照着做。宣称目标的存在是因为企业存在许多利益相关者，而各方的利益可能存在矛盾。例如，有些不法企业一方面宣称“做遵纪守法的好企业”，另一方面在利益的驱使下偷税漏税；再如，企业以“用户是上帝”为宣传口号，而实际上还是以企业自己为大，实行的还是企业导向的经营模式。

问题思考

试列举一下，你周围有哪些目标具有两面性？

二、目标的作用及要求

（一）目标的作用

目标的作用可以概括为以下四个。

1. 方针作用

目标为企业的发展指明了方向，也为管理者和员工的日常工作提供了指引。

2. 考核作用

业绩考核的标准是根据有关岗位的目标确定的，因此，岗位目标是制定绩效标准的核心，是考核有关岗位人员绩效的核心标准。

3. 激励作用

目标的激励作用体现在两个方面：一是目标能够使员工有追求，能够赋予员工工作和生命的意义；二是目标的实现能够使员工产生成就感和满足感。

4. 凝聚作用

很多因素制约组织的凝聚力，组织的目标是其中一个很重要的因素。当组织的目标与员工个人的目标相一致、一个集体的员工之间的目标相一致时，整个组织和员工之间就会产生强大的凝聚力，进而使员工更具奉献精神和创造力。

（二）目标的要求

结合对目标性质的分析，一个有效的目标原则上应该符合以下几方面要求。

（1）既要制定主要目标，也要制定辅助目标，目标之间应当统筹兼顾。

（2）上下级目标、同级各部门目标应该相互协调与配合。

（3）目标既要符合组织的共同愿景，也要照顾各单位各层次的实际情况。

（4）既要有远期目标，也要有近期目标。

（5）目标的制定既要遵循惯例，也要有开拓性和创造性。

（6）目标应有明确的实现期限，一般应该有清楚的量化指标，切忌含糊不清。

（7）目标应当有一定的挑战性，但经努力必须是可以实现的。

（8）目标实现后应有相应的报酬配合。

（9）目标应当统筹兼顾各利益相关者。

课外拓展：目标的重要性

道具：

一条长绳、一根长棍。

程序：

（1）事先寻找一块空地，空地上有两棵树或竖杆，两棵树或竖杆之间的距离在4米之内。

（2）根据两棵树或竖杆的距离准备一条长绳，另外再找一根长棍。

（3）把全班同学分成若干组，每组4～8人。

（4）找4位同学，两人把长绳的两头分别系在树干或竖杆上，另外两个人在长绳的两侧分别画上起跑线和终点线。

（5）每组同学都要从长绳的一边越到另一边。

（6）用秒表计时，每组的用时为从起跑线到终点线所花费的时间（注意活动过程中学生的安全问题）。

（7）总结活动的意义。

规则：

（1）绳子的高度控制在0.8～1.4米。

（2）在越绳的过程中，任何人不得触及绳子。

（3）小组最后一位同学要把棍子带走。

（4）不违反规则，且用时最少的小组获胜。

三、目标的制定

（一）制定目标的原则

组织通过履行一定的社会责任来换取组织生存和发展所需要的各种资源，实现组织目标。组织在制定组织目标时，要遵循以下几个原则。

1. 以满足社会或市场需求为前提，考虑组织的社会责任

满足社会或市场需求是一般组织存在的条件，组织要取得社会认同，就必须体现出一定的社会价值。因此，组织要把分析社会需求、满足社会需求作为制定目标的基础。只有这样，组织才能得到社会的承认并取得不断的发展。

组织不单要督促自己保持基业长青，更要履行社会责任和义务。组织在考虑自己的战略目标时，都应考虑自己应尽的社会责任，如注意环境保护，杜绝假冒伪劣产品等。

2. 以效益最大化为出发点

资源的稀缺性决定了组织所拥有的资源都是有限的，所以组织在制定目标时，要充分体现效益最大化的原则，即所选的目标能够使有限的资源发挥最大的效益。这就要求在确定组织目标时，要全面、系统地分析组织自身的实力和影响组织效益的一切因素。

3. 所确定的目标值具有合理性

目标是未来某一段时间在某一方面要达到的状态，因此目标的制定必须从实际出发，既要全面分析组织现有的资源条件，又必须考虑各方面的创新性。组织在制定目标时，不能脱离实际，把目标定得过高（失去激励作用），也不能定得过低（不经努力就可轻易获得失去发展性）。过去，基于这种要求，组织通常会制定“跳一跳”能够够得着的目标。而现阶段，组织在制定目标时，还应该考虑组织的愿景，基于市场竞争的需要来考虑。制定具有先进性和合理性的目标值。

（二）目标制定过程

1. 环境分析

制定目标首先要进行内外部环境分析。要全面收集、调查、整理、分析组织外部环境和内部环境的有关资料，运用各种方法，对组织内外环境的现状、发展趋势、对组织的影响程度做出客观和理性判断，以此作为确立组织目标的依据。

在环境分析中，首先要分析组织愿景。愿景描绘了组织的前进方向，希望未来成为什么或被视为什么。愿景为战略目标设定背景，组织应使愿景目标化、可测量。

其次，进行内部实力分析。通过对以往组织目标执行和完成情况的分析，以及组织对人力资源、财务资源、信息和知识资源、技术资源、基础设施及相关方关系等各种资源掌握情况的分析，以及未来可能发生的变化的分析，明确组织能够做什么、不能做什么，做到什么程度等。

最后，进行外部环境分析。了解国家的政策、经济、法律、技术等外部环境影响因素，并对以上因素的影响状况进行趋势和水平对比分析，明确组织未来若干年可以为社会做什么，明确组织未来生存发展可能面临的机会和威胁。

2. 拟定总体目标方案

在对组织愿景、内部环境、外部环境综合分析的基础上，明确总体目标方案的可行域。为了保证组织目标的切实可行性，所提出的目标方案必须是外部环境允许、内部条件具备、组织成员愿意做的范围内的方案，并且将满足条件的方案逐一列出。

3. 方案可行性分析

将组织拟定的总体方案一一列出之后，就要选出其中的最优方案，并做可行性分析，包括：经济可行性、财务可行性、技术可行性。经济可行性是从组织是否能够获取最大效益方面考虑的；财务可行性是从组织是否能够实现财务指标方面考虑的，技术可行性是从组织能否具备技术解决方案方面考虑的。

案例解读：中国在“鬼门关”挖条隧道　此地曾经吓跑德国专家

2017 年，中国铁路建设者用了 9 年的时间，全线贯通兰渝铁路、宝兰高铁和西成高铁。在西部大开发和“一带一路”建设的背景下，西部的这个三角经济圈的战略意义非同一般。兰渝铁路连接黄河与长江两大流域，是兰新经济带与川渝经济带的一座重要“桥梁”，也是“一带一路”沿线的重要交通大动脉。同时更是与京广线、京沪线并列的三条南北铁路大动脉之一，成为西部地区与珠三角、长三角地区的重要通道。

但是兰渝铁路的建设却并非一帆风顺。从兰州到重庆（850 千米），不仅要翻越海拔 3 000 米的秦岭，而且沿途的地质状况之复杂，堪称我国铁路建设史之最。没有足够的技术实力，这条铁路就只能停留在想象之中。

胡麻岭隧道二号洞被视为“鬼门关”。全长 850 千米的兰渝铁路就硬生生地被“卡”在了这里，无法全线贯通，不到 14 千米的隧道一挖就是八年，最艰难的时期，每天只能掘进半米。

隧道工程师夏荔在处理涌泥回流时，厚度两米的涌泥突然袭来，一个星期的工作又白费了。隧道施工，怕软不怕硬。胡麻岭中的沙粒比米粉还要细，含水量高达 28%。因此隧道施工就像在“豆腐脑”里打洞，不仅难度大，而且极其容易涌水涌沙。固定隧道泥沙，极为困难，即便是一年前带着顶级设备和施工团队来到这里的德国隧道专家，也束手无策。利用注浆机，按一定比例，分别在隧道前方注入水泥和硅酸钠水溶液。两者会在 10 秒内迅速凝固，加固隧道。这是近 30 名工程师和上万名工人摸索出来的中国技术。

2017 年 9 月 29 日，兰渝铁路全线通车。从兰州到重庆，过去走公路坐汽车要 22 小时，现在乘火车只需要 6 小时，这让春运返乡的路途不再遥远。这 850 千米的铁路是铁路建设史上又一个奇迹。

4. 总体目标具体化

总体目标具体化的过程也就是组织战略目标落地的过程。在使目标具体化过程中，组织既要有一系列的分解方法，又要有评价标准，既要明确组织必须做什么、怎么做，也要明确应做到什么程度。例如，某组织的战略目标是由年度目标组成的，为更好实现战略目标，组织需要分解落实好年度目标。为此，企业在内部通过各个层级、不同职级人员的相互协商，达成了各岗位目标，分解落实了各层级目标任务，并确认各级成员在组织总体目标实现中应承担的责任和拥有的权利，并规定相应的奖惩制度，使组织目标落实到人，成为组织中一切成员的行动指南。

5. 目标体系的优化

总体目标具体化是“展开”的过程，那么目标体系的优化就属于“整合”的过程。通过总体目标具体化后形成的多层次、多部门的目标体系一般是按一个网络的方法相互连接的，因此如何保证这些目标相互之间的协调，便成为目标制定过程中必须解决的一个问题。如果目标体系中的各个分目标之间互不支援、不协调，则会成为目标实现的阻碍。

对目标体系的整合主要包括横向协调、纵向协调和综合协调。横向协调主要关注同一时间点或是同一水平面上的各层级之间目标的一致性与关联性；纵向协调则关注长中短期目标的衔接性和波动性；综合协调则是在纵向协调和横向协调基础上所做的网状整合。通过这种整合、协调，最终可形成互相支持的目标矩阵。

四、目标管理（MBO）

目标管理（MBO），是由美国著名管理学专家彼得·德鲁克于 1954 年发表的《管理实践》一书中首先提出来的一种管理方法，现已被世界各国广泛应用。我国于 20 世纪 70 年代末引进了这一方法，在企业管理中取得了明显的效果。应用目标管理最为广泛的领域是企业管理。

管理学界普遍认为，目标管理的产生是基于两大背景：一、20 世纪 40 年代后期，经济发展迅速，伴随着科学技术的进步，组织内部的分工越来越细，各类工作的专业性越来越强。在此环境下，各部门的本位主义得以滋长，部门之间“自扫门前雪”，协调越来越困难，组织内耗严重，组织整体功能下降。在这种条件下，管理者协调部门之间的矛盾越来越困难，往往“头疼医头，脚疼医脚”，哪里有问题就往哪里去，缺少计划和预警，管理呈现很大的盲目性和随意性，管理效率低下。因此，如何在专业化分工越来越细的条件下，保持各部门、各项工作之间的协调性，提高组织效果与效率，就成为当时的突出问题。二、当时，科学管理思想在管理中居主导地位，管理强调更多的是理性，而忽略了人性，人本管理思想在管理实践中未得以确立，“命令式管理”方式普遍存在。在这种管理方式下，管理者长官意识严重，命令下属应该做什么、如何做，而不考虑下属是否能做、是否适合做，不考虑下属的思想和需求状况；管理者定目标、定任务，下属只是简单地“奉命行事”，被动接受和执行工作，管理难以取得好的效果。而在此情况下，梅奥通过“霍桑实验”，提出了“人群关系理论”，指出要实行有效的管理，不但要重视科学管理，而且要人性管理。在此背景下，德鲁克提出了目标管理思想。

目标管理是一种综合的、以工作为中心和以人为中心的管理方法，首先是由组织中的高层管理者、中层管理者、基层管理者、员工一起制定组织目标。组织目标可分为战略目标、策略目标以及方案、任务等。一般来说，高级的战略目标和策略目标由高层管理者制定，中级的由中层管理者制定，初级的由基层管理者制定，方案和任务由员工制定，并与每一个成员的应有成果相联系。基本做法是“自上而下层层展开，自下而上层层保证”，首先由最高管理者确定企业的总目标，自上而下地把企业总目标层层展开，最后落实到每个员工，形成一个完整的目标连锁体系；另一方面，目标体系的形成过程还反映了实现目标的途径，即由基层开始，通过自下而上层层保证逐步实现。目标设定过程，如图 2-2 所示。

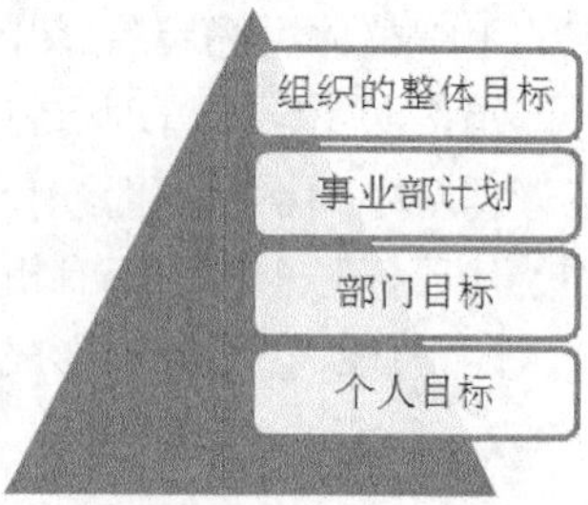

图 2-2 目标设定过程

（一）目标管理的含义

目标管理是一种管理思想，也是一种管理方法。目标管理是由组织中的管理者和被管理者共同参与目标制定，在工作中实行自我控制并努力完成工作目标的管理方法。或者说，目标管理就是在组织内管理人员与下属在具体和特定的目标上达成协议，并写成书面文件，定期以共同制定的目标为依据来检查和评价目标达成情况的一种管理方法。

（二）目标管理的特点

1. 共同参与性

管理者根据组织的总目标制定部门目标，每名职工根据本部门的目标和个人职责制定个人目标，形成目标连锁。目标管理是由上、下级共同参与制定目标及目标衡量方法的。每个部门各成员明确自己的任务、方向、考评方式，相互配合共同完成组织目标。

2. 自我管理性

在目标管理中，下级不是按上级硬性规定的程序和方法行动的，而是进行自主管理和自我控制的。这样可提高员工的工作积极性、创造性和责任感。

3. 自我评价性

在执行目标管理的过程中，各层管理者定期评价，通过检查、考核反馈信息，并在反馈中强调由员工自我检查，制定一系列的奖惩措施，以促使员工更好地发挥自身作用。

4. 整体性

目标管理将组织的总目标逐层分解落实。每一部门和每一成员各自的分目标以总目标为导向，这可使员工明确各自的工作目标与总目标的关系，共同完成总目标。

5. 目标特定性

目标特定性是指下级目标与上级目标的一致性。下级与上级共同参与将组织目标转换为具体可行、可测评的部门或个人目标的过程，使目标具有特定性，有利于员工自检和自查，有利于上级评价，也促进了上下级的合作和关系的协调，以共同达到组织总目标。

思考一下：目标管理与“救火式管理”“长官式管理”有何区别？注重过程与注重结果有何区别？

（三）目标管理的过程

目标管理的过程一般分为四个阶段，即目标体系的建立、目标的组织实施、目标的检查与评价、确定新目标并开始新的目标管理循环。

1. 目标体系的建立

实行目标管理，首先要建立一个以组织整体目标为中心的目标体系。其中，组织整体目标由组织的高层管理者制定。这个整体目标是一个粗略的目标，可以被修正和调整。其次，将已经确定的组织整体目标层层展开，形成目标体系。组织的整体目标一般按照纵向和横向展开。纵向展开是指按照不同的管理层将整体目标逐级分解，使各管理层都有相适应的子目标。横向展开是指各管理层中的不同部门或者单位之间的等级目标相互联系协调。纵向与横向的目标展开，使组织的整体目标和个人目标有机联系在一起，同时也明确了对应的不同目标和子目标、相应的部门或个人的责任，在组织中形成了强大的凝聚力。

2. 目标的组织实施

在目标体系形成之后，就要做好确保目标实现的各项组织工作。斯蒂芬·P. 罗宾斯的研究结果显示，当高层管理者对目标管理高度负责，并且亲自参与目标管理的实施过程时，生产率的平均改进幅度达到 56%；而对应高层管理者低水平的承诺和参与，生产率的平均改进幅度仅为6%。因此，高层管理者在目标的组织实施过程中需要将权力交给下级，而自己则主要去抓重点的综合性管理，更多地将管理体现在指导、协调、提出问题、提供信息以及创造良好工作环境方面，实现目标主要靠执行者的自我控制。

3. 目标的检查与评价

目标管理注重结果，组织对各级目标的完成情况需要进行检查和监督。检查的方法可以是自检、互检和专业部门的检查。检查的类型有抽查、定期检查、不定期检查、经常性检查等。对目标管理的成果评价不仅是指上级对下级的评价，还包括下级对上级的评价、同级部门之间的相互评价以及各层次的自我评价。组织要通过评价肯定成绩，发现问题，进行改进，保证组织活动协调进行以及做到自我激励和自我完善。

4. 确定新目标并开始新的目标管理循环

成果评价既是对某一阶段组织活动效果以及组织成员贡献的总结，也是为下一阶段的工作提供借鉴和参考。组织可在此基础上制定新目标，开始新一轮的目标管理循环。

（四）目标管理的局限性

1. 合理的目标难以制定

目标管理首先要求组织必须将目标进行较为准确的描述，但很多岗位的工作目标难以具体化，更多的时候目标的实现是各个部门、全体员工共同努力协作的结果，这个时候目标的制定就会存在困难。

2. 强调短期目标

大部分组织进行目标管理时所确定的目标都是短期的，容易使短期目标和长期目标脱节，使目标实现的承担者做出急功近利的行为，对组织长期发展不利。

3. 缺乏灵活性

目标的制定是民主协商的结果，按照目标管理的要求，目标一旦确定，就尽可能不要改变，以便组织对目标实施的结果进行检查和评价。但是现实中不确定的因素很多，有时对目标的修改是必要的，这样所花费的精力可能与制定一个目标体系相差无几，付出的代价很大。

4. 不按协议兑现奖惩

目标管理强调以目标的完成作为考核的依据，兑现事先商定的奖惩。而在组织实施目标管理时常常发生下属完成目标的程度大大超出管理者预料的事情。若按照考核协议，管理者要给予下属很大的奖惩，这时，有的管理者就会寻找各种理由改变考核标准，不按协议执行。长此以往，目标管理就会流于形式。

思考一下：不按协议进行奖惩，会带来什么后果？

目标管理案例

光大智造公司是一家设备制造企业，为使公司快速发展，他们以目标管理为导向，通过制定战略目标，实施阶段目标，推动公司发展。

确定战略目标。光大智造公司依据自身条件和国内外市场形势，充分进行了公司内外部环境分析，特别是公司优势和市场机遇分析，通过公司内高、中、低各层次讨论论证，提出了五年内年产值和收入由现在的10亿元增长到20亿元的公司中短期发展目标，分解为阶段目标即公司每年产值和收入增长15%，利润不低于20%。

目标达成。战略目标是由年度目标组成的，要更好实现战略目标，需要分解落实好年度目标。为此，公司在内部通过各个层级、不同职级人员的相互协商，达成了各岗位目标，分解落实了各层级目标任务。

- 董事长：主持确定公司战略目标和年度主要目标任务，并根据公司内外部环境变化和年度目标任务完成情况适时调整公司阶段目标任务。
- 总经理：参与确定公司战略目标和年度目标任务，主持领导完成公司战略目标和年度阶段目标任务。
- 经理层：参与确定公司战略目标和年度目标任务，确定本岗位和分管单位工作目标，完成岗位目标任务。

- 部门和生产单位管理者：参与公司战略目标和年度目标任务的制定，确定本单位的目标任务，根据单位员工的岗位职责、个人愿景等情况，将本单位的目标任务按照年度、月度目标逐一与分解成员工个人目标任务，领导他们完成单位目标任务。
- 生产运营部：完成年度公司生产产值目标任务，将生产和安全成本控制在产值的55%以内。
- 技术部：根据公司规划和市场需求，每年开发6种以上新产品；按照工业4.0要求进行技术创新，使智能生产产品的年产值达到企业年产值的40%以上。
- 市场销售部：完成年度销售和收入目标任务，使智能生产产品的年销售额达到公司年销售额的40%以上，每年新开发千万元以上客户8个，提供有价值新产品开发建议4个。
- 财务部：将产品开发、销售、管理等各项费用控制在总费用的20%以内，公司利润提高20%以上。
- 生产车间：完成本单位年度产值任务目标，将生产和安全成本控制在产值的52%以内。
- 单位员工：参与公司战略和阶段目标的制定，确立和完成个人年度和阶段目标任务。

目标实施。目标管理实施以来，企业按照要求，进行逐级授权和放权，不断创造环境条件，持续提高工作水平。

- 自主管理和自我控制。目标管理使光大智造公司内部每个单位、每名员工都成为管理和被管理的个体，管理和被管理的双重角色，赋予了他们自主管理和自我控制功能，各个个体围绕目标主动工作，日事日毕，日清日高，努力实现个人和岗位目标。
- 信息管理决策。公司利用内部网络系统，建立了公司内部目标管理信息考核系统，使各岗位的目标任务执行情况被动态显示，目标管理实现了信息反馈的实时性，做到了信息共享、管理到位、实时跟进。
- 定期绩效考核。公司实行月度、季度、年度管理考核制度，对各岗位、各单位的目标完成情况进行考核总结，及时发现问题，做好例外事项处理，持续改进目标管理中存在的问题。目标管理考核业绩是单位和个人收入、晋升、奖惩的依据。
- 绩效反馈。实行目标管理后，公司在第二年实现产值收入13.8亿元，增幅达到38%；利润3.2亿元，公司呈现快速发展的良好局面。

第二节　计划的类型与制订过程

一、计划的含义和作用

扫一扫

计划是什么

计划是关于组织未来一段时间内的目标和实现目标的途径与安排。美国管理学家哈罗德·孔茨如是形容计划：“计划工作是一座桥梁，它把我们所处的这岸和我们要去的对岸连接起来，以克服这一天堑。”

（一）计划的概念

计划是一个较为宽泛的概念，作为管理者的首要工作，计划是一个环境分析、目标设定、方案选择的过程。法约尔认为，计划是管理的一个基本部分，包括预测未来并在此基础上对未来的行动予以安排；西斯认为，计划在管理职能中处于首位，是“评价有关信息资料、预估未来的发展、拟定行动方案的建议说明”的过程。简单地说，计划就是一个组织要做什么和怎么做的行动指南。

计划是在科学预测的基础上为实现组织目标而对未来一定时间内的工作做出安排的活动。计划包括拟定组织的目标、为实现这一目标制定总体战略并提出一系列派生计划，以综合和协调各项活动。

计划是一个协调的过程，它给管理者和非管理者指明方向。计划中设立了目标和标准以便于我们进行控制，如果我们不清楚要实现什么目标，怎么判断我们是否已经实现了目标呢？在计划中，我们设立目标，而在控制职能中，我们将实际的绩效与目标进行比较，发现可能发生的重大偏差，采取必要的校正行动。没有计划，就没有控制。

（二）计划的作用

1. 计划是管理活动的依据和方向

计划的目的是促使组织目标的实现。在计划的制订和执行过程中，首先要预测哪些行动有助于最终目标的实现，哪些行动不利于最终目标的实现，哪些行动的结果会相互抵销，哪些行动与最终目标的实现毫不相干，从而针对所要实现的目标设计一种能够自始至终协调一致的工作程序和结构框架，用共同的目标、明确的方向来代替不协调的、分散的活动，使组织所有的行动保持同一方向，保证计划按部就班地顺利进行。在这种工作环境中，管理者能够摆脱日常事务的干扰，致力于对未来不确定因素的研究，随时检查、修订原有计划，保证组织目标的实现。可见，计划是一种协调过程，它给管理者和非管理者指明了行动方向，使他们相互合作，组成团队，共同为组织目标的实现而努力。

扩展阅读：高瞻远瞩

有两家企业都想在某市郊区投资房地产，并各派了专人前去调查那里的情况。结果A企业的人在考察之后，报告说：“那里人口稀少，房地产业发展机会渺茫，房子修好了也没有人来住。”而B企业的人则在考察之后，报告说：“该地虽然人口稀少，但那里环境优美，人们厌倦了城市的喧嚣，定会喜欢在那里生活。”果然，结果不出B企业的人所料，随着城市的发展，城里人越来越向往农村生活。

启示：视角不同，思路不同，计划也应不同。

2. 计划是降低风险、掌握主动权的手段

由于未来是不确定的，计划的期限越长，不确定因素就越多。但是，计划的前瞻性能促使管理者展望未来，及时预见未来可能出现的机会或威胁，考虑未来环境变化的冲击，从而及早制订适应变化的最佳方案或相应的补救措施，消除或降低未来不确定因素的影响。

问题思考

人们常说：“不要去追一匹马，用追马的时间种草，待到春暖花开时就会有一群骏马，任你挑选。”如何从计划的风险角度理解这句话。

3. 计划能促使组织经济合理地进行管理

计划能从多条实现目标的途径中，通过技术经济论证和可行性分析使组织选择最满意方案。这样可以减少不确定性和浪费性的活动，使组织的各项资源得以充分利用，以最低的费用或最高的效率实现预定目标。

4. 计划是管理者进行控制的标准

计划和控制是管理的一对孪生子，未经计划的活动是无法被控制的。管理者只有通过计划设立组织的目标，在控制过程中才可以将计划的实际执行情况与组织目标进行比较，以发现可能发生的偏差，进而采取必要的校正行动，通过纠正脱离计划的偏差使活动保持既定的方向。

（三）计划的特点

1. 目的性

计划与未来有关，计划的制订旨在实现未来的目标。任何一个组织，总要开展一定的、符合社会需求的活动，计划就是确定组织在未来需要达到的状态以及达到状态的制度安排。在一个组织里，计划是管理的基础活动，设立目标是计划的核心，实现目标则是计划的出发点和归宿。计划能够将组织的总目标予以明确，让每位员工理解总目标，并能将组织的总目标和个人目标结合起来，最终使每个人的行动都向组织的总目标集中，保障总目标的实现。例如，某企业希望通过营销策略的变革以及资源的优化组合，实现产品市场占有率提高2%的目标，企业就必须围绕该目标进行调研分析，制订详细可行的计划，指导今后组织的行动。

2. 首要性

计划在管理职能中处于首要地位，其他一切工作的开展都源于计划，也最终指向计划。管理中的其他职能只有在计划目标确定之后才能进行。企业的管理者只有在明确目标之后，才能选择最优的组织结构、上下级之间的权力和责任以及怎样控制组织和个人的行为不偏离企业目标，最终确保组织目标的实现。即组织、领导、控制、创新等职能都是在计划的基础之上产生的，并且是随着计划的改变而变化的。没有计划，其他工作都无从谈起。

3. 普遍性

计划作为管理的一个职能，在组织中的任何管理者，不论其处在什么位置，也不论其在什么部门，都必须做好计划。高层管理者负责制订战略性的计划，各部门主管负责制订本部门相应的计划，而具体工作计划则可以交给下级制订。总之，所有的管理者，从经理到一线主管，都需要制订计划。计划决定了本部门工作的成败。

4. 经济性

计划的经济性可以用效率来衡量。所谓计划的经济性，是指实现计划目标所获得的利益与执行计划过程中所付出代价的对比。如果组织通过一个计划能够达到预期目标，取得预期收益，但是付出了太高的代价，这个计划的效率就很低；反之则高。在衡量付出的代价时，不仅要用时间、金钱来衡量，还要考虑非经济方面的代价，如员工个人的满意程度等。因此，一个有效率的计划，是通过合理的代价实现目标，并且兼顾国家、集体和个人三者利益的。

5. 实践性

计划的实践性主要是指计划的可操作性。制订计划最终是为了实施，是否符合实际，是否易于操作，目标是否可行，是衡量一个计划好坏的重要标准。另外，为了适应环境的变化、减少不确定因素的干扰，要适当增加计划的弹性。

扩展阅读：好猎者

齐国有一个喜欢打猎的人，花费了许多时间去打猎，结果却一无所获，这让他回家之后觉得愧对家人，出门又觉得对不起邻里好友。他仔细琢磨为何自己老是打不到猎物，最后才明白是因为猎犬不好。可是因为家境贫穷没办法得到好的猎犬，于是他计划先回到自己田里努力耕种，有收获之后便买一只好的猎犬，到时就可以轻松地捕获野兽，达成自己成为一个好猎人的心愿。

启示：要想获得成功，必须先制订切实可行的计划，并认真实施。

二、计划的类型

管理实践活动的复杂性，决定了组织计划的多样性。各种组织根据自身所处的不同环境，制订了各个时期、各个领域的计划。为更准确地把握不同计划的特点和作用，需要对计划按照一定的标准进行分类。最常见的分类方法有以下几种。

（一）根据计划执行时间的长短，可以将计划分为长期计划、中期计划和短期计划

一般而言，执行时间为五年或者五年以上的计划为长期计划；执行时间为一年以上五年以下的计划为中期计划；执行时间为一年或者一年以下的计划为短期计划。当然，这也不是绝对的，如对于流行时装公司而言，其中期计划的执行时间可能至多为半年。长期计划表明组织在较长时期内的发展方向，规定各部门在较长时期内从事某种活动应达到的目标和要求，其内容相对比较笼统。随着企业经营环境的日益不确定，长期计划更加集中于解决核心战略问题。无数成功企业的实践表明，长期计划应该更侧重目标的“质”，而不一定非要“量化”。中、短期计划的内容比较具体，对在中、短期内组织某项活动的目标、行动方案、实施措施、具体的考核指标等都有明确的规定。短期计划一般还会将工作细分到具体的作业单位，并给出工作日程表、预算等。一般而言，短期计划的完成最终是为长期计划服务的，因此，组织就必须依照长期计划所确定的目标和阶段性任务来加以制订短期计划。中期计划介于长期和短期计划之间，必须与长期和短期计划相衔接。一个组织应该将长、中、短期计划有机结合，形成科学的计划体系，保证组织目标实现。

（二）根据计划制订者的层次，可以将计划分为战略计划与作业计划

1．战略计划

战略计划是由最高层制订的有关组织整体和全面的计划，是应用于组织整体的、为组织未来较长时期（通常为五年以上）设立总体目标和寻求组织在环境中地位的计划。它包括组织目标的确定、变动以及目标实施政策的制定。战略计划的时间跨度大，涉及的范围广；内容抽象、概括，不要求直接的可操作性；计划方案的使用往往是一次性的；计划的前提条件大多是不确定的，计划执行结果也带有很大的不确定性。因此，战略计划的制订者必须具有较高的风险意识，能在大量的不确定性因素中选定企业未来行动的目标和经营方向。

2．作业计划

作业计划是由基层管理者制订的规定总体目标如何实现的细节计划，其需要解决的是组织的具体部门在未来较短时间内的行动方案问题。作业计划的主要特点：涉及的时间跨度较小，覆盖的范围较窄；内容具体、明确，并要求具有可操作性。作业计划的任务主要是如何在已知条件下实现企业的各项分目标。作业计划的风险程度比战略计划低。如果说战略计划侧重于确定企业要做什么事，以及为什么要做这些事，那么作业计划就是规定需由何人、在何时、通过何种办法做事，以及使用多少资源来做事。简而言之，战略计划是确保企业“做正确的事”，而作业计划则是追求“正确地做事”。

（三）根据计划的内容，可以将计划分为综合性计划和专业性计划

1．综合性计划

综合性计划是对经营过程各方面所做的全面的规划和安排。一般在较长一段时期内执行的战略计划往往是综合性计划，但有的短期计划也是综合性的，如企业需要编制的年度经营计划。

2. 专业性计划

专业性计划是对某一专业领域的工作所做的计划，如企业的产品研发计划、生产计划、销售计划以及财务计划等。这些计划往往涉及企业活动的某一方面，与综合性计划构成整体与局部的关系，通常是对综合性计划某一方面内容的分解和落实。

（四）按照对计划执行者的约束程度，可将计划分为指令性计划和指导性计划

1. 指令性计划

指令性计划是由上级主管部门下达的、具有行政约束力的计划。指令性计划一经下达，各级计划执行单位都必须遵照执行，而且尽一切努力加以完成。它是一种具有强制性的计划。

2. 指导性计划

指导性计划则是一种不带强制性的计划。指导性计划是由上级主管部门下达的具有参考作用的计划。这种计划下达之后，执行单位不一定完全遵照执行，可根据自己单位的实际情况决定是否按指导性计划工作。

（五）根据计划的表现形式分类

按照不同的表现形式，可以将计划分为宗旨、目标、战略、政策、程序、规则、规划等几种类型。

1. 宗旨

各种有组织的集体经营活动，都至少应当有一个目的或使命。这种目的或使命是社会对该组织的基本要求，我们称之为宗旨。宗旨即表明组织是干什么的，应该干什么。例如，一家企业的基本宗旨是向社会提供有经济价值的商品或劳务；法院的宗旨是解释和执行法律；大学的宗旨是培养高级人才等。著名的日本索尼公司的宗旨“索尼是开拓者，永远向着那未知的世界探索”，表明了索尼公司绝不步别人后尘的意志。

2. 目标

一定时期的目标或各项具体目标是在宗旨的指导下被提出的，它具体规定了组织及其各个部门的经营管理活动在一定时期要得到的具体成果。

3. 战略

战略是为实现组织或企业长远目标所选择的发展方向、所确定的行动方针以及资源分配方案的一个总纲。战略是指导全局和长远发展的方针，它不是要具体地说明企业如何实现目标，而是要指明方向、重点和资源分配的先后次序。对于企业来说，制定战略的根本目的，是使企业尽可能有效地比竞争对手占有持久的优势。因此，可以这样说，企业战略就是以最有效的方式，努力提高企业相对于其竞争对手的实力。从实现长远目标的要求来看，选择方向、确定资源分配的优先次序要比其余各种管理工作更加重要。

4. 政策

政策是组织用来指导和沟通思想与行动方针的明文规定。政策有助于将一些问题事先确定下来，避免重复分析，并给其他派生的计划以一个全局性的概貌，从而使管理者能够控制全局。制定政策还有助于管理者把职权授予下级。

5. 程序

程序也是一种计划，它规定了如何处理那些重复发生的例行问题的标准方法。程序是指导组织如何采取行动，而不是指导如何去思考问题的。程序的实质是对所要进行的活动规定时间顺序。

程序通常还是一种经过优化的计划，它是对大量日常工作过程及工作方法的提炼和规范。

6. 规则

规则也是一种计划，只不过是一种最简单的计划。它是对在具体场合和具体情况下，允许或不允许采取某种特定行动的规定。规则常常与政策和程序相混淆，所以大家要特别注意区分。规则与政策的区别在于，规则在应用中不具有自由处置权；规则与程序的区别在于，规则不规定时间顺序，我们可以把程序看成一系列规则的总和。规则和程序，就其实质而言，旨在抑制思考。

7. 规划

规划是对为了实现既定方针所必需的目标、政策、程序、规则、任务分配、执行步骤、使用的资源等而制订的综合性计划。规划有大有小，大的有国家的科学技术发展规划，小的有企业的质量控制小组的控制规划。规划还分长远和近期两种，如国家的五年经济发展规划和企业的年度发展规划。

扫一扫

计划的制订

三、计划的制订过程

管理者在编制任何完整计划的时候，实际上都遵循着同样的步骤，大型的计划如此，小型的计划亦如此，只是小型计划相对而言较简单，其中的一些步骤很容易完成。一般地，制订计划的过程大致如下，如图 2-3 所示。

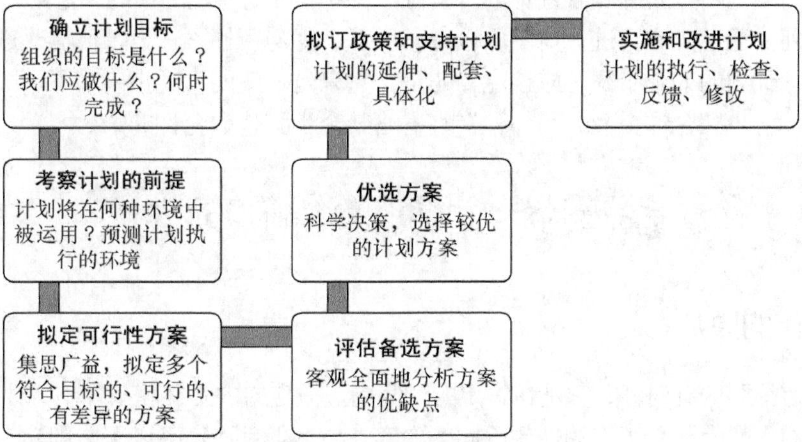

图 2-3　计划的制订过程

（一）确立计划目标

制订计划的第一步就是为组织确定总体目标以及所属各个部门的分目标。目标是组织行动的出发点和归宿。组织的整体目标具有支配组织内所有计划的特点。结合第一节目标及目标管理理解计划目标。

（二）考察计划的前提

制订计划的第二步是考察计划的前提，即计划是以什么环境为前提的。这个环境是指未来计划实施的环境，为此必须对环境做出正确的预测。预测是制订计划的基础。计划是否合理，能否有效，关键在于对未来计划实施环境的预测是否正确。考察计划的前提并不是对将来环境的每一细节都要预测，而是仅对对计划有重大影响的主要内容做出预测。

（三）拟定可行的方案

制订计划的第三步是拟定可行的方案。一个目标、一项任务总是有许多方法和途径来实现和完成的，因此，制订计划时需要拟定多种方案以供选择。

（四）评估备选方案

评估备选方案是制订计划的第四步，即对初步选定的各种备选方案进行评估，分析各个方案的优点和缺点以及组织的实际情况，确定各种方案的优劣次序。

（五）优选方案

制订计划的第五步是从诸多可行方案中选择一个较优方案或将诸多方案综合成一个较理想的方案，也就是做出决策。这是计划的关键步骤。

（六）拟订政策和支持计划

制订计划的第六步是拟订政策和支持计划。拟订政策是贯彻和达到目标的保证。例如，某企业确定了某个产品打入国际市场的目标，也选择了优质优价、创名牌、承包奖励等一系列措施来为目标服务。政策拟订后，仍不能说计划是完整的，还必须拟定支持计划，即各业务部门和下层单位拟定具体的部门计划，以支持总计划得以实现，如企业的生产计划、销售计划和财务计划等。

（七）实施和改进计划

制订计划的第七步是实施和改进计划。编制计划并非计划职能的目的和全部，计划编制完成后还须实施计划。通过实施，进行情况的检查和反馈，如与目标不一致，还需改进计划。

以上是制订计划的七个步骤，应该注意的是，它只是一般的行动指南，不可被教条地理解。在具体情况下，各步骤允许交叉。另外，有时省略某个步骤也是允许的。

第三节 计划工作的方法

一、计划工作的原则

计划工作有很强的针对性，它是在一定的时间内、一定的内外环境条件下，针对具体情况所做出的实施方案。尽管计划工作的性质不同、内容各异，但都应遵循以下原则。

（一）系统性原则

计划工作要从对象系统的整体出发，全面考虑系统中各构成部分的关系以及它们与环境的关系，并依据这些关系的特点，把握它们的必然联系，进行统一筹划，做到小局服从大局，部分服从整体。

（二）重点性原则

在制订计划时，不仅要考虑全局，还要分清主次和轻重缓急，抓住关键，着力解决好影响全局的问题，而不要不分主次，“眉毛胡子一把抓”。重点性原则强调重要的少数几个局部，它们数量少但在组织中的作用比较大，是组织需要加大人力、物力、财力投入的部分。

（三）灵活性原则

未来事物的发展变化是难以被准确预测的，有时也会出现一些偶然或突发事件。因此，进行计划工作应坚持动态的、发展变化的观点，在时间、人、财、物等方面留有一定余地，以适应各种不确定因素的变化。

（四）效益性原则

计划必须能在总体上提高管理的经济效益和社会效益，并使其相互促进。

（五）优选性原则

在制订计划的过程中应尽可能多地设计出多种可供选择的计划，并从中选取一种效果最好的作为执行计划。

（六）群众性原则

计划工作必须依靠群众、发动群众，让大家献计献策、群策群力。一部分组织管理人员会依靠经验定目标，做计划，不考虑新情况的发生，也不考虑大部分下属员工的意愿，这往往会形“成一言堂”。计划工作应依靠群众、发动群众，既要调动群众的积极主动性，同时要注意效率的提高。

二、计划工作的方法

（一）滚动计划法

滚动计划法是一种动态编制计划的方法。这一方法的基本原理如下。

（1）滚动计划法对距离现在较近时期的计划制订得比较详细和具体，对于距离现在较远时期的计划制订得概括和粗略，以便今后根据计划因素的变化而调整和修正。如图 3-4 所示，最近的 2011 年的计划制订得具体，较远的 2012 年和 2013 年的计划制订得较细，最远的 2014 年和 2015 年的计划制订得较粗。

（2）滚动计划法不是等计划全部执行完了之后再制订下一个阶段的计划，而是每过一小段时期就将计划按时间顺序向前推进一小段，即向前滚动一次。如图 2-4 所示，并不是等 2011—2015 年的五年计划执行完了，再制订 2016—2020 年新的五年计划，而是每过一年就将计划推进一年，推出新的 2012—2016 年的计划。

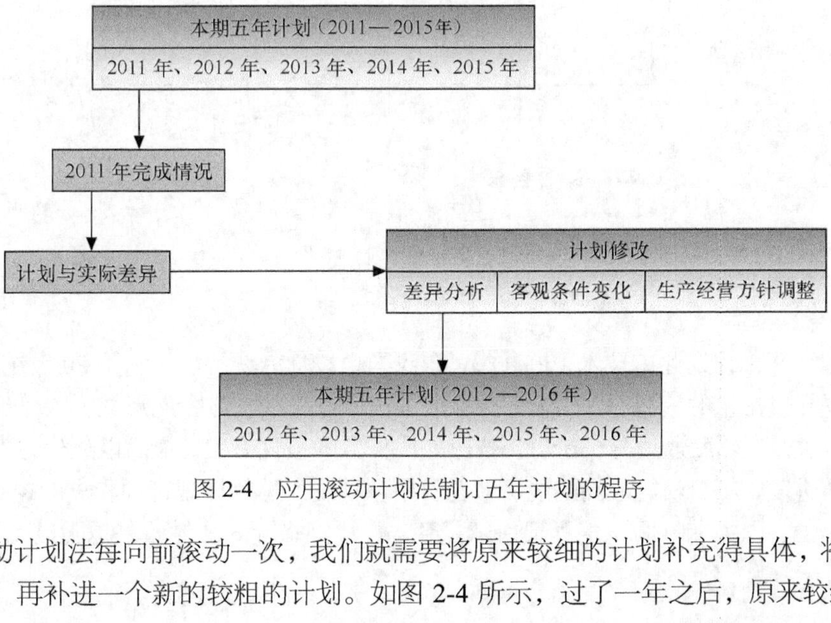

图 2-4　应用滚动计划法制订五年计划的程序

（3）滚动计划法每向前滚动一次，我们就需要将原来较细的计划补充得具体，将较粗的计划补充得较细，再补进一个新的较粗的计划。如图 2-4 所示，过了一年之后，原来较细的 2012 年的计划被补充得具体，原来较粗的2014年计划被补充得较细，其实2013年和2015年的计划也或多或少被修订和调整了。

（4）修订计划需要参考外部条件变化和内部条件变化，还要对刚刚过去一段时期进行计划与实际差异的比较分析。

利用滚动计划法不仅可以制订五年计划，还可制订年度计划或月度计划。年度计划第一季度的计划比较具体，往后顺次粗略。它的推进一般以季度为单位，而且我们通常将第二季度计划排在新计划的首位，下一年第一季度计划排在新计划的尾部。要根据第一季度计划的执行结果和内外部的变化对原先制订的年度计划进行相应的调整。月度计划的制订原理同年度计划一样，计划期一般为10天。

（二）甘特图法

甘特图法是以发明人的名字命名的，又名线条图、展开图、横线工作图，实际上是一种常用的日程工作计划进度表。甘特图直观地表明了任务计划在什么时候进行，以及实际进展与计划要求的对比。

甘特用图表帮助管理进行计划与控制的做法是当时管理技术上的一次革命。有了它，管理部门就可以从一张事先准备好的图表上看到计划执行的进展情况，并可以采取一切必要行动使计划能按时完成，或使计划在预期的许可延误范围内得以完成，如图2-5和图2-6所示。

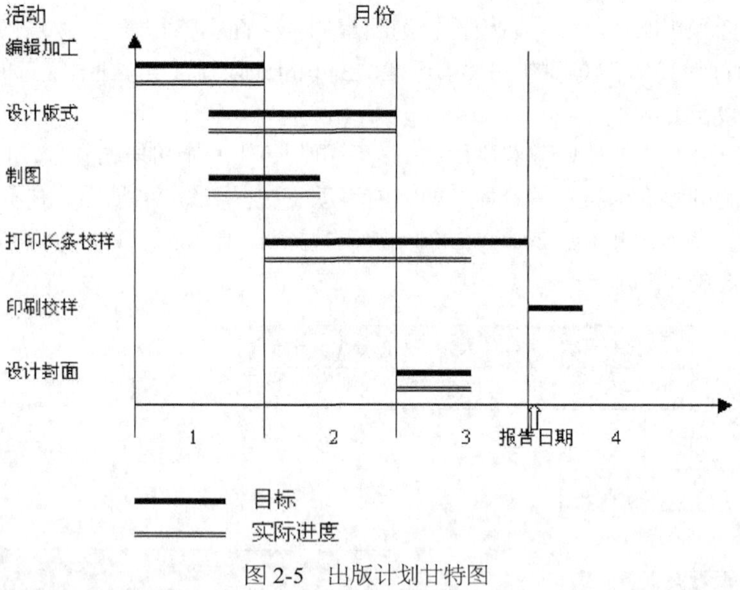

图2-5　出版计划甘特图

（三）网络计划法

网络计划法又称计划评审技术（PERT），在我国也被称为统筹法，它是20世纪50年代由美国科学家首先开发出来的一种系统分析技术。这种技术首先以网络图的形式反映管理对象中各工作项目的相互关系，然后通过分析计算，找出完成任务的最优方案，最后以最优方案进行工作安排并控制工作进度，从而获得最高的经济效益。用这种技术进行计划管理和进度控制，能有效地节约人力、物力、财力和时间。工程项目越复杂，使用网络计划法的效果越明显。

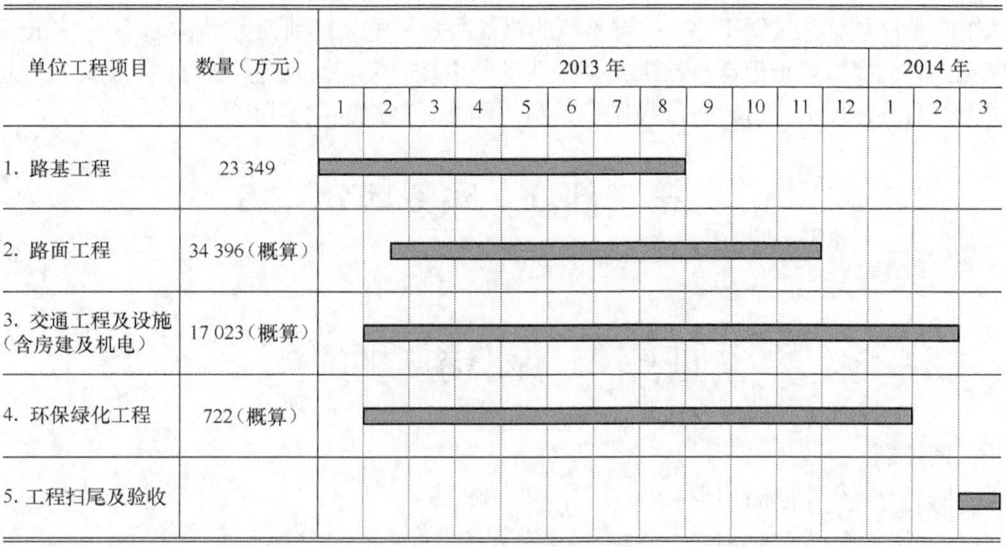

图 2-6　工程施工计划甘特图

网络图是网络计划法的基础，任何一项任务都可被分解成许多的工作。我们可根据这些工作在时间上的衔接关系，用箭线表示它们的先后顺序，画出一个各项工作相互关联并注明所需时间的箭线图。这个箭线图就叫网络图。图 2-7 便是简单的网络图。

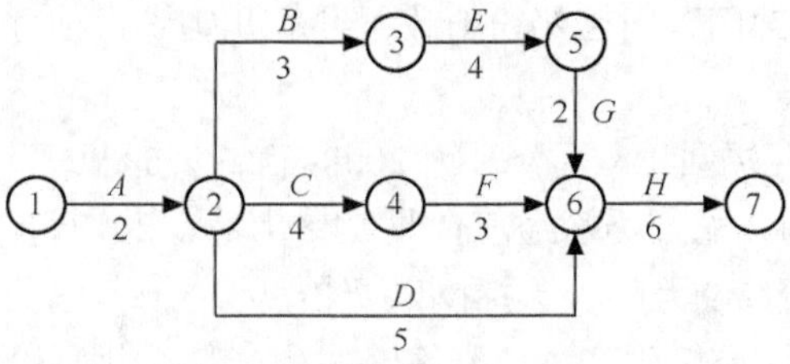

图 2-7　网络图

可以发现，网络图是由以下几部分构成的。

1. 工序

在网络图中工序用“→”表示，是一项工作或活动的过程，需要人力和物力支持，经过一段时间才能完成。图中箭线上的字母是工序的代号，箭线下的数字是完成该项工作所需的时间。另外，还有一些工序既不占用时间，也不消耗资源，是虚设的，叫虚工序，在图中用“---►”表示。在网络图中应用虚工序是为了正确表明工序之间先后衔接的逻辑关系，以避免工序之间的关系含混不清。

2. 事项

在网络图中，事项用“○”表示，是前后两个工序间的连接点。事项既不消耗资源，也不占用时间，只表示前道工序结束、后道工序开始的瞬间。网络图中只能有一个始点事项和一个终点事项。

3. 路线

网络图中从网络始点事项出发，沿箭线方向前进，连续不断地到达终点事项为止的一条通道就是路线。比较各路线的路长，可以找出一条或几条最长的路线，这种路线被称为关键路线。关键路线上的工序被称为关键工序。关键路线的路长决定了整个计划任务所需的时间。关键路线上各工序完工时间提前或推迟都直接影响整个活动能否按时完工。确定关键路线，据此合理地安排各种资源，对各工序活动进行进度控制，是利用网络计划法的主要目的。

第二部分　实务部分

任务一　思考与讨论

一、简述题

1. 计划工作的基本特征是什么？
2. 计划根据执行时间的长短可被分为哪几类？
3. 什么是目标？目标的重要性是什么？
4. 叙述目标管理的特点及其局限性。
5. 叙述计划的制订步骤。

二、讨论题

1. 2013 年 6 月，“九部门”出台奶粉新政，婴幼儿奶粉将试行在药店销售，若出现安全问题，消费者可获“先行赔偿”。

2014 年，全国共有持证奶站 1.3 万个，比 2008 年减少 6 890 个，减幅达 34%；婴幼儿配方奶粉生产企业 127 家，婴幼儿配方奶粉经营企业 54.5 万家。2012 年，国产婴幼儿配方奶粉约 60 万吨，进口婴幼儿配方奶粉约 9 万吨，包括网购奶粉。

我国将禁止以“贴牌”、委托生产、分装等方式生产婴幼儿奶粉。尤其是此前某些品牌从国外进口大包装奶粉在国内分装销售的状况，将被禁绝。

对奶粉进行管理的八项规定。

（1）严格生产许可。修订婴幼儿配方奶粉生产许可审查细则，在企业生产设备设施、原辅料把关等方面提出更加严格的条件。

（2）参照药品生产企业 GMP 认证模式，要求生产企业全面实施粉状婴幼儿配方食品良好生产规范，完善审核工作。

（3）建立婴幼儿配方奶粉产品配方和原辅料使用备案制度。

（4）企业申请生产婴幼儿奶粉许可或调整产品品种时，必须申报产品包装的式样、颜色及标签。

（5）对奶源质量无保障和生产技术、设备设施、检验检测条件落后的企业，坚决予以淘汰。

（6）推行对婴幼儿配方奶粉的电子信息化管理，努力实现产品全程可查询、可追溯。

（7）向社会及时公布并实时更新婴幼儿配方乳粉生产企业、进口商和产品名录信息，包括产品包装式样和标签，便于消费者和社会各界辨识产品真伪。

（8）对婴幼儿配方奶粉经营单位也将全面实施许可管理。

问题：结合给定的资料，参照第一节目标管理的内容，说明相关部门是如何进行目标管理的（提示：我国怎样禁止“贴牌”等婴幼儿奶粉生产方式，目前采取哪些措施）。

2. 你知道篮球架有多高吗？

标准篮球架有 3.05 米高。篮球架为什么要这么高呢？它为什么不是两层楼那么高或者与一个成人一样高呢？

不难想象，对着两层楼高的篮球架，几乎谁也不能把球投进去，自然也就不会有人犯傻投球了；跟一个成人差不多高的篮球架，几乎谁都能投进，大家也会觉得没意思。而 3.05 米这个跳一跳够得着的高度促使篮球成为世界性体育项目，引得无数的体育健儿、爱好者热爱它。

问题：结合给定的资料，参照第一节目标管理中目标难度适中性的内容，说明上述内容告诉你一个什么道理（提示：什么时间定的高度，当时运动员的平均身高是多少，平均弹跳高度是多少）？

3. 根据自己的专业及未来的打算，确定自己的使命和愿景，并制订一个切实可行的计划。

任务二 案例分析

案例一 摩拜单车的营销计划

摩拜单车（mobike），是由胡玮炜创办的北京摩拜科技有限公司研发的互联网短途出行解决方案，是无桩借还车模式的智能硬件。人们通过智能手机就能快速租用和归还一辆摩拜单车，用可负担的价格来完成一次几千米的市内骑行。从 2016 年下半年开始，摩拜单车就被投放于全国三十多个城市，受到了大家的一致好评。这一切都离不开其营销策略。

（1）产品的设计理念：产品+技术模式，自行研发、设计并生产产品，比较符合年轻人个性化的追求，是国内第一家配备有 GPS 的共享单车。

（2）宣传第一步：免费限时试骑行。可以让更多的人来了解与领略该单车的魅力与便捷之处。从而提高社会关注度与产生巨大的社会效应。

（3）宣传第二步：发红包。用户根据 App 客户端进行车辆的找寻与定位。开启车锁后骑行十分钟，就可以获得两小时的免费骑行奖励，同时有机会获得一元到一百元的红包奖励。

（4）宣传第三步：获得礼品。通过跨行业合作，实现用户可依据骑行时间、次数以及距离来换取某一品牌的实物或是优惠券。

问题：

请结合案例，参照计划的类型与制订过程说明你理解的计划的含义及其作用。

案例二 李宁打赢翻身仗

2012 年至 2014 年，李宁三年间亏损 31 亿元，关店近 1 800 家，2016 年关店数减少，整体盈利仍有所下滑。

外界评价：5 年前把目标消费者定位为 90 后是大失误，1988 年退役的李宁更多的是 60 后、70 后与 80 后的记忆与偶像，可是这拨人被抛弃得十分彻底。另外，高端定位更是一度让消费者抛弃李宁而选择价格差不多的阿迪、耐克折扣款。欣慰的是，到 2017 年，李宁通过调整已收到成效。

自 2015 年开始，李宁由体育装备提供商向“互联网+运动生活体验”提供商转变。退居幕后的李宁重新走到台前，开通微博，卖力提高曝光率，不断融入年轻人的生活。

李宁在2015年度扭亏为盈（净利润为1 400万元）后，到2017年上半年净利润达到1.89亿元。

问题：

1. 通过对上述的案例分析，你认为计划重要吗？
2. 结合本案例分析制定目标需注意哪些重要因素？

案例三　田忌赛马

战国时期，齐国贵族中有个叫田忌的人，常与齐威王赛车跑马。每次比赛跑三场，以往比赛田忌总是输给齐威王，所以他不敢下大注。孙膑看了之后，对田忌说："下次比赛我包你赢，只管多下注。"于是，田忌对齐威王说："每次赛马，老是我输，这回我要好好跟大王赌个输赢，每场下注一千两金子，三场三千两。"齐威王答应了。

到比赛那天，齐威王的赶车人驾着头等马车出来，孙膑也叫了田忌的赶车人出去比赛。第一场结束后，田忌输了一千两金子，齐威王哈哈大笑。接着第二场跑下来，田忌赢了。第三场跑下来，齐威王又输了。最后，田忌赢了一千两金子。齐威王不明白自己为什么连输两场，田忌禀告说："今天我能赢，不是因为我的马好，而是孙先生的计策好。孙先生让我的三等马与大王的头等马比赛，头一场当然我输，第二场用我的头等马与大王的二等马比赛，第三场用我的二等马与大王的三等马比赛，这两场我就全赢了。"

问题：

结合案例，阐述计划的重要性。

任务三　企业模拟案例（视频案例）

企业模拟案例一

扫描二维码，观看视频后回答以下问题。

1. 你认为该公司实施目标管理时存在哪些问题？
2. 请结合本情景剧，参照目标管理的内容，为太阳家具公司拟定具体的目标管理方案。

扫一扫

案例一

企业模拟案例二

扫描二维码，观看视频后回答以下问题。

1. 请分析本次活动体现了计划的什么原则。
2. 请分析本次活动计划属于哪种类型的计划。

扫一扫

案例二

模块三

决策

管理就是决策。

——美国著名管理学家赫伯特·西蒙

目标与要求

本模块主要阐述管理决策的概念和过程、决策的影响因素与原则、决策的类型和方法。通过对本模块的学习，学生应了解管理决策的基本理论知识，并能结合企业管理实际，认识现代管理决策的重要性；在认识企业客观存在的基础上，掌握管理决策的含义，理解并掌握进行决策的一般方法，能正确分析企业现状，面临重要问题时能做出正确决策，为企业管理实践服务。

导入案例

大华贸易公司是一家大集团公司控股的下属公司，专门从事通信电缆的进出口业务。为了扩大该公司业务领域，某业务部欲通过投标方式参与某重点工程的光纤进口采购工作。经过艰苦努力，该业务部和另外几家公司同时中标。该公司承担了大致 1 000 万元人民币的光纤供应任务，所用资金可通过银行贷款解决（银行贷款年利率为 5.6%）。这一业务可使公司获利 40 万元。但提交董事会讨论时被否决，原因是资金需要量大，收回投资周期长、风险大（待工程验收合格期满后才能收回货款）。

被否决后，从事这项工作的员工积极性受挫，情绪低落；公司因中标而不做，其信誉在这一领域中受到损害；此外，还损失了参与投标而交的 20 万元押金（这 20 万元押金最后以研发费入账）。

【分析提示】

1. 该董事会的决策是否正确？为什么？
2. 假如你是该公司的参谋，该如何建议？该案例给你什么启示？

第一部分　理论部分

第一节　决策的概念和过程

管理是由一系列决策组成的，决策是管理的心脏。决策问题关系组织兴衰成败。对于大事的正确决策不仅能凝聚人心，推动发展，而且能造福百姓，增加后劲；反之，错误的决策不仅会妨碍发展，而且会损害组织的形象。

调查显示，大多数大企业破产倒闭的原因是企业管理者决策不慎。回顾模块一中流程再造的案例解读：流程再造成功案例——新产品开发流程（柯达公司），柯达公司的流程再造很成功，但由于战略决策的失误公司在2012年破产。决策对于领导者的重要性由此可见一斑。在组织中，无论是中高层管理者还是作业人员，每天都在参与、制定和执行各类决策。这些决策，有些关系组织存亡，有些关系职工利益。因此，明确决策的概念，掌握决策的过程很有必要。

一、决策的概念

决策是组织或个人为了实现某种目标，从两个或两个以上可行性方案中选择一个合理方案的分析判断过程，也是对未来一定时期内有关活动的方向、内容及方式的选择或调整过程。这个概念表明，决策的主体既可以是组织，也可以是个人；决策要解决的问题，既可以是组织或个人活动的选择，也可以是对这种活动的调整；选择或调整的对象，既可以是活动的方向和内容，也可以是在特定方向下从事某种活动的方式；决策涉及的时限，既可以是未来较长的一段时期，也可以是某个较短的时段。

二、决策的过程

扫一扫

决策过程

决策的过程是一个有序的过程，它不是瞬时完成的，决策过程包含一系列的步骤。了解这些步骤可以提高个人的分析和决策能力。

决策过程所包括的步骤如下。

（一）识别和定义问题

识别问题对于解决问题至关重要。大多数情况下，决策不力通常是决策者没有真正认识问题，把决策的焦点聚集到了错误的或者并非重要的问题上。所以，要识别问题，决策者必须区分问题的症状与问题的实质，需要进行大量的考察和思考。

当问题得到识别之后，必须根据一定的参量来定义问题。如何定义问题呢？必须搞清以下四点，即问题是何时、如何发生的？问题为何会发生？问题已经造成哪些影响？在多数情况下，问题被清楚定义后，找到答案不是一件难事。在定义问题的时候，决策者应考虑这样一些问题：我是否有权自行做这件事情？我具备所需的专业知识吗？我是否有时间？假如我不做任何事，结果又会怎么样？调查应进行到何种程度？解决问题将会产生哪些益处？这些益处的重要程度如何？定义问题，可以通过确定一系列的目标来实现。为了确保有效性，目标应该符合一定的标准。它们应该是可以实现的，而且是由相关的参与人员制定的。目标在员工心目中应该是可实现的并且是合理的，应该通过定期检查被更新或补充。另外，制定目标对既要考虑组织是一个整体，同时又要考虑执行目标时所涉及的行为活动。通过定义问题，我们能够确定它的范围，接下来就能将搜寻信息的范围缩小为与之相关的领域。

（二）收集信息，分析问题

问题被定义之后，决策者就可以开始对问题进行系统的分析。分析问题的前提条件是收集信息。在这个步骤里，我们积累所有我们认为在解决问题时所需要的数据资料。在真实的问题被定义之前，决策者并不知道他真正需要什么实际资料和信息。好的决策需要有可得到的、最好的实际资料来支持。因此，在收集实际资料时，必须以书面的形式将它们记载下来。所需资料的数量和收集信息的范围主要取决于问题的性质和复杂程度。

一个人可以从哪里获得他所需要的数据资料和信息呢？经验就是一个好的来源。对过去解决问题的方法进行客观考察可获得大量的信息，往日的记录也是信息和资料的重要来源。这些记录可能包括销售、财务、生产、人事等方面的资料。此外，其他人和其他组织的观点、建议和想法也是一些好的来源。

一旦收集到所需的信息，下一步工作就是理解和解释这些信息。我们必须采取有序的方法来组织整理这些信息，将信息按成本项目、程序时间、领导能力、质量产出等进行归类。这会使我们清楚某些数据资料是否比另外一些更重要。一些标准，如可靠性、重要性、时间、原因和结果、人力因素以及技术因素等都可以用于对信息进行划分和归类。在检查整理完信息之后，决策者就可以明了他要解决的真实问题是什么了。分析问题有助于决策者把握问题。

（三）确定决策标准

美国通用电气公司的 CEO 说过：“无能的管理者是企业的杀手，而且是职业杀手，在讨论一个决策时，你要清楚地约定足够的限制条件，因为通用电气是一家全球企业，任何一个小的失误都有可能造成严重的后果，甚至让你扮演杀手角色。”这里的限制条件，即决策的标准，就是用一套合适的标准分析和评价每一个方案。制定决策标准的方法是首先确定若干与决策相关的因素，然后规定出各种方案评比、估价、衡量的标准。例如，在决定新产品的行销与销售策略之前，必须先想清楚希望达成什么样的目标，是提高公司的营业额，还是改善获利的模式，是提高市场占有率，还是提高公司的品牌知名度，或是建立良好的企业形象。公司不可能同时达成所有的目标，管理者必须设定优先顺序，有所取舍。这一步最容易犯的错误是设定了几个本身就互相矛盾的目标，如果是这样，那么这种决策就是不合理的。另外，有些决策虽然一开始是正确的，但在后续过程中若前提条件发生了改变，其也要随之改变，否则必然会导致失败。因此，决策者必须牢记评价决策的标准，一旦发生大的变化，就应该马上调整决策。

（四）拟订可供选择的方案

明确了真实问题的所在之后，接下来的步骤是寻求解决问题的可供选择的方案。到目前为止，我们所收集的信息也可能表明一些可供选择的解决办法。决策者应该尽可能多地考察可供选择的方案，可供选择的方案越多，解决办法越完善。过去的经验、创造性以及关注管理方面的最新实践都有助于拟定备选方案。寻求解决问题的备选方案的过程是一个具有创造性的过程。

在这一阶段，决策者必须开拓思维，充分发挥想象力。寻求更多备选方案的方法之一是“头脑风暴法”，即一群具有解决问题所需的知识和专长的人聚集在一起，讨论出尽可能多的潜在解决方案。利用这种方法常常能得到新的和具有价值的想法。产生备选方案的另一种方法是“集思广益法”。这种方法是将几个具有不同背景和受过不同训练的人聚集在一起，相互讨论，直到得出一个新的备选方案。由于备选方案通常不是显而易见的，决策者不得不去寻找它们，使其明晰化。

（五）分析评价备选方案

备选方案拟定之后，决策者应对每一个方案的可应用性和有效性进行检验。他必须想象如果这些方案正在实施的话结果会怎样，必须对每一个备选方案可能出出的结果进行分析评价，可运用一些标准来对这些备选方案进行比较，如每个备选方案涉及的风险、可以利用的时间和需要的时间、可利用的设施和资源以及费用效益。

如果所有的备选方案都不令人满意，决策者还必须进一步寻找新的备选方案。决策者必须根据工作的目标来评价每一个备选方案。

（六）选择最佳方案

供评价备选方案而设立的方案比较表能清楚地表明其中哪一个备选方案更具优越性。不过决策者不能总是只顾及备选方案的优越性，还必须在选择最佳方案时考虑可利用的资源。在选择最佳方案时，一个有用的规则是使执行方案过程中可能出现的问题数量最少，使执行方案对实现目标的贡献达到最大。

选择最佳方案时可以考虑以下因素。

（1）经验。在选择最佳方案时，将过去的经验作为指南。

（2）直觉。直觉与经验有关，它包括唤起决策者过去的记忆，并将其应用于对未来的预测。

（3）他人的建议。决策者必须从同事、上级和下级那里寻求帮助和指导。

（4）实验。如果可能的话，采用这种方法来检验备选方案。这类实验不应过多地消耗成本和时间。

在选择最佳方案时，考虑上面所述的一个或多个因素将会提高决策的效果，这些因素的相对重要程度取决于所要解决的问题的性质、受问题影响的人员、为解决问题需要的时间等。

问题思考

组织中存不存在最佳决策呢?

管理故事：如何选择最佳方案

一条街上有甲和乙两家医院，当地人喜欢去乙医院看病，因为那里的医生医术高明。一天，一个外地人来这条街上看病，不知哪家好，于是咨询当地人，当地人建议他去乙医院。外地人犹豫了一下又问：“哪家医院治坏的人多？”当地人说：“乙医院去年治死了 50 人，甲医院治死了 5 人。”最后，外地人去了甲医院，结果病情加重了，出来责怪当地人。当地人说：“我还没说完呢，乙医院去年诊治了 1 万人，死了 50 人；甲医院诊治了 200 人，死了 5 人。”

这个故事给我们的启示是，确定决策标准是十分重要的。

（七）实施方案

选择出最佳方案，决策过程还没有结束。决策者还必须使方案付诸实施，他必须设计所选方案的实施方法。一些决策者善于分析、确定备选方案和选择最佳方案，但不善于将他们的想法付诸实施。优秀的决策者必须具备这两种能力，既能做出决策，又能化决策为有效的行动。有些方案能很快被付诸实施，如关于纪律的方案，而有些方案，如公司政策和工会合同的启用，却需要花费一些时间才能实施。在执行阶段，决策者必须对存在的一些抵制行为有所预见，尤其是来自受决策影响的员工的抵制，必须制订计划来应付处理这类意外情形。一个可能成功地实施决策的有效方法是参与，决策者在实施方案时必须行使领导权力。

管理故事

一群老鼠吃尽了猫的苦头，它们召开全体大会，商量对付那些猫的万全之策，争取一劳永逸地解决事关大家生死存亡的大问题。

众老鼠苦思冥想，有的提议培养猫吃鱼吃鸡的新习惯，有的建议加紧研制毒猫药，最后还是一只老奸巨猾的老鼠出的主意让大家佩服得五体投地，连呼高明。那就是给猫的脖子上挂个铃铛，只要猫一动，就有响声，大家就可得到警报，躲起来。

这一决议被多票通过，但决策的执行者却始终产生不出来。高薪奖励、荣誉证书等办法又被一个一个提议出来，但无论什么高招，好像都无法将这一决策实施下去。至今，老鼠们还在自己的各种媒体上为此争论不休，也经常举行会议。

故事给我们的启示是，再好的决策，如果不能够去实施，那么都是没有意义的，决策与想法不在于多么英明，而在于能否施行，管理者不仅是个决策者，还是个不折不扣的执行者。

（八）检验决策效果

决策者最后的职责是定期检查计划的执行情况，并将实际情形与计划结果进行对比。决策者必须根据已建立的目标来衡量效益，通过定期检查来评价方案的效果。检查方案的效果也有助于决策者提高决策的技能与水平。决策是一种技术，而且和所有的技术一样，它也是可以提高的。人们可以通过实践以及反复的决策实践来提高决策水平。为了提高决策质量，一些信息的反馈是必要的，如通过对以前决策效果的检查就可以提供所需要的一些反馈。通过检查，决策者可以从中知道他的错误是什么、错误出在什么地方以及如何改善。

三、决策的意义和作用

（一）决策关系到组织的生存与发展

决策是组织开展有目的的活动之前必不可少的一步。组织的兴衰存亡，常常取决于高层管理者的决策是否及时，是否正确。

在以往的组织管理中，决策往往以管理者个人的经验为基础。对于结构较简单的组织，或者对于较简单的情况，管理者凭借经验尚可进行决策。而随着社会环境日益复杂，新事物层出不穷，管理理念日益更新，管理者仅凭个人经验已不能够解决组织遇到的大多数问题。

在“大众创业，万众创新”的倡导下，创业者所面临的决策问题更是兼具复杂性、突发性、新奇性的特性，这要求管理者具备更系统的多学科知识才能进行判断；而在互联网环境下，则需要管理者灵活、及时决策，这要求决策必须科学化，同时管理者须努力提高决策的正确性。

（二）决策能力是衡量管理者水平的重要标志

要达到决策科学化、决策正确，光有口号和意愿是不够的。决策是一项思维活动，兼具创造性、科学性和艺术性。管理者进行有效的决策要具备以下三个因素：一是管理者了解决策的概念、方法，有坚实基础；二是具有收集、整理、分析和评价、选择方案的技能；三是要具有承担风险的心理素质。组织的管理者面对大量的、错综复杂的情况能够去粗取精、去伪存真，及时、迅速做出科学的决策对组织而言尤为重要。决策能力是衡量管理者水平的重要标志。

问题思考

如何提高决策的准确性？

第二节 决策的影响因素与原则

一个好的决策能救活一家企业，一个差的决策会损害一家企业，一个坏的决策能够毁掉一家企业。决策对于管理而言，其作用可见一斑。决策是决定组织管理工作成败的关键，是实施各项管理职能的保证。

一、决策的影响因素

（一）环境因素

环境影响着组织的活动选择。例如，某个城市的交通非常发达，若在该市内组织一次跨市或跨省交流活动，参与人员可以有多种交通工具乘坐方案；而如果交通不发达，参与人员需提前购票，需要对交通工具的配合与衔接做出较多安排，这种选择在很大程度上会影响组织的活动效率与活动选择。

对环境的习惯反应模式也影响着组织的活动选择。例如，小型书店多位于学校周围，专业性书店多位于专业学校周围，大学城附近的店铺多会考虑在寒暑假期间暂时停业以节省成本。组织在选址或开展日常活动时，应该考虑如何与外部环境的惯常性相适应。

（二）过去决策因素

多数情况下，决策是对过去决策的完善、调整或改革。过去的决策是当前决策的起点；过去方案的实施，给组织内部状况和外部环境带来了某种程度的变化，进而给“非零起点”的当前决策带来影响。过去决策对当前决策的影响程度取决于过去决策与现在决策的关系。好的决策者既能够考虑过去决策的惯性，合理地应用过去的经验，适度地考虑过去决策的阻碍因素，也能够果断地判断当前决策的新颖性与偶然因素，做好当前决策。

管理故事

一向以“钟表王国”著称的瑞士在机械表技术方面领先于世界，成为世界钟表市场的主要生产国。20世纪60年代，一位瑞士工程师向政府提出了开发石英技术，发展石英表的建议，结果被打入“冷宫”。而日本钟表业则对石英技术表现出浓厚的兴趣，并对全球钟表市场进行了深入的调查，结果发现，机械表的发展已经呈现下降的趋势，潜力有限。而石英表则以它成本低、全自动、华丽和方便的特点，具有极大的发展空间，是挑战机械表的核心技术。日本钟表商预测，钟表业今后市场竞争的焦点将是石英表，它能够引领日本钟表业挑战瑞士钟表王国的垄断地位。于是他们全力发展石英技术，在市场上遥遥领先。等到瑞士人猛然醒悟、奋起直追时，为时已晚，日本钟表业早已靠石英技术占据了世界钟表市场的主导地位。

（三）决策者对风险的态度

依据管理的效益原理，大多数管理者进行决策时会考虑风险与收益的平衡问题。喜好风险的人通常会选取风险程度较高但收益也较多的行动方案，而厌恶风险的人通常会选取较安全同时收益水平也较低的行动方案，而持风险中立态度的人，会根据实际情况，选取适中决策方案。

（四）伦理因素

决策者是否重视伦理及采用何种伦理标准会影响其对待行为或事物的态度，进而影响其决策。例如，以向顾客提供绿色蔬菜为组织使命的农场，在遇到病虫害时可能会选择投入大量的人力、物力、财力搞好研发工作，尽快研究出绿色抗病虫害的方法。而以营利为最终目标的农场，在遇到此类问题时就会选择加大农药的使用量来抗病虫害。

问题思考

如何识别组织中的错误决策？如何处理错误的决策？

（五）组织文化

组织文化影响组织成员对待变化的态度，进而影响决策者及组织成员对方案的选择与实施。在决策过程中，任何方案的选择都意味着对过去某种程度的否定，任何方案的实施都意味着组织要发生某种程度的变化。

案例解读：骑驴

一位老农和儿子到镇上赶集。

开始时老农骑着驴，儿子跟在驴后面走。没走多远，就碰到一位年轻的母亲，她指责农夫虐待他的儿子。农夫不好意思地下了驴，让给儿子骑。

走了一段路，他们遇到一位老和尚，老和尚见年轻人骑着驴，而老者走路，就骂年轻人不孝顺。儿子马上跳下驴，看着他父亲。两人决定谁也不骑。

两人又走了一段路，碰到一位学者，学者见两人放着驴不骑，走得气喘吁吁的，就笑话他们放着驴不骑，自找苦吃。农夫听学者这么说，就把儿子托上驴，自己也翻身上了驴。

两人一起骑着驴又走了一段路，碰到一位外国人，这位外国人见他们两人合骑一头驴，就指责他们虐待牲口！

回答问题：不同的文化对决策有何影响？

（六）时间因素

美国学者威廉·R·金和大卫·I·克里兰把决策划分为时间敏感型决策和知识敏感型决策。对于时间敏感型决策，管理者需要迅速做出，而对于知识敏感型决策，管理者通常有较充裕的时间来确定。

二、决策的基本原则

（一）满意原则

满意原则是针对“最优化”原则提出来的。什么是“最优化”原则呢？“最优化”是 1951 年由美国数学家贝尔曼（R.Bellman）等人提出的。其内容是：“一个过程的最优决策具有这样的性质，即无论其初始状态和初始决策如何，其今后诸策略对以第一个决策所形成的状态作为初始状态的过程而言，必须构成最优策略”。简而言之，一个最优策略的子策略，对于它的初态和终态而言也必是最优的。“最优化”原则假设，决策者是完全理性的人，以“绝对的理性”为指导，按最优化准则行事。但是，处于复杂多变环境中的决策者，要对未来做出“绝对理性”的判断是不可能的。因为决策者不可能完全掌握与决策相关的全部信息，不可能完全知晓可供选择的方案及其后果，不可能对未来的外部环境及内部条件都进行准确预测等。因此，决策者不可能做出“最优化”的决策，只能做到相对满意的决策。

“满意”决策，就是能够满足合理目标要求的决策，它包括以下内容。

（1）决策目标追求的不是使企业及其期望值达到理想的要求，而是使它们能够得到切实的改善，实力得到增强。

（2）决策备选方案不是越多越好、越复杂越好，而是要达到能够满足分析对比和实现决策目标的要求，能够较充分利用外部环境提供的机会，并能较好地利用内部资源。

（3）决策方案选择不是要避免一切风险，而是对可实现决策目标的方案进行权衡，做到“两利相权取其重”“两弊相权取其轻”。

问题思考

假如你是一名学生，去一个旅游景点旅游，该景点门票是60元。根据旅游景点的规定，有学生证可以享受门票半价优惠。等到了景点门口，你发现学生证忘记带了，若回学校取，只能坐一个小时后的下一班车，且来回车费需要20元。你是回去取学生证，还是放弃半价优惠呢？

（二）分级原则

决策在组织内部分级进行，是组织业务活动的客观要求。这是因为：①组织需要的决策一般都非常广泛、复杂，高层管理者难以全部确定，必须按其难度和重要程度分级进行决策。②组织管理的重要原则是责权对等、分权管理。实现分级决策，把部分重复进行的、程序化的决策权下放给下属，有利于分权管理。当然，无论决策分几级进行，在每一级中只能有一个决策机构，以免“政出多门”。实行分级决策，既有利于组织高层管理者集中精力抓好战略决策、例外决策，同时又可提高和增强下级单位和领导者的主动性和责任心。

（三）集体和个人相结合原则

这一原则反映了决策的科学化和民主化。集体和个人相结合的原则是指决策的主体不能单一，管理者必须根据不同的决策问题和环境酌情选择。这是因为：①要使决策减小风险，就要充分利用机会，在关键时刻有人敢于负责，当机立断；否则，就会错失良机。因此，既不能事事集体决策，大家参与，又不能事事个人决策，一人拍板，要坚持集体与个人相结合的原则，根据决策事物的轻重缓急，那些带有战略性、非程序化、非确定性的，事关组织全局的决策，应由集体制定，其他的应酌情选择个人决策或集体决策。②决策作为决策者的意志反映，由少数人进行，意见最易统一；而决策要得到顺利实施，就需要有较多的人支持。因此，组织在进行决策时，要吸收各方面人士参加，发挥个人的和集体的智慧，把决策的制定和执行紧密地衔接起来。要有效地进行决策，管理者必须做到科学化和民主化，实事求是，按客观规律办事。

（四）定性分析与定量分析相结合原则

将定性分析与定量分析相结合，是进行科学决策的基本原则和基本思路。进行科学的决策要求把以经验判断为主的定性分析与以现代科学方法为主的定量分析结合起来。决策者在进行综合决策时，综合运用定性分析与定量分析能够收到意想不到的效果。

（五）整体效用原则

整体效用原则指的是决策者在做决策时，应正确处理组织内部各个单元之间，如组织与员工、组织与股东、组织与顾客、组织与社会、组织与其他组织之间五大相关方[1]的关系，在充分考虑局部利益的基础上，把提高整体效益放在首位，实现决策方案的整体满意。组织作为独立个体，它内部有许多单元，这些单元同组织之间存在着局部和整体的关系。组织作为社会的组成部分，又是社会的一个单元，同社会存在着局部与整体的关系。局部与整体，无论在组织内部还是社会内部，其利益不总是一致的。

管理故事

西汉文帝时有个将军叫周亚夫，是个治军作战的高手，汉文帝视察细柳营时，正是看到了这一点，故称其为“真将军”。文帝在临终前交代儿子景帝，将来万一打仗，这个人用得上。

不久，吴楚七国之乱爆发。周亚夫统兵上阵，与吴楚乱军对峙，充分发挥了他的军事才能。然而，周亚夫也面临着一个两难选择的决策。吴楚乱军彪悍凶猛，利在速决。周亚夫屯兵中原，以逸待劳。乱军打不过周亚夫，就去猛攻“居膏腴之地”的梁孝王。梁孝王吃紧，十万火急地向周亚夫求救。景帝也下达诏令让周亚夫救梁孝王。周亚夫为难了，如果救梁，就等于放弃了起初制定的基本战略，这正是吴楚乱军所希望的；而如果不救梁，梁孝王是景帝的亲兄弟，万一有个闪失自己也吃罪不起。经再三抉择，周亚夫选择抗诏不救梁，坚持原来的“坚壁清野、固守不出”战略。最后，这一战略果然取得了成功。他们切断了吴楚乱军的粮道。吴楚乱军的粮道一断，军需匮乏，兵败如山倒。梁孝王死守睢阳，虽然万分危急，但总算挺了三个月，迎来了胜利。周亚夫的选择是没有问题的，他的这一选择保住了汉室江山，却得罪了梁孝王。

启示：决策选择的难处就在这里，用现代的话说，这就是长远利益和眼前利益、国家利益和个人利益的冲突。如果没有这种冲突，任何人都能做决策。按道义讲，一旦发生了决策选择的冲突，就应当牺牲眼前利益来保证长远利益，牺牲个人利益来保证国家利益。周亚夫正是这样做的，而恰恰是这种“正确”的选择，他让自己陷入了窘境。

如何在这种两难决策中，设计出不损害决策当事人利益（最起码不要损害到不可承受的地步）的方案？如果实在找不出这种方案，那么，在保证长远利益的同时对受损的眼前利益做出适当补偿，在保证国家利益的同时努力把受损的个人利益控制在最低限度，是使决策具有可行性的一个重要方面。

决策者除了遵守上述原则外，还要坚持经济效益与社会效益相结合、可能性与现实性相结合、领导者与专家相结合、局部与全局相结合、近期利益与远期利益相结合、决策工作的规范性与灵活性相结合。

第三节　决策的类型和方法

一、决策的类型

决策主要有以下几种类型。

1 按照 GB/T19580—2012《卓越绩效评价准则》的规定，“五大相关方”指组织与股东、员工、顾客、其他组织和社会。

（一）按照决策的重要程度，可分为战略决策和战术决策

战略决策是有关组织全局利益和长远利益的决策。这类决策对组织的生存与发展将产生决定性影响，并作用于一个较长的时期。企业的产品立项、技术革新、巨额投资等，都是战略决策的内容。战术决策是有关实现战略目标的方式、途径、措施等的决策，它比战略决策更为具体，其作用范围比较小，影响的时间也要短一些。企业原材料采购数量的确定、产品库存量的控制等，都是战术决策的对象。

（二）按照决策的重复程度，可分为程序化决策和非程序化决策

西蒙把组织的全部事务分为两类：①例行事务，即那些重复出现的、日常的管理事务。处理例行事务，无须每次都做决策，只要建立某些制度、规则或政策，按照例行程序处理即可。管理者遇到的大量管理事务都是例行事务，如产品质量、设备故障、现金短缺等。②例外事务，即那些偶然发生的、很少重复出现的事务，如新产品的开发、组织结构变革、重要的人事任免等问题的处理。这类事务不能用对待例行事务的办法来处理。

对例行事务和例外事务的决策，无论从决策的性质看还是从决策的方法看，都是两种不同类型的决策。例行事务的决策属于程序化决策，管理者进行该决策时一般有先例可循，有现存的政策和规则可依；例外事务的决策属于非程序化决策，管理者进行该决策时往往缺乏信息资料，无先例可循，无固定模式，需要开拓与创新。

（三）按照决策条件的确定性，可分为确定型决策、风险型决策和非确定型决策

1. 确定型决策

首先，确定型决策是指在可供选择的方案中只有一种自然状态的决策，也就是说，决策的条件是确定的，可供选择的方案之间的优劣比较和预期结果是明确的，决策选优是显而易见的。然而，确定型决策是抽掉许多具体条件的结果。由于决策的客观条件是很复杂的，条件考虑得越充分，决策就越符合实际；条件被抽掉得越多，决策就越有可能脱离实际，造成失误。其次，确定型决策中各方案之间优劣比较明显，往往表现为一种静态的状况，即此时此刻是如此，因而决策时要把握时机，不能拖延。最后，管理者进行某些确定型决策时所面临的可选方案数量会相当多，要获得每一个方案的确切结果，有相当大的难度。

2. 风险型决策

风险型决策即决策事件未来的各种自然状态的出现概率是可以被测出的，在这种情况下所做的决策具有一定的风险性。风险型决策有五个主要特点：①存在着决策者希望达到的一个明确的目标；②存在着决策者可以选择的两个或两个以上的行动方案；③存在着不以决策者主观意志为转移的两种或两种以上的客观状态；④不同的行动方案在不同自然状态下的损失或利益可以被计算出来；⑤未来将出现哪种自然状态，决策者不能肯定，但可大致估计出其出现概率。

3. 非确定型决策

非确定型决策即决策事件未来各种自然状态完全是随机的，选中的方案的执行结果是无法预知的。非确定型决策的做出主要依靠决策者的经验和判断能力。

（四）按照决策主体所处的管理层次，可分为高层决策、中层决策和基层决策

高层决策是指组织的高层管理者所做的决策，这类决策事关全局、事关长远。中层决策是由组织的中层管理者所做的决策，其影响范围大多只涉及一个部门。基层决策是指组织的基层管理者所做的决策，这类决策主要解决局部的、日常工作中的问题。一般来说，越接近高层的决

策，就越具有战略性、非程序性和非确定性，而越接近基层的决策，就越具有战术性、程序性和确定性。

二、决策的方法

决策的基本方法一般分为两大类，即定性决策方法和定量决策方法。

（一）定性决策方法

定性决策方法又称主观决策法，是指依靠决策者的知识、经验、智慧，运用社会学、心理学等方面的理论，做出判断与决策的方法，是一种“软技术”。这种方法适用于受社会、经济、政治等非计量因素影响较大、所含因素错综复杂、涉及社会心理因素较多以及难以用准确数量表示的综合性问题。这种方法是组织进行决策时采用的主要方法，定性决策方法与定量决策方法互相配合，才能使决策更为有效。

定性决策方法有很多种，常用的有头脑风暴法、德尔菲法、综摄法、方案前提分析法、特性列举法、鱼缸观鱼法等，其中德尔菲法是最具代表性的方法。尤其在长远的战略决策中，由于许多条件的不确定性，德尔菲法特别适用。

1. 头脑风暴法

“头脑风暴”是指在决策的会议上，人们可以无拘无束、自由地思考问题，无所顾忌地畅所欲言，其目的在于产生新观念或激发创新设想。头脑风暴法又可分为直接头脑风暴法（通常被简称为头脑风暴法）和质疑头脑风暴法（也称反头脑风暴法）。前者是在专家群体决策时尽可能激发创造性，产生尽可能多的设想的方法；后者则是对前者提出的设想、方案逐一质疑，分析其现实可行性的方法。这一方法是由美国创造学家奥斯本于1939年首先提出的。

扫一扫

头脑风暴法

采用头脑风暴法组织群体决策时，要集中有关专家召开专题会议，主持人以明确的方式向所有参与者阐明问题，说明会议的规则，尽力创造融洽轻松的会议气氛。主持人一般不发表意见，以免影响会议的自由气氛，而由专家们“自由”提出尽可能多的方案。

（1）组织形式

① 头脑风暴法是通过一种小型会议的形式进行的，参加人数一般为5～10人（课堂教学也可以班为单位），最好由不同专业或不同岗位者组成。

② 会议时间控制在1小时左右。

③ 设主持人1名，只负责主持会议，对设想不做评论。设记录员1～2人，要求认真将与会者的每一设想不论好坏都完整地记录下来。

这种会议有其特殊的规则。一是在会议上严格禁止批评和评论，也不要自谦。二是参与会议的人不分尊卑高下，随意自由想象，想法越奇特、越新鲜越好。目标集中，追求设想数量，越多越好。三是对所有与会者提出的所有设想均进行记录，但在会上不做判断性总结。四是可以利用别人的想法来激发自己的灵感，或者综合几个人的想法形成新的想法。五是主张独立思考，不允许私下交谈，以免干扰别人。六是每一次讨论的问题不能太小众化或带有过多的限制条件，且在讨论时必须注意针对性或方向性，以免无的放矢。

（2）头脑风暴法的原则

① 庭外判决原则。对各种意见、方案的评判必须在会议之后进行，此前不能对别人的意见

提出批评和评价。要认真对待任何一种设想，而不管其是否适当和可行。

② 欢迎各抒己见，自由发挥。创造一种自由的气氛，激发与会者提出各种想法的积极性。

③ 追求数量。意见越多，产生好意见的可能性越大。

④ 探索取长补短和改进的办法。除提出自己的意见外，鼓励与会者对他人已经提出的设想进行补充、改进和综合。

案例解读：利用头脑风暴法的案例

楚襄王做太子时，在齐国做人质。他的父亲怀王死了，他便向齐王提出要回楚国去，齐王不许，说："你要给我割让东地500里，我才放你回去；否则，不放你回去。"他说："我有个师傅，让我找他问一问。"师傅慎子说："您答应给齐国割让东地500里吧。土地是为了安身的，因为爱地，而不为父亲送葬，这是不道义的。所以，献地对您有利。"他便答复齐王，说："我敬献出东地500里。"齐王这才放他回国。

回到楚国后，他即位为王。齐国派了使车50辆，来楚国索取东地500里。楚襄王告诉慎子，说："齐国派使臣来索取东地，该怎么办呢？"慎子说："大王明天召见群臣，让大家来想办法吧。"

于是，上柱国子良来拜见楚襄王。楚襄王说："我能够回到楚国来办父亲的丧事，又能和群臣再次见面，使国家恢复正常，是因为我答应了割让东地500里给齐国。现在齐国派使臣办理交接手续，这可怎么办呢？"子良说："大王不能不给，您说话一字千金，既然亲口答应了齐国，如果不肯割地，就会失去信用，将来您很难和诸侯各国谈判结盟。应该先答应给齐国割让东地，然后再出兵攻打齐国。割地，是守信用；攻齐，是不示弱。所以，我觉得应该割地。"

子良出来后，昭常拜见楚襄王。楚襄王说："齐国派了使臣来，要求割让东地500里，该如何办呢？"昭常说："不能给。楚国之所以被称为万乘大国，是因为土地辽阔。如果要割让东地500里，楚国虽有万乘之名，却无万乘之实了。所以不能给，我愿坚守东地。"

昭常出来后，景鲤拜见楚襄王。楚襄王说："齐国派了使臣来，要求割让东地500里，该怎么办呢？"景鲤说："不能给。不过，楚国不能单独守住东地，大王说话一字千金，既然亲口答应了齐国，如果不割地，就在诸侯面前违背了大义。楚国既然不能单独守住东地，我愿去求救于秦国。"

景鲤出来后，慎子进去。楚襄王把三个人出的主意都告诉了慎子，说："子良说'不能不给，给了以后再出兵去攻打齐国'；昭常说'不能给，我愿去守卫东地'；景鲤说'不能给，既然楚国不能单独守住东地，我愿意去求救于秦国'。我不知道他们三个人的主意到底谁的好？"慎子回答说："大王都采用。"楚襄王怒容满面地说："这是什么意思？"

慎子说："大王听过我的道理后便可明白。大王您先派遣子良带上兵车50辆，到齐国去进献东地500里；在派遣子良的第二天，任命昭常为大司马，要他去守卫东地；在派遣昭常的第二天，派景鲤带领战车50辆，往西去秦国求救。"楚王说："好。"于是他派子良到齐国去献地；在派子良的第二天，又立昭常为大司马，要他去守卫东地，还派遣景鲤去秦国求救。

子良到了齐国后，齐国派出武装部队来接收东地。昭常回答齐国使臣说："我是主管东地的大司马，要与东地共存亡，我已动员了30多万人入伍，虽然我们的铠甲破旧，武器鲁钝，但愿意奉陪到底。"齐王对子良说："您来献地，昭常却守卫东地，这是怎么回事呢？"子良说：

"我是受了大王之命来进献东地的。昭常守卫东地，这是他假传王命，大王可以去进攻他。"齐王于是大举进攻东地，讨伐昭常。当大军还未到达东地边界时，秦国已经派了 50 万大军进逼齐国的西境，说："你们扣押了楚太子，不让回国，这是不仁；又想抢夺楚国东地 500 里，这是不义。你们如果收兵则罢；不然，我们等着决战一场。"

齐王听了害怕，就请求子良为齐楚两国讲和；又派人出使秦国，声明不进攻楚国，从而解除了齐国的战祸。楚国就这样不用一兵一卒，确保了东地的安全。

（3）头脑风暴法的缺点

① 由于与会者过多，层次不一，一旦意见不能统一往往会出现少数服从多数的现象。由于大多数与会者是非专业人士，因此往往会出现多数人的意见是错误意见的情形。

② 有时容易扰乱设计者和规划者的思路，而且会议中做出的一些决定往往不是经过深思熟虑的。

③ 头脑风暴法不适用于一些具有机密性和高技术含量及专业性的问题。

2. 德尔菲法

德尔菲法是专家会议法的一种发展，是一种向专家进行调查研究的集体判断法。它是以匿名方式通过几轮函询征求专家们的意见，组织决策小组对每一轮的意见都进行汇总整理，作为参照资料再发给每一位专家，供他们分析判断，提出新的意见。如此反复，专家的意见渐趋一致，最后做出最终结论。

（1）德尔菲法的实施过程

① 拟订决策提纲。先根据决策的项目提出几个问题，问题必须十分明确，不论谁回答，对问题的理解都不应不同，而且最好只能以具体明确的形式回答。

② 选定决策专家。所选择的专家一般是有名望的或从事该项工作多年的专家，最好包括多方面的有关专家，选定人数一般以 20～50 人为宜，一些重大决策可选择 100 人以上。

③ 征询专家意见。向专家邮寄第一次征询表，要求每位专家提出自己决策的意见和依据，并说明是否需要补充资料。

④ 修改决策意见。决策的组织者将第一次决策的结果及资料进行综合整理、归纳，使其条理化，发出第二次征询表，同时把汇总的情况一同寄去，让每一位专家看到全体专家的意见倾向，据此对所征询的问题提出修改意见或重新做一次评价。

⑤ 确定决策结果。征询、修改以及汇总反复进行三四轮后，专家的意见逐步集中，此时组织者可得到专家们趋于一致的决策结果。

（2）德尔菲法的特点

德尔菲法有以下几个特点。

① 匿名性。征询和应答是用书信的形式"背靠背"进行的，应答者彼此不知道对方是谁，这就可以避免相互的消极影响。

② 反馈性。征得的意见经过统计整理，重新反馈给应答者。每个人可以知道全体的意见倾向以及持不同意见者的理由。每一位应答者都有机会修改自己的见解，而且无损自己的威信。

③ 收敛性。经过几轮征询（一般为四轮）之后，应答者就能够达成大致的共识，甚至比较协调一致。也就是说，统计归纳的结果是收敛的，而不是发散的。

案例解读：利用德尔菲法决策的案例

瑞丰集团正在考虑一个投资项目，现在需要对该项目的市场吸引力做出评价。同市场吸引力有关的因素包括：①市场规模；②市场成长率；③历史毛利率；④竞争强度；⑤技术要求；⑥通货膨胀；⑦对能源的要求；⑧对环境的影响八个。每个因素最高得分为 10 分，最低得分为 0 分，各个因素所占权重之和等于 1。市场吸引力这一综合指标的得分就等于上述因素的加权求和。每一个因素构成市场吸引力的重要性即权重和该因素的得分，需要由管理人员的主观判断来确定。这时，我们可以采用德尔菲法进行决策，了解市场吸引力的大小。

该公司成立专家小组，并聘请业务、市场和销售等方面的八位专家，预测构成市场吸引力的八个因素所占的权重。经过三次反馈得到的结果，如表 3-1 所示。

表 3-1　德尔菲法决策反馈表　单位：%

有关因素 / 专家编号	①	②	③	④	⑤	⑥	⑦	⑧
第一次预测								
1	14	18	12	8	16	16	11	5
2	20	20	10	10	10	10	10	10
3	20	14	8	6	20	18	10	4
4	16	15	12	6	20	8	10	13
5	16	18	8	10	18	8	16	6
6	10	10	20	10	10	10	10	20
7	15	10	10	25	10	15	10	5
8	20	10	10	10	20	15	5	10
平均数	16.375	14.375	11.25	10.625	15.5	12.5	10.25	9.125
第二次预测								
有关因素 / 专家编号	①	②	③	④	⑤	⑥	⑦	⑧
1	15	16	12	10	16	14	12	5
2	18	16	12	10	14	12	10	8
3	18	14	10	8	16	14	10	10
4	16	14	11	8	16	12	10	13
5	16	14	10	10	18	8	12	12
6	16	15	12	10	12	12	10	13
7	15	10	10	25	10	15	10	5
8	18	12	10	10	16	15	8	11
平均数	16.5	13.875	10.875	11.375	14.75	12.75	10.25	9.625
第三次预测								
有关因素 / 专家编号	①	②	③	④	⑤	⑥	⑦	⑧
1	16	14	11	11	14	12	10	12
2	17	14	10	11	14	12	10	12
3	18	14	10	8	16	14	10	10
4	16	14	11	10	16	12	10	11

续表

专家编号＼有关因素	①	②	③	④	⑤	⑥	⑦	⑧
5	16	14	10	11	16	12	10	11
6	16	15	10	11	14	12	10	12
7	18	14	11	12	13	12	10	10
8	16	13	11	11	15	13	11	10
平均数	16.625	14	10.5	10.625	14.75	12.375	10.125	11

通过表 3-1 可知，专家各自独立地进行第一次预测，由主持人将结果进行不记名公示；然后将第一轮结果提供给每位专家，专家以第一轮结果作为参考进行第二次预测；以同样的程序再进行第三次预测；最后，根据预测结果做决策。预测方法如下。

平均值预测。在预测时，最终一次预测是综合前几次的反馈做出的，因此一般以最后一次预测为主。如果按照八位专家第三次预测的平均值计算，则构成市场吸引力的八个因素所占的权重分别是 16.625%、14%、10.5%、10.625%、14.75%、12.375%、10.125%和 11%。

运用德尔菲法预测每个因素的得分分别是 8.7、8.3、6.0、9.0、8.5、9.0、9.5 和 7.0。

加权平均预测。将每个因素的得分按照构成市场吸引力的八个因素所占的权重加权平均，则预测平均值为 8.7×16.625%+8.3×14%+6.0×10.5%+9.0×10.625%+8.5×14.75%+9.0×12.375%+9.5×10.125%+7.0×11%=8.294，即对投资市场的吸引力评价得分为 8.294 分。若确定高于 8 分可以投资，则瑞丰集团可以考虑投资该项目；若确定低于 9 分不可以投资，则瑞丰集团不可以投资该项目。

当然，进行平均值预测时也可以采用中位数法和众数法，在这里就不一一列举了。

（3）德尔菲法的优缺点

德尔菲法同常见的召集专家开会，通过集体讨论得出一致预测意见的专家会议法既有联系又有区别。德尔菲法能发挥专家会议法的优点：能充分发挥各位专家的作用，集思广益，准确性高；能把各位专家意见的分歧点表达出来，取各家之长，避各家之短。同时，德尔菲法又能避免专家会议法的缺点：权威人士的意见影响他人的意见；有些专家碍于情面，不愿意发表与其他人不同的意见；出于自尊心而不愿意修改自己原来不全面的意见。

德尔菲法的主要缺点是过程比较复杂，花费时间较长。

3. 综摄法

综摄法是利用非推理因素，通过召开一种特别会议来激发群体创造力的方法，是由麻省理工学院的哥顿创造，并经由普休斯加以发展的一种智囊决策方法。这一方法是以心理学中的所谓“垃圾箱理论”为基础的。该理论认为，人脑从客观世界中反映出的知识有两种存在状态：一种是有规则排列的，我们一旦需要从头脑中寻找这些信息，就可按照系统排列的顺序去查找，这便是合乎逻辑的推理过程；另一类知识由于是偶然反映到人的大脑中去的，无法按一般规律被加以系统整理，只能杂乱地堆放在大脑的某一处，像个垃圾箱。想要从垃圾箱中找东西，自然无规律可循，只能靠乱翻，即靠心理活动中的非推理因素获得。但这种靠非推理因素统摄起来的知识，往往是带有独特创造性的新奇产品。

综摄法的实施程序包括：①给定并详细介绍问题，使与会者明晰问题及与问题相关的信息资料。②问题的重新表述。这一步的目的和做法是“变陌生为熟悉”，即把问题分解，以便深入了解问题的实质。③分析与排列，即对所有小问题加以分析和比较，然后加以排列，以确定哪些问题属于创新的关键。④远离问题，“变熟悉为陌生”，即运用类比的方法到陌生领域尽量搜寻似乎与问题无关，但实际与问题类似的要素。常用的类比法有直接类比、象征类比、自身类比、幻想类比等。哥顿强调，采用综摄法的目的是避免习惯因素的干扰，要有所创新，因而所类比的对象就应“足够陌生”，即越远离问题越好。⑤强行组合，即把在陌生领域中受到的启发、类比的成果与原问题强行组合起来，以形成一种创造性的方案。

4. 方案前提分析法

这个决策方法的出发点是，每个方案都以几个前提假设为依据，方案正确与否的关键在于前提假设能否成立。这个方法不是直接讨论方案本身，而是分析方案的前提假设。如果前提假设是成立的，那么说明这个方案所选择的目标和途径是站得住脚的。采用此方法，可以克服决策中的一些不足，如有的方案拟定人总希望在讨论中通过其方案，而参与讨论者为了避免得罪人，也不敢提出反对意见。但采用方案前提分析法，大家在讨论中不是直接针对方案本身进行讨论，而是间接地议论方案的前提，这就有可能便于各种反面意见的提出。

案例解读：选址决策

某创业团队想在某条商业街开一家男士服装店，经过一番前期的关于婚姻、性别与时装购买选择的市场调查工作，该团队了解到：在所有已婚男士中选中档服装的占42%，选高档服装的占32%，选低档服装的占26%；在所有未婚男士中选中档服装的占42%，选高档服装的占35%，选低档服装的占23%。结论是无论对于已婚还是未婚男士选择开中档服装店是最优决策。但事实是这样吗？

方案的拟定人给出的方案是：假设这条商业街上已开的中档男士服装店占所有服装店的数量比例超过42%，创业团队应该将男士服装店的档次定位为高档男装；而假设高档男装店的数量超过所有服装店数量的35%，创业团队应该将男士服装店的档次定位为低档男装。这种带有假设条件的决策为采用方案前提分析法进行的决策。

5. 特性列举法

这是一种通过列举出事物的“缺点”“希望”或“要求”等特性，并针对这些特性去设计行为方案的决策方法。它包括缺点列举法和希望列举法。

缺点列举法是先把备选方案的所有缺点一一列举出来，然后再针对缺点提出改善的方案。缺点列举法的方法论原则在于任何事物都是不完美的，总是存在不足，被列举出缺点，就有了改进的方向。事物的缺点往往十分引人注目，人们喜欢也容易谈论缺点，因此缺点列举法能使人们迅速找到问题的症结所在，启发人们寻找完善决策方案的思路。但是这种方法局限于寻找事物已经存在的缺点，因而可以说是一个“后发制人”的方法；而且，缺点列举法的目的在于消除和克服缺点，而在现实条件中，由于受各种主观和客观条件的限制，并非所有被列举出来的缺点都可以被消除或克服。由此看来，缺点列举法的局限性也是很明显的。

希望列举法能够在一定程度上弥补缺点列举法的不足。希望列举法的操作程序与缺点列举法相同，不过它是先围绕决策的目标列举出希望点，然后再研究可行性，这就比缺点列举法更具积极性和主动性。

6. 鱼缸观鱼法

鱼缸观鱼法的基本操作方法为，决策者围坐成一个圆圈（类似一个鱼缸），圆圈中有一把单人椅子，只有坐到椅子上的人才有发言权，因而参与决策的其他成员的注意力都集中到了坐在椅子上的人身上。发言者在不遭到反对的情况下讲他的观点和问题的解决办法。这种方法杜绝了交叉讲话和无关的讨论。在具体实行中，鱼缸观鱼法有以下三种做法。

第一种做法是，请一个对所讨论的问题有专长的人坐在“鱼缸”中发言，其他人员可以提问，但不准交头接耳，一旦发言人的观点为大家所理解，他就离开；继而再换一个人，做法照旧。被请到“鱼缸”中的专家数量不限，大家也可用前一个发言人提供的资料去询问后面的发言人。经过专家们充分表达各自的意见，某一方案的比较优势会明显地显现出来，而决策参与者在此基础上则易于达成共识。从理论上说，产生这种结果是因为每一个人都是在相同资料背景下进行判断的。

第二种做法是，一组决策者集中在一起，只包括专家，不包括助手；一个领导者在当中的椅子上，向大家讲解规则和问题，甚至可以提出一个解决方案，然后回到其他人中间；此后，专家开始到“鱼缸”中发言。从第二个人开始，每个人都可以提出一个新方案，以修正前面的方案，也可以赞同前面的方案。人们轮流到圆圈中去讲话，直到无人走进圆圈为止。结束全部发言的前提条件是，有人进入“鱼缸”，提出采纳前面发言人的意见。接下来大多数人举手表决赞成结束会议。虽然看起来使大多数人都同意结束会议似乎不是很困难，但事实不是这样。因为那些倾向于别的方案的人，还有那些仍未做出决定或希望对所有问题进行深入讨论的人都会要求延续会议。

第三种做法是，对决策过程中的讨论加以管理。会议决策往往是不讲效率的，主要是因为听取每种观点的陈述需要花费很多时间，而实际上这众多的观点之间只存在微小差别。为此，这种做法要求，参与决策、献计献策的人可以多一些，但是在会议上陈述观点的人要严格限定在5～6人。其操作方法是，建议不同方案的各“派别”指定一个人为代表组成“鱼缸”，并进行发言，其他人员则为各自的代表准备资料，提供思路。因为这些人和他们的代表离得很近，有问题可以随时通过其代表反映出来，因而他们实际上也参与了决策。

（二）定量决策方法

定量决策方法常用于数量化决策，应用数学模型和公式来解决一些决策问题，即运用数学工具，建立反映各种因素及其关系的数学模型，并通过对这种数学模型的计算和求解，选择出最佳的决策方案。该方法由于借助量化分析和精确的计算，从而大大提高了决策的客观性和准确性。定量决策方法主要包括确定型决策方法、风险型决策方法和不确定型决策方法三种。

1. 确定型决策方法

在比较和选择方案时，如果未来情况只有一种状态并为决策者所知，则必须采用确定型决策方法。常用的确定型决策方法有盈亏平衡分析法和线性规划法。

（1）盈亏平衡分析法。盈亏平衡分析法又称量本利分析法，即成本—产量（销量）—利润分析，是指建立在成本和收入之间关系的基础上，从确定和分析盈亏平衡点（保本点）入手，确定保住总成本产销量的一种利润计划方法。它根据与决策方案相关的产品销售量、成本、利润三者的关系来分析方案对企业盈亏的影响程度，以决定方案的取舍。表达的盈亏平衡点形式有多种。例如，可以用产量、单位产品售价、单位产品可变成本以及固定成本表示，也可以用生产能力利用率（盈亏平衡点率）等相对量表示。其中，产量与生产能力利用率，在进行项目不确定性分析时被应用得较多。

总利润、总成本和产量的关系是：

总利润=总收入−总成本

=单位产品售价×销售量−（固定成本+单位产品可变成本）

=单位产品售价×销售量−（固定成本+单位产品可变成本×产量）

假设销售量=产量，则

$$P_{利润}=S-C$$
$$=P\cdot Q-(F+V)$$
$$=P\cdot Q-(F+V\cdot Q)$$
$$=(P-v)\cdot Q-F$$

盈亏平衡点又称保本点或盈亏临界点，是指在一定销售量下，企业的销售收入等于总成本，即利润为零，其公式为：

$$Q=F/(P-v)$$

销售收入减去总可变成本后的余额，补偿了固定成本后剩余的部分即利润。这个余额为边际贡献。因此，边际贡献是对固定成本和利润的贡献。当总的边际贡献与固定成本相当时，恰好盈亏平衡。

企业盈亏相抵时的业务量即保本业务量。

例3-1 某公司生产某产品的固定成本为50万元，单位产品可变成本为10元，产品单位售价为15元，其盈亏平衡点的产量为：

$$Q=F/(P-v)=500\,000\div(15-10)=100\,000（件）$$

公司生产100 000件产品时恰好保本，高于100 000件产品时才有利可图。

（2）线性规划法。线性规划是在一些线性等式或不等式的约束条件下，求解线性目标函数的最大值或最小值的方法。运用线性规划法建立数学模型的步骤如下：①确定影响目标大小的变量；②列出目标函数方程；③找出实现目标的约束条件；④找出使目标函数达到最优的可行解，即该线性规划的最优解。

例3-2 某企业生产两种桌子和椅子产品，每张桌子利润8元，每把椅子利润6元，有关资料如表3-2所示。假设市场状况良好，企业生产出来的产品都能卖出去，那么选择何种组合的产品使企业利润最大？

表3-2 某企业的有关资料

	桌子（X_1）	椅子（X_2）	可利用时间（小时）
原材料耗时（小时）	2	4	4 800
设备耗时（小时）	4	2	6 000
单位产品利润（元）	8	6	—

第一步，确定影响目标大小的变量。在本例中，目标是利润，影响利润的变量是桌子数量X_1和椅子数量X_2。

第二步，列出目标函数方程：$P=8X_1+6X_2$。

第三步，找出实现目标的约束条件。在本例中，两种产品在一道工序上的时间不能超过该道工序的可利用时间，即：

制造工序 $2X_1+4X_2\leqslant 4\,800$

装配工序 $4X_1+2X_2\leqslant 6\,000$

除此之外，还有两个约束条件，即非负约束 $X_1\geqslant 0$，$X_2\geqslant 0$。

于是，线性规划问题成为如何选取 X_1 和 X_2，使 P 在上述四个约束条件下达到最大。

第四步，求出使目标函数达到最优的可行解。通过图解法，如图 3-1 所示，求出上述线性规划问题的解为 $X_1^*=1\,200$，$X_2^*=600$，即生产 1 200 张桌子和 600 把椅子使企业利润最大。

2. 风险型决策方法

在比较和选择活动方案时，如果未来情况不止一种，管理者不知道哪种情况会发生，但知道每种情况的概率，则需采用风险型决策方法。风险型决策方法有很多，最常用的是决策树法、损益矩阵法和博弈法。

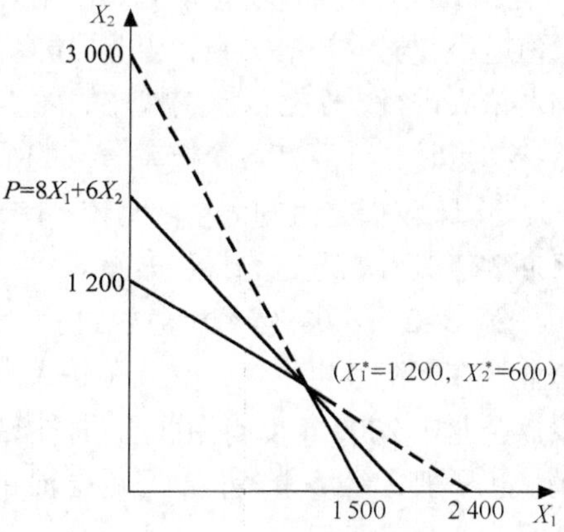

图 3-1 线性规划图解

（1）决策树法。决策树法是一种应用广泛的定量分析法，是把每一决策方案各种状态的相互关系用树形图表示出来，并且注明对应的概率及其报酬值，从而选择出最优决策方案。由于根据这种方法的基本要素就可以描画出一个树状的图形，因而管理学把这一树状图形称作决策树。

决策树一般由五个要素构成：一是决策结点；二是方案枝，是从决策结点引出的分支，每条分支代表一个行动方案；三是自然状态点，标出损益值；四是概率枝，从自然状态点引出，标明自然状态及其出现的概率；五是概率枝末端。决策树法在决策的定量分析中应用相当广泛，有许多优点。第一，可以明确地比较各种方案的优劣；第二，可以使相关人员对与某一方案有关的状态一目了然；第三，可以表明每个方案实现目标的概率；第四，可以计算出每一方案预期的收益和损失；第五，可以用于某一个问题的多级决策分析。

决策树形图的绘制方法如下所述。

如图 3-2 所示，使用决策树时，首先需要明确要做的决策，并在左端画一个小方框来代表这个决策，而留下右边一大片空白的纸面来进行分析。从这个方框开始向右画线并在延长线上写上各解决方案。线与线之间要尽可能分开，这样才可以有足够的空间展开所想。在每条线的终点处考虑会出现的结果，如果执行这个决策得到的结果是不确定的，那就画圆圈表示。如果要得到的这个结果是需要做的另一个决策，就再画一个方框。方框代表决策，圆圈代表不确定的结果，将决策或不确定的结果写在方框和圆圈的上面。如果已经完成了整个解决方案，则纸面剩余部分留白。

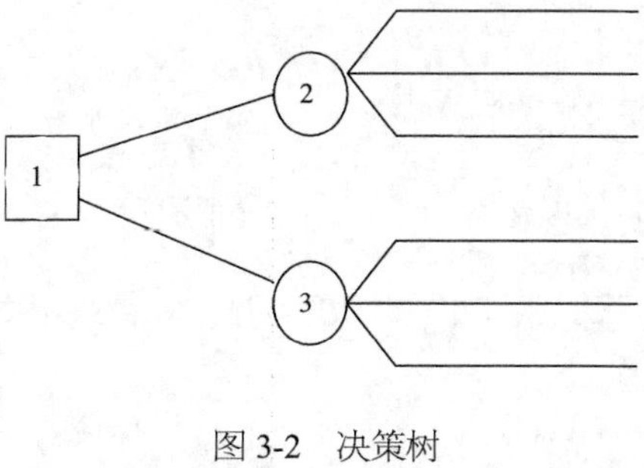

图 3-2 决策树

评估决策树。现在准备评估决策树，在这里可以看出哪个选择是最有价值的。首先要给每种可能的结果分配相应的现金价值或评分；然后估计如果达到这种结果可以带来多少价值；接下来看每一个圆圈（代表一个不确定的结果），评估每个结果出现的可能性。如果使用百分比的话，一个圆圈后的各种情况的百分比总和必须是 100%。如果使用分数表示，它们加起来必须等于 1。如果有以往的数据就可以对发生概率做出严谨的估计，否则只能写下您认为最合理的猜测。

决策树法包括如下实施步骤。

① 绘制决策树形图。绘制决策树形图的基础，是决策者对未来各种可能情况进行了周密思考，即决策树形图是人们对某个决策问题未来发展情况的可能性所做的预测在图纸上的反映。因此，绘制决策树图形的过程实际上也就是进行预测和决策模拟的认识过程。

② 计算损益值。损益值或称期望值、损益期望值等，是衡量决策利弊、优劣的数量标准，也是用以比较各个决策方案经济效益的一个标准。当损益值大于零为正数时，就是益值；当损益值小于零为负数时，就是损值。损益值越大，表示方案实施后企业可能获得的利益也就越多；损益值越小，表示方案实施后企业可能获得的利益也就越少，损失可能越多。损益值的计算要从右向左依次进行，根据各自然状态的发生概率和相应的损益值计算各自然状态的损益值，当遇到自然状态点时，计算其各个概率分支的损益值之和，标于自然状态点上。

③ 比较损益值的大小。比较不同方案的损益值大小，将损益值小的（即劣等方案）去除掉，将期望值最大的选定为最优方案。

例 3–3 2008 年经济危机过后，各企业都在探索新的发展之路。大华集团是一家家电生产企业，在经济危机中销路受到了较大影响。公司召开管理人员会议，研究企业 2009 年的市场前景。企业在 2009 年度有甲、乙两种产品方案可供选择。如果经济繁荣，产品就畅销；经济一般，销量也一般；经济萧条，产品就会滞销。各种状态的概率和损益值如表 3-3 所示。

表 3-3　各方案的损益值

	繁荣		一般		萧条	
	0.2		0.3		0.5	
	投入（万元）	收益（万元）	投入（万元）	收益（万元）	投入（万元）	收益（万元）
甲	100	1 000	100	500	100	100
乙	120	1 500	120	600	120	0

运用决策树法在上述两个方案中进行选择，分析步骤与方法如下。

第一步，绘制决策树形图，如图 3-3 所示。

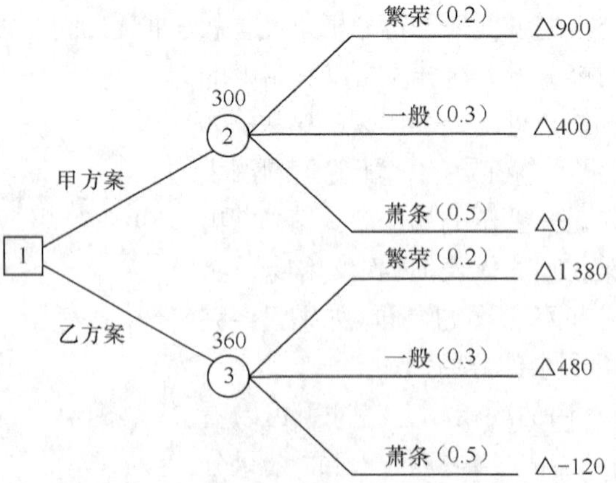

图 3-3　甲、乙方案的决策树形图

第二步，计算损益值，各个方案的损益值如下。

甲方案的损益值=900×0.2+400×0.3+0×0.5=300（万元）

乙方案的损益值=1 380×0.2+480×0.3+（−120）×0.5=360（万元）

通过计算分析，乙方案的损益值高于甲方案，应选择乙方案。

（2）损益矩阵法。这种风险型决策方法以决策收益矩阵为基础，分别计算各个方案在不同自然状态下的收益；然后按客观概率的大小，加权平均计算各个方案的期望收益值；接下来对收益值进行比较，从中选择一个最佳方案。

例 3-4　2011 年夏季，风铃制衣厂准备成批生产一种衬衣，经市场调研单件售价为 60 元，单件成本为 40 元，这种衬衣季节性强，需当月生产，当月销售。如果当月卖不出去，则只能按每件 30 元的价格减价处理。工厂有四条生产线可以选择，这四条生产线月产量分别是 10 000 件、15 000 件、20 000 件和 25 000 件，这种衬衣每月的市场需求量及其发生的概率如表 3-4 所示。试问工厂领导如何决策？

表 3-4　　市场需求量及其概率表

市场需求量（件）	10 000	15 000	20 000	25 000
发生概率（%）	20	30	40	10

根据条件计算决策收益矩阵，如表 3-5 所示。

表 3-5　　不同销售量决策收益矩阵分析表

自然状态 / 月产量（件）	月市场需求量（件）				期望收益值（元）
	10 000	15 000	20 000	25 000	
	20%	30%	40%	10%	
10 000	200 000	200 000	200 000	200 000	200 000
15 000	150 000	300 000	300 000	300 000	270 000
20 000	100 000	250 000	400 000	400 000	295 000
25 000	50 000	200 000	350 000	500 000	260 000

从计算的结果看，月产量 20 000 件时期望收益值最高，优于其他方案，所以应按月产量 20 000 件选择生产线。由于自然状态下的概率值是对未来的预期，带有不确定性，而期望收益值又是在这种状态下计算出来的，所以选择哪个方案都有一定的风险，对于这一点决策者应根据具体情况加以考虑。

（3）博弈法。目前，博弈法的发展广受关注，尤其是最近几年，博弈法的应用范围不断扩大，成为当今经济管理界和决策理论界的热门话题之一。博弈问题是具有策略依存性（即不同博弈方的策略之间相互影响和相互作用）的决策问题，博弈法就是研究决策主体的行为及其相互决策和这种决策的均衡问题的方法。

例如，某企业现有部分闲置资金，准备进行投资，可考虑两个方案，即存入银行或投资证券。假设现有资金 100 万元，若将资金存入银行，每年可获得 10%的年息，即 10 万元。投资于证券风险较大，但预期收益较高，可得 30%的回报，即 30 万元；遇到金融风险时，将丧失回报，而且损失本金 20%的概率为 0.3。此时，企业决策者该如何决策呢？对这个博弈，可引入一个代表随机选择作用的“自然博弈方”。在博弈法中，“自然”作为“虚拟博弈方”来处理，这里的自然博弈方是指决定发生随机变量的概率分布的机制。如果我们以企业投资的收益为正值，以企业投资的损失为负值，则可得该博弈问题的收益矩阵，如表 3-6 所示。

表 3-6　　企业投资的博弈收益矩阵

	受损事件发生	受损事件不发生
存入银行	10万元	10万元
投资证券	−20万元	30万元

企业与自然为两博弈方。其中，企业有将资金存入银行和投资证券两种策略，自然有受损事件发生与不发生两种可能的选择。在该博弈中，两博弈方可以被看作是同时决策的，矩阵中的四个元素分别代表企业在四种可能情况下的收益，而自然是没有收益的。据此，我们可以计算企业将闲置资金进行证券投资时的收益的期望值为30×0.7+（−20）×0.3=15（万元）；存入银行的收益为10万元。显然，该企业选择将闲置资金进行证券投资获得的收益要高于存入银行的收益，应该选择将闲置资金进行证券投资。

值得注意的是，此例只是一个简单的博弈问题，实际上是个体的最优化问题。当博弈方数量在四五个以上且信息繁杂时，博弈问题会变得极其复杂。

3. 不确定型决策方法

所谓不确定型决策，是指在可供选择的方案中，存在两种或两种以上的自然状态，而且这些自然状态所发生的概率是无法估测的。这种情况在现实的经济活动中常常存在，这时如何决策主要取决于决策者对待风险的态度。例如，某企业就是否为自己的办公楼买火灾险进行决策，这里有两种自然状态，办公楼着火和不着火，但着火发生的概率是无法估测的。决策者进行决策时存在风险：买保险，后果是着火和不着火；不买保险，后果也是着火和不着火。在这种状况下，决策者一般可通过以下方法进行选择。

（1）等可能性法，也称拉普拉斯决策准则。这种方法是假定所有自然状态中任何一种发生的可能性是相同的，决策者通过比较每个方案的损益平均值来进行方案的选择。在利润最大化目标下选择平均利润最高的方案，在成本最小化目标下选择平均成本最低的方案。

（2）冒险法，也称乐观决策法、大中取大的准则。决策者不知道各种自然状态中任一种可能发生的概率，决策的目标是选最好的自然状态以确保获得最多可能的损益。利用冒险法进行决策的具体做法是，首先，确定每一可选方案的最大损益值，然后，在这些方案的最大损益中选出一个最大值，与该最大值相对应的那个可选方案便是决策选择的方案。由于根据这种方法决策也可能有最大亏损的结果，因而我们称之为冒险投机的准则。

（3）保守法，又称瓦尔德决策准则、悲观原则，即最小最大损益值规则，也称小中取大法。决策者不知道各种自然状态中任一种发生的概率，决策目标是避免最坏的结果出现，力求风险最小。运用保守法进行决策时，首先在于确定结果，力求风险最小。这种方法的基本思想是，首先要确定每一可选方案的最小损益值，然后从这些方案最小损益值中选出一个最大值，与该最大值相对应的方案就是决策所选择的方案。

（4）折中法，又称赫威斯决策准则、乐观系数法。这种方法是按上述方法在两种极端中求得平衡，通过比较，做出选择的方法。决策者确定一个乐观系数，也称最大系数值ε（0.5，1），运用乐观系数计算各方案的期望收益值，并选择期望收益值最高的方案。

（5）最小最大后悔值法，也称萨凡奇决策准则、极小极大损益值法、大中取小法。所谓后悔值，是指在某种状态下因选择某方案却未选取该状态下的最佳方案而少得的收益。例如，在某种状态下，其方案的损益值为100，而在该状态下，诸方案中的最大损益值为150，则因选择该方案要比最佳方案收益少 50，即后悔值为 50。这种方法的基本思想是，先找出各个方案的最大后悔值，然后选择这些最大后悔值中最小者所对应的方案作为决策方案。

例 3-5　2010 年，亚太公司计划开发新产品，有三种设计方案可供选择。不同设计方案制的造成本、产品性能各不相同，在不同的市场状态下的损益值也不同。有关资料如表 3-7 所示。试用等可能性法、冒险法、保守法、折中法、最小最大后悔值法分别选出最佳方案（假设最大系数值为 0.6）。

表 3-7　　**亚太公司开发新产品方案损益值表**　　单位：万元

	畅销	一般	滞销
方案 A	150	100	50
方案 B	180	80	25
方案 C	250	50	10

（1）采用等可能性法决策，其方案选择过程如下。

① 求出每个方案损益平均值。

方案 A：（150+100+50）÷3=300÷3=100（万元）

方案 B：（180+80+25）÷3=285÷3=95（万元）

方案 C：（250+50+10）÷3=310÷3=103.3（万元）

② 求出三个方案中损益平均值的最大值。

Max{100，95，103.3}=103.3（万元）

所以，它对应的方案 C 就是最佳方案。

（2）采用冒险法决策，其方案选择过程如下。

① 求出每个方案的最大损益值。

方案 A：Max{150，100，50}=150（万元）

方案 B：Max{180，80，25}=180（万元）

方案 C：Max{250，50，10}=250（万元）

② 求出三个方案中最大损益值的最大值。

Max{150，180，250}=250（万元）

所以，它对应的方案 C 就是最佳方案。

（3）选择保守法决策，则其方案选择过程如下。

① 求出每个方案的最小损益值。

方案 A：Min{150，100，50}=50（万元）

方案 B：Min{180，80，25}=25（万元）

方案 C：Min{250，50，10}=10（万元）

② 求出三个方案中最小损益值的最大值。

Max{50，25，10}=50（万元）

所以，它对应的方案 A 就是最佳方案。

（4）选择折中法决策，则其方案选择过程如下。

① 计算每个方案的期望收益值（最大值和最小值的加权平均值）。

因为最大值系数为 0.6，所以最小值系数为 0.4。

方案 A：期望收益值=150×0.6+50×0.4=110（万元）

方案 B：期望收益值=180×0.6+25×0.4=118（万元）

方案 C：期望收益值=250×0.6+10×0.4=154（万元）

② 求出三个方案中期望收益值的最大值。

Max{110，118，154}=154（万元）

所以，它对应的方案 C 就是最佳方案。

（5）用最小最大后悔值法决策，其方案选择过程如下。

① 求出每个方案在不同状态下的后悔值。方法是用各状态下的最大损益值分别减去该状态下所有方案的损益值，从而得出对应的后悔值，如表 3-8 所示。

表 3-8　　各方案在不同状态下的后悔值表

方案 \ 后悔值 \ 市场状态	畅销	一般	滞销	Max
方案 A	100	0	0	100
方案 B	70	20	25	70
方案 C	0	50	40	50

② 求出每个方案的最大后悔值。

方案 A：Max{100，0, 0}=100（万元）

方案 B：Max{70，20 , 25}=70（万元）

方案 C：Max{ 0，50 , 40}=50（万元）

③ 在三个方案的最大后悔值中求出最小值。

Min{100，70，50}= 50（万元）

所以，它对应的方案 C 就是最佳方案。

第二部分　实务部分

任务一　思考与讨论

一、计算分析题

1. 大华集团管理层对 2008 年的投资方案存在分歧。有的管理者认为，始于 2005 年 6 月的我国股市“红色风暴”大牛市在北京奥运会前不会结束，建议将 3 000 万元全部投入股票市场；有的管理者认为，中国股市在两年多的时间里从 1 000 点涨到 6 000 点，涨幅之大实属罕见，2008 年会发生“由牛转熊”的重大转折，建议将 3 000 万元全部投资基金；也有少数管理者认为，2008 年我国股市进行阶段性平台休整的可能性最大，建议将 3 000 万元一半投资股票，一半投资基金。三种方案在不同情况下的损益值如表 3-9 所示。

表 3-9　　三种投资方案的损益值表　　单位：万元

方案	持续牛市	“由牛转熊”	平台休整
全部投资股票	2 000	−1 700	−200
全部投资基金	500	100	300
股票基金各半	1 250	−800	50

如果采用最小最大后悔值法，大华集团管理层该选择哪种决策方案？

2. 甲企业以乙企业为竞争对手，相对于乙企业的三种策略，甲企业制定了四种策略与之抗衡，如表 3-10 所示。要求任意选择四种方法，遴选甲企业的最佳策略（乐观系数为 0.7）。

表 3-10　　甲企业损益表　　单位：万元

乙企业策略 / 甲企业对策	乙$_1$	乙$_2$	乙$_3$
甲$_1$	13	14	11
甲$_2$	9	15	18
甲$_3$	24	21	15
甲$_4$	18	14	28

3. 东风商场计划购进一批新款男士 T 恤。根据以往经验，新款男士 T 恤的销售量有 50 件、100 件、150 件、200 件四种情况。如果每件 T 恤的订购价为 40 元，销售价为 60 元，剩余 T 恤的打折价为每件 20 元，要求建立收益矩阵并用五种方法决定东风商场应该订购的新款 T 恤数量。

二、讨论题

1. 假如你是一家贸易公司的老总，公司主营有色金属进出口业务，某一天，你看到中央台的即时新闻，得知智利发生大地震，你该如何做决策？为什么要这样决策？

2. 本地一收视率很高的电视节目曝光了某些包子铺使用“血脖肉”做肉馅儿，导致很多包子铺的营业额大幅下滑，假如你是本地一知名包子铺老板，你会采取什么措施？

任务二　案例分析

案例一　巨人集团如何决策

巨人集团曾在国内声名赫赫，企业的平均发展速度达到 300%，更有甚者说达到 500%。巨人集团靠计算机软件起家，到 1994 年已经达到总产值近 8 亿元，跨计算机软件、房地产，生物工程三大产业。然而，1997 年 1 月，巨人集团却面临了极大的危机。巨人集团由极盛到极衰，原因来自很多方面，然而最主要的还是在投资巨人大厦上的一系列非理性决策。

巨人集团初始计划投资兴建了 18 层高的巨人大厦。突然又改为 38 层，后来又改为 54 层、64 层和 70 层，设计投资额也从 2 亿元增加到 12 亿元。巨人大厦一再被加高，这中间竟没有人提出反对意见。这一系列决策的变化用史玉柱的话说“完全是头脑发热的结果”。

大厦由 54 层加高到 64 层时，决策依据只是设计单位的一句话“由 54 层到 64 层对下面基础影响不大”。当决定由 64 层加高到 70 层时也未经过严密的论证，对地质条件也未曾考察。结果施工时，大家发现巨人大厦处在三条断裂带上，为解决断裂带积水问题，大厦支柱必须穿越40～50米的沙土层而达到岩石层，并被打进岩石层30米深的地方。多投资了3 000多万元。

由于在此地基上面的原因，当70层的地基打完时，所筹资金已经用尽。巨人集团只好从生物工程方面抽取资金。

由于过量“抽血”，维护生物工程产业正常运作的基本费用和广告费用无法到位。生物工程这个产业开始萎缩。1996年7月以后，其生物工程产业块中的保健品销量急剧下降。史玉柱发动了一场秋季攻势，意图力挽颓势，也未奏效。

巨人大厦抽干了巨人产业的“血”，当生物工程方面一度停产时，巨人大厦由于断了资金供给不得不停工，一场危机就全面爆发了。

巨人集团出现危机的直接原因在于巨人大厦，而巨人大厦的问题在很大程度上与总裁个人的决策相关，即随意性太强。

巨人集团的决策是高度集中的，在巨人集团的股份中，总裁一人所占股份就超过了90%。集团虽聘请了许多老总，但是都没有股份。故在决策时，他们很少坚持自己的意见，事实上，他们没有公司股份，也无法对总裁的决策进行干预。巨人集团虽设立了董事会，显然，也是摆设。决策由总裁办公会议做出。办公会议又是怎样的呢？史玉柱坦言：“决策会议实行民主集中制，大家可以畅所欲言，然后我拍板，这个总裁会议虽可以影响我的决策，但左右不了我的决策。”

有关建设巨人大厦的决策看来就像一场儿戏，对于资金筹措缺乏周详的考虑。施工前也没有一个完整的可行性方案。巨人集团给国内同行上了惨烈的一课。

回答问题：从决策的角度看，你认为巨人集团出了什么问题？从中应汲取什么教训？

案例二　可口可乐公司“新可乐”的失败

1985年4月23日，可口可乐公司董事长罗伯特·戈伊朱埃塔宣布了一个惊人的决定。他宣布经过99年的发展，可口可乐公司决定放弃它一成不变的传统配方，原因是现在的消费者偏好口味更甜的软饮料，为了迎合这一需要，可口可乐公司决定更改配方，调整口味，推出新一代可口可乐。

- 改变口味的原因

可口可乐公司做出改变口味的决定，是希望借此将其在饮料王国的强劲对手置于死地。20世纪80年代，可口可乐在饮料市场中的领导者地位受到了挑战，销售增长速度从每年递增13%下降到只有2%。其原因是竞争对手百事可乐来势汹汹。百事可乐公司先是推出了“百事新一代”的系列广告，将促销的目标对象直接定为饮料市场中最大的消费群体——年轻人。

在第一轮广告攻势大获成功之后，百事可乐公司仍紧紧盯着年轻人不放，继续强调百事可乐的“青春形象”，又展开了号称“百事挑战”的第二轮广告攻势。在这轮攻势中，百事可乐公司大胆地对顾客口感试验进行了现场直播，即在不告知参与者的情况下，请他们品尝各种没有品牌标志的饮料，然后说出哪一种口感最好，试验过程全部直播。百事可乐公司的这次冒险成功了，几乎每一次试验后，品尝者都认为百事可乐更好喝，“百事挑战”系列广告使百事可乐在美国的饮料市场份额从6%猛升至14%。

可口可乐公司不相信这一事实，也立即组织了口感测试，结果与“百事挑战”中的一样，人们更喜爱百事可乐。市场调查部的研究也表明，可口可乐独霸饮料市场的格局正在转变为可口可乐与百事可乐分庭抗礼。20世纪70年代，18%的饮料消费者只认可可口可乐这一品牌，认可百事可乐的只有4%；到了80年代，只有12%的消费者忠于可口可乐，而只喝百事可乐的消费者则增加到11%，与可口可乐持平。在此期间，无论是广告费用的支出还是销售网站的费用支出，可口可乐公司都比百事可乐公司高得多。

- 新可乐的诞生

可口可乐新的领导者戈伊朱埃塔认为，尽管可口可乐公司广告费用较多、分销手段高明、网点覆盖面广，但市场占有率还是一直在下降，其重要的原因是可口可乐那曾经神圣不可侵犯的、已经使用了99年的配方，似乎已经不符合今天消费者的要求了。

可口可乐公司技术部门决定开发出一种全新口感的可口可乐，并且最终拿出了样品，这种“新可乐”比可口可乐更甜、气泡更少，因为它采用了比蔗糖含糖量更高的谷物糖浆，它的口感柔和且略带胶黏感。

- 市场调查过程

可口可乐公司在研制新可乐之前，曾秘密进行了代号为“堪萨斯工程”的市场调查行动，出动了2 000名市场调查员在10个主要城市调查顾客是否接受全新的可口可乐。调查问题包括，可口可乐配方中将增加一种新成分使它喝起来更柔和，你愿意尝试吗？可口可乐将与百事可乐口味相仿，你会感到不安吗？你想试试一种新饮料吗？调查结果显示，只有10%～12%的顾客对新口味可口可乐表示不安，而且其中一半表示会适应新的可口可乐，这表明顾客们愿意尝试新口味的可口可乐。

在新可乐的样品出来后，可口可乐公司组织了品尝测试，在不告知品尝者品牌的情况下，请他们说出哪一种饮料更令人满意。测试的结果令可口可乐公司兴奋不已，顾客对新可乐的满意度超过了百事可乐，市场调查人员认为，这种新可乐至少可以将可口可乐的市场占有率提高1%～2%，这就意味着能增加2亿～4亿美元的销售额。

为了确保万无一失，可口可乐公司倾资400万美元再一次进行了规模更大的口味测试，有13个大城市的超过19万名顾客参加了测试，55%的品尝者认为新可乐的口味胜过了传统配方的可口可乐，而且在这次口感测试中，新可乐再次击败了对手百事可乐。

- 失败的结局

新可乐即将投产，当时面临的问题：是为“新可乐”增加新的生产线呢，还是彻底地全面取代传统的可口可乐呢？可口可乐公司的决策层认为，增加新生产线会遭到遍布世界各地的瓶装商的反对，公司最后决定以“新可乐”全面取代传统可口可乐，停止传统可口可乐的生产和销售。

在“新可乐”全面上市的初期，市场的反应相当好，有1.5亿人在“新可乐”面世的当天就品尝了它，但很快情况有了变化。

在“新可乐”上市一个月后，可口可乐公司每天接到超过5 000个抗议电话，而且更有如雪片般飞来的抗议信件，可口可乐公司不得不开辟了83条热线，雇用了更多的公关人员来处理这些抱怨和批评。有的顾客称传统的可口可乐是美国的象征，有的顾客威胁说将改喝茶水永不再买可口可乐公司的产品，更有忠于传统可口可乐的人们组成了“美国老可乐饮者”的组织发动全国抵制“新可乐”的运动，而且许多人开始寻找已停产的传统可口可乐，这些“老可乐”的价格一涨再涨。面市两个月后，“新可乐”的销量远远低于公司的预期值，不少瓶装商强烈要求改回销售传统可口可乐。

公司的市场调查部门进行了紧急的市场调查，调查显示，一个月前还有53%的消费者声称喜欢“新可乐”，可现在一半以上的人说他们不喜欢“新可乐”，又过了一个月，认可“新可乐”的人只剩下不到 30%。

“新可乐”面市三个月后，其销量仍不见起色，而公众的抗议却愈演愈烈。最终，可口可乐公司决定恢复传统配方可口可乐的生产，将其商标定名为可口可乐古典，同时继续保留和生产“新可乐”，将其商标定为新可乐。但是，可口可乐公司已经在这次的行动中遭受了巨额的损失。

回答问题：

1. 可口可乐公司的决策是否合理？若你是可口可乐公司的决策者，你如何决策？
2. 你认为应该怎样做才能正确分析顾客的心理要求？
3. 此案例对你有何启示？

案例三　进入中国市场两年 Airbnb 将何去何从

共享经济从 2016 年火到了 2018 年，且热度依然不减。然而也有例外，同样是共享经济领域，以短租为特色的共享住宿在整个互联网创业大潮中却没有太多大起大落。相对于共享单车所处的标准化高频行业，共享住宿所在的非标低频市场自然无法激起多少水花。

不友好的市场环境对于外来的和尚似乎更加严峻。虽然早在 2013 年，Airbnb 就以合作的方式试水中国市场，当时其联合创始人纳森·布雷查兹克（Nathan Blecharczyk）曾联合穷游网、蚂蜂窝等旅游平台，发起“Win China”项目，吸引中国游客在海外体验 Airbnb。然而直到正式进入中国市场，Airbnb 的表现却不温不火。中国区负责人葛宏的离开令 Airbnb 的本土化进程再度回到了原点。某种程度上看，它或许正在重复 eBay、谷歌和 Uber 在中国的失败经历。

2015 年，在红杉中国和宽带资本的帮助下，Airbnb 以成立中国公司的方式正式进入中国市场。两年的时间，Airbnb 一直想办法变着花样融入中国市场，包括线上接入支付宝和微信支付，线下邀请明人做房东、与本土旅游网站蚂蜂窝联手营销造势，但这些路数远无法让 Airbnb 站稳脚跟。

唯有两件事让 Airbnb“刷屏”互联网，一是 Airbnb 的中文译名“爱彼迎”，拗口的名字收获了中国网民一大波热情洋溢的“吐槽”，甚至有网友因名字太难听而宣称要卸载 Airbnb 的 App。二是 Airbnb 的房客多次发现自己被隐藏的摄像头偷拍。

对于客户投诉，Airbnb 仍然坚持在欧美的那一套做法，不愿意过多干涉房东与房客之间的交流，只有当双方无法达成一致时才出面解决，其烦琐又低效的分辨和处理方式，不一定能让中国人接受。

或许这可以解释为什么 Airbnb 以谦卑的态度对待中国市场，如积极配合当地政府政策，进入中国市场后迅速与深圳、重庆、上海和广州四座城市签订了战略合作协议，却依然没有收到预期的效果。

政策制度也影响着 Airbnb 的在华策略。从网约车新政到今年各地出台政策调控共享单车投放数量，政策的发布直接影响了市场的风向，对于共享住宿同样不例外。

近期，《旅游民宿基本要求与评价》落地执行，各项细则促使短租平台由单一服务向综合性服务转变，这也让 Airbnb 开始面临更多挑战。“冒险、热情、真实体验”一度是 Airbnb 提倡的价值观，但《旅游民宿基本要求与评价》的实施，意味着 Airbnb 会变得越来越像酒店，Airbnb

的房东们将受到更多条例、费用和指导方针的限制。

回答问题：

1. 哪些因素影响了 Airbnb 的决策，致使它进入中国市场两年持续低迷。

2. 根据所学知识，试找出 Airbnb 在决策中的不合理之处，若你是 Airbnb 公司的决策者，你如何决策？

任务三　企业模拟案例（视频案例）

企业模拟案例一

扫描二维码，观看视频后回答以下问题。

1. 假如你是李阳，面对这种两难抉择，该如何决策？

2. 请你根据自己的理解，为本剧编写续集。

扫一扫

案例一

企业模拟案例二

扫描二维码，观看视频后回答以下问题。

1. 假如你是张经理，根据几位部门经理的意见，该如何解决“双十一”业务增长和现有条件的矛盾？

2. 请你根据自己的理解，为本剧编写续集。

扫一扫

案例二

模块四

组织

为了使人们能为实现目标而有效地工作，就必须设计和维持一种职务结构，这就是组织管理职能的目的。

——哈罗德·孔茨

目标与要求

本模块主要阐述组织设计基础、组织的基本问题、几种常见的组织结构、人员配备和组织变革。通过本模块的学习，学生应理解组织和组织设计的含义；理解组织设计的基本原则，了解影响组织设计的因素；理解部门设计的基本原则，了解组织部门化的几种基本形式；掌握管理幅度的含义及其影响因素；理解授权的重要性，掌握授权的基本原则；掌握集权与分权的含义及其优缺点，理解影响集权与分权的主要因素；熟悉各种常见的组织结构及其优缺点和适用场合；理解人员配备的含义，掌握人员配备的原理、人员配备的任务；了解组织变革的含义，掌握组织变革的内容，掌握组织变革的阻力。

导入案例

本燕服装店

1990 年，李本燕从职校毕业后到一家国营服装厂当缝纫工。两年后，由于服装厂经营效益不好，李本燕离开服装厂，就在服装厂附近开了一家西装加工店，取名为本燕服装店，从进原材料到卖西装都是她自己负责。火爆的西装消费市场给小店提供了良好的成长机会，随着生意越来越好，服装店招的学徒和请的缝纫工不断增多，李本燕请她职校的同学周芙帮忙打理生意。周芙按照李本燕的吩咐做事，两人合作很愉快，服装店也变得小有名气。李本燕雄心勃勃，打算把服装店做成有名的服装厂，创立一个服装品牌。

可是，到 1994 年年底，当地的西装店已经有了 6 家，外地服装厂的西装也大量销往当地，且价格较低，款式较多，质量也更好。本燕服装店面临越来越激烈的竞争，生意明显不如以前。李本燕决定扩大西装加工规模，式样增加到 5 种，工人增加到 50 人，分成 5 个组。另外，本燕服装店直接向厂家大量采购布料、纽扣等原材料，以求降低成本。李本燕要求周芙把好质量关，不能出现缺纽扣、缝纫不平整等问题，要节约用料。同时，本燕服装店改变原来等顾客上门购买的做法，李本燕自己主动与服装销售店联系，进行销售，还派自己的表弟在批发市场设立了一个批发点。

李本燕的决定使服装店有了起色。但是，也出现了许多李本燕没有预料到的事情，主要有：一是许多事都是周芙在做，如收发货、库存保管、发工资、质量检查、考勤检查，周芙感到太累；二是无论大小事情周芙都向李本燕请示，大家不听周芙的安排，许多事最后又落到李本燕身上，李本燕责怪周芙连一点儿小事也处理不好，周芙不想干了；三是李本燕感觉所进布料应该能加工出更多成品西装，李本燕的表弟怀疑是周芙悄悄拿走了布料；四是周芙向李本燕反映，有人说李本燕的表弟以高于规定的价格批发西装，而李本燕不知此事。

李本燕在职校学服装加工时没有学经营管理方面的知识，面对以上问题，她不知道问题的根源在哪里，应该从何处着手解决。李本燕隐约感到了服装店有“散伙”的危险。

本燕服装店的例子说明，良好的愿望或计划，常常因为没有适当的组织予以支持而难以实现，组织及组织工作有着至关重要的作用。本燕服装店所面临的困难涉及组织形式的设计与调整、分工与协作、授权与分权等问题。

【分析提示】

1. 结合模块一中管理者应具备的技能考虑，像李本燕这样的管理者最应该具备什么技能？
2. 你认为企业有一个合理的组织结构重要吗？这个案例对你有何启示？请记下你的所思所想。

第一部分　理论部分

第一节　组织设计基础

一、组织及组织设计的含义

（一）组织及组织结构

我们可以从不同的角度去解释和理解组织，学术界对于组织的概念并没有统一的定义。大体归纳起来，组织包括以下两层含义：一是指两个或两个以上的个人为了实现共同的目标而形成的有机整体，如工厂、机关、学校、医院以及各个党派和政治团体等各种实体组织；二是指为了实现组织共同目标而确定组织内各要素及其相互关系的活动过程，也就是设计一种组织结构，并使之有效运转的过程。前者是组织的名词含义，后者是把组织当作动词来使用和解释的，指的是组织的职能。

组织结构是组织中划分、组合和协调人们的活动和任务的一种正式的框架，即描述组织各部分排列顺序、空间位置、聚散状态、联系方式以及各要素之间相互关系的一种模式。就像人由骨骼结构确定体型一样，组织的“形状”也由其结构决定。

问题思考

下列人员中谁构成组织？

机关工作人员，电影院、商场工作人员，学校教职工，机关到访人员，电影观众，购物顾客，到学校学习的学生。

（二）组织设计

组织设计是指以企业组织结构为核心的组织系统的整体设计工作。

组织设计的任务是设计清晰的组织结构，规划和设计组织中各部门的职能和职权，确定组织中直线职权、职能职权、参谋职权的活动范围并编制职务说明书。组织设计的最终结果是组织系统图、职务说明书和组织手册。组织系统图是用图形的方式表示组织内的职权关系和主要职能的，其垂直形态显示权力和责任的关联体系，水平形态显示分工与部门化的结果。职务说明书主要是说明职位的名称、主要的职能、职责、履行职责的相应职权以及与组织其他职位的关系。组织手册通常是职务说明书与组织系统图的综合。

组织设计是一个动态的工作过程，其基本功能是协调组织中人员与目标任务的关系，使组织系统能适合目标的要求，最大限度地发挥成员的能动性，使组织成为一个既具有凝聚力又具有很强适应性的有机整体。

二、组织设计的基本原则

（一）目标统一原则

目标统一原则是指组织设计必须有利于组织目标的实现。

任何一个组织的结构，都是由它的特定目标决定的，组织中的每一部分都应该与既定的目标有关系，否则它就没有存在的意义。组织结构的目的在于把人们承担的所有任务组成一个目标体系，然后将组织目标层层分解到各层级，各级部门通过实现本部门的目标，从而达到最终实现组织目标的目的。这一原则要求组织设计必须从组织要实现的目标、任务出发，并为有效实现目标、任务服务。

（二）分工协作原则

分工协作原则是指组织设计必须保证为实现目标进行任务和工作的分工，同时也要注意彼此间的协调。

企业任务目标的实现，离不开企业内部的专业化分工和协作，但随着分工程度提高，协调的难度增大，组织效率就会降低。管理者既要注意分工的合理性，又要注意发挥协调作用。分工协作原则规定了组织设计中管理层次的分工、部门的分工、职权的分工。

（三）管理幅度原则

管理幅度原则是指组织中管理者有效地监督、管辖的直接下属是有限的。

管理幅度的大小，既取决于上级管理者的能力和精力，也取决于这个管理者所处的管理层次。

一般来说，管理幅度不能太大，一般以四至七人为宜；高层管理者的管理幅度宜小些，基层管理者的管理幅度宜大些。由于管理幅度的大小影响和决定着组织的管理层次，以及管理者的数量等一些重要的组织问题，所以管理者应根据组织的实际情况慎重地选择管理幅度。

管理工具

格·拉丘纳斯的上级所辖下属人数与各种可能存在的联系总数的关系公式：

$$C=N\left[2^{N-1}+(N-1)\right]$$

（四）权责一致原则

权责一致原则是指组织设计必须保持职权与职责的对等一致。

在进行组织设计时，既要明确规定每一管理层次和各个部门的职责范围，又要赋予其完成职责所必需的管理权限。职责与职权必须协调一致，管理者要履行一定的职责，就应该有相应的职权，这就是权责一致原则的要求。

管理名言

法约尔原则：凡权力行使的地方，就有责任。

启示：责任一旦等于零，权力就会成为负数。

阿什定律：徒有责任而没有权力，会摧残一个人的自尊。

启示：有权无责，权易被滥用；有责无权，责易落空。

（五）集权与分权相结合原则

集权与分权相结合原则是指组织设计必须处理好集权与分权的关系。

集权与分权的关系处理得越适当，就越有利于组织的有效运行。一般来说，技术越进步，生产越社会化，协作劳动越紧密，分工越精细，组织就越需要集中统一的指挥与管理，以利于加强组织中各方面的协调配合，更经济合理地利用组织的人力、物力与财力。为了保证有效的管理，必须实行集权与分权相结合的领导体制。将该集中的权力集中起来，该下放的权力下放给下级，这样才能够增强组织的灵活性和适应性。

（六）稳定性与适应性相结合原则

稳定性与适应性相结合原则是指组织结构及其形式既要保持相对的稳定性，不要轻易变动，又必须随组织内外部环境的变化，根据长远目标做出相应的调整。

环境的变化必定影响组织的目标，以及组织中人员的态度和士气。因此，组织必须针对目标和环境的变化做出适应性调整。但是，组织的过多调整变化，也会对组织产生不利的影响。管理者必须在稳定与变化之间寻求一种平衡，使调整既保证组织结构的适应性，又有利于组织目标的实现。

（七）统一指挥原则

统一指挥原则是指组织设计必须保证命令的统一、指挥的统一和系统的垂直性。

根据这一原则，命令应逐级下达，不许发生越级指挥，下级只接受一个上级的领导，只向一个上级汇报并对他负责，如此上下级之间便形成了一个指挥链。在这个指挥链上，上级既能了解下级的情况，下级也容易领会上级的意图。只有这样，才能保证命令和指挥的统一，避免多头领导和多头指挥，使组织最高管理部门的决策得以贯彻执行，提高管理工作的有效性。

管理游戏

游戏规则

（1）参加游戏的所有人伸出食指，放在胸前。所有人的食指都必须托着竹竿，不许用手钩，每个人的食指都不能离开竹竿。

（2）把这根竹竿放到膝盖以下的位置。

（3）任何一个人手指离开竹竿，即违规，必须重新开始。

游戏目标

（1）尽快完成。

（2）高效完成。

【讨论】组织（游戏）如何成功？

【提示】

（1）明确组织目标。

（2）组织关系融洽，行为协调一致。

（3）有分工，但更重合作（“木桶原理”）。

（4）把握好管理幅度（层次），精简才能高效。

（5）关注自己的事，承担自己的职责。

（6）一个英明“领导”的统一指挥。

（7）集权与分权相结合。

（8）不断地自我超越，进行组织变革。

……

三、组织设计的影响因素

（一）战略

战略是影响组织设计最为重要的因素。组织结构与战略的相互关系为：战略的制定必须考虑企业组织的现实；且一旦战略形成，组织结构应做出相应的调整，以适应战略实施的要求。组织结构与战略的关系如表4-1所示。

表4-1　　组织结构与战略的关系

战略类型		组织结构特征
经营定位	专业化	倾向于集权型组织结构，强调内部效率和纵向控制
	多元化	倾向于分权型组织结构，强调内部自主性和结构灵活性
竞争态度	保守型	以集权的刚性为主，强调规范化和严密的控制
	稳健型	集、分权相结合，强调纵向的职能控制和横向的项目协调
	冒险型	以柔性的分权结构为主，注重创新和部门相互间的协调
竞争方式	成本领先	以职能性结构为主，注重规范化、内部效率和稳定性
	差异化	以弹性结构为主，注重横向的合作和纵向的专业化

不同的战略对组织开展的业务活动有不同的要求，这会影响组织设计中的职务设计和部门划分。在目标实施过程中，组织战略重点的改变，会导致组织的工作重点乃至各部门与职务在组织

中重要程度的改变，各管理职务及部门之间的关系也随之改变，组织设计因此发生相应的变化。

（二）组织规模

组织规模是影响组织设计的一个重要因素。随着企业的发展，企业的规模日渐扩大，内容也日趋复杂，对组织管理的正规化要求逐渐提高，管理文件越来越多，对不同岗位以及部门间协调的要求越来越高，组织也越来越复杂。

（三）组织的生命周期

处在不同的生命周期阶段的组织要求有与之相适应的组织结构形态。例如，在企业初始阶段，其组织层级比较简单，管理者很可能同时担任着决策执行者的角色；在企业的衰退阶段，则可能出于开源节流的目的而进行组织层级的调整，如裁员。

（四）外部环境

任何一个组织的运作都不可能脱离一定的外部环境，有效的组织结构是那些与外部环境相适应的结构。

比较早的关于环境与组织结构之间关系的研究是由英国学者汤姆·伯恩斯（Tom Burns）和斯托克（G.M.Stalker）进行的。研究发现，环境一般可分为相对稳定的环境和不稳定的环境。与此相适应的组织结构有两种，即机械式结构和有机式结构。处于相对稳定环境中的组织宜采用机械式结构，而处于不稳定环境中的组织多采用有机式结构。

机械式结构又称科层组织，是设有严格的等级层次、决策高度程序化、权力高度集中化和操作高度标准化的组织；有机式组织是一种相对分散的、分权化的、具有灵活性和适应性的组织。

（五）技术

技术是指把某种材料等资源转化为最终产品的机械力和智力转换过程。很多组织都需要通过技术将投入转化为产品。组织必须适应新技术的发展，设计不同的部门和相应的组织结构。

英国学者沃德伍德（Joan Wardwood）曾调查英国南方近100家制造企业并分析其组织结构。沃德伍德根据技术复杂程度将制造企业的生产技术划分为三类：①小批量单件生产技术，利用该技术生产的产品一般属于定制品，技术含量低，如裁缝依客户要求量身定做西装；②大批量规模生产技术，即大批量生产产品，通常采用装配线方式，将零件组合成部件或成品，如电冰箱和汽车；③持续性流水作业技术，指有连续不断的生产过程，如石化及化工提炼业。沃德伍德发现，组织结构的特征与生产技术类型之间存在一定的对应关系。一般来说，拥有简单技术（小批量单件生产技术）和最复杂技术（持续性流水作业技术）的企业适合有机式结构，因为它们较少程序化和标准化；而拥有大批量规模生产技术的企业则具有标准化和程序化特征，故适合机械式结构。

四、组织设计的内容

（一）职位设计

职位设计是指将若干工作任务组合起来构成一个完整职位。有些职位是常规性的，其任务是标准化和经常重复的；另一些职位则是非常规性的。职位因任务组合的方式而异，而这些不同的组合则提供了多种职位设计选择。

1. 职位设计的要求

没有“放之四海而皆准”的最好的职位设计方法，但理查德·哈克曼和格莱戈·奥海姆所提出的职位特征模型（Job Characteristics Model，JCM）为职位设计提供了一种理论框架。根据这一模型，可以用激励潜力分数（MPS）来衡量一个职位本身对人们的激励程度。

它确定了五种主要的职位特征，分析了它们之间的关系以及对员工生产率、工作动力和满足感的影响。激励潜力分数（MPS）的计算公式为：

MPS=[（技能多样性+任务同一性+任务重要性）÷3]×自主性×反馈

根据职位特征模型，任何职位都可以从以下五个核心维度进行描述。

技能多样性（Skill Variety），指一个职位要求员工使用各种技术和才能从事多种不同活动的程度。

任务同一性（Task Identity），指一项职位要求完成一项完整的和具有同一性的任务的程度。

任务重要性（Task Significance），指一项任务对其他人的工作和生活具有实质性影响的程度。

自主性（Autonomy），指一个职位给予任职者在安排工作进度和决定从事工作所适用的方法方面提供的实质性自由、自主的程度。

反馈（Feedback），指个人为适应职位所要求的工作活动所需获得的有关其绩效信息的直接和清晰程度。

职位设计必须均衡地满足顾客、雇员以及组织的利益。

2. 职位设计的做法

目前，职位设计的做法主要包括职位扩大化、职位轮换、职位丰富化和工作团队。

（1）职位扩大化，是为了克服由于过度的分工而导致的工作过于狭窄的弊端而提出的一种职位设计思想。职位扩大化是指把若干活动合并为一项工作，扩大工作的广度和范围，也就是在水平范围内延展了职位的内容，使员工的工作不再那么单调。

（2）职位轮换，指让员工定期地从一个职位更换到另一个职位上去，从而促进员工技能的多样化，也利于减少工作的单调性。

（3）职位丰富化，指从纵向上充实和丰富工作内容，核心是使从事某职位工作的人有更强的责任感，并给予他们更多的自主权和控制权，从而使员工感觉工作有意义。职位丰富化设计就是将部分管理权限下放给下级，使其在一定程度上自主决定工作内容、工作方法、工作进度等，从而体验工作的内在意义、挑战性和成就感。

（4）工作团队。当职位设计围绕群体时，就形成了工作团队。工作团队享有更大的自主权，除了决定工作内容、工作方法外，甚至可以自主挑选成员、自主考评以及决定奖惩。

扩展阅读：一日厂长

韩国精密机械株式会社实行了独特的管理制度，即让职工轮流当厂长，管理厂务。一日厂长和真正的厂长一样，拥有处理公务的权力。一日厂长若对工人有批评意见，要详细记录在工作日记上，并让各部门的员工收阅。各部门、各车间的主管，得依据批评意见随时改进自己的工作。实行“一日厂长制”后，大部分职工都干过“厂长”，工厂的向心力增强，工厂管理成效显著，实行的第一年就节约生产成本300多万美元。

让企业的每一个成员都更深刻地体会到自己也是企业这个大家庭中的一员，并身体力行地做一回管理者，不仅可以充分调动他们的积极性，也对从多方面看到管理上的不足有积极作用。

现代企业管理的重大责任，就在于谋求企业目标与个人目标二者的一致，二者越一致，管理效果就越好。

（二）管理层次设计

1. 管理层次的划分

管理层次也称组织层次，它是描述企业纵向结构特征的一个概念，是指从企业最高一级管理组织到最低一级管理组织的各个组织等级。每一个组织等级为一个管理层次。在一个组织中，管理层次的多少，应根据组织的任务量与组织规模的大小而定。

2. 确定管理层次时应考虑的因素

管理层次的多少取决于管理幅度的大小，这是由管理幅度的有限性决定的。管理幅度是指上级管理者能够有效地监督、管辖的直接下级人员的数量。产生这种有限性的原因有以下两个。①任何企业管理者的知识、经验和精力都是有限的，因而能够有效领导的下级人数必然也是有限度的。超过一定的限度，就不可能进行有效的领导。②下级人员受其自身知识、专业、能力、思想等素质条件和岗位工作的负担等分工条件的局限，在没有上级领导任何指导的情况下，很难做到完全自觉地、合乎要求地执行和完成计划规定的各项任务，自动、圆满地解决由于分工引起的各种复杂的协调问题，并随时根据变化了的情况主动地、正确地调整自己的工作。这样，下级人员对上级领导的管理幅度也有了限制。若不顾这种限制而任意地加大管理幅度，结果只能是引起管理工作的混乱。

问题思考

“互联网+”背景下的管理层次相比于过去传统的管理层次有何特点？

（三）部门设计

1. 部门的含义及划分方法

部门是指组织中管理者为完成规定的任务有权管辖的一个特殊的领域。“部门”这个术语在不同的组织中有不同的称呼，企业组织称其为分公司、部和处；军队称其为师、团、营、连；政府单位则称其为部、局、处、科等。划分部门的目的在于确定组织中各项任务的分配与责任的归属，以求分工合理、职责分明，有效地实现组织的目标。

组织的部门有多种不同的划分形式，依据不同的划分标准，存在以下几种不同的部门划分方法。

（1）按人数划分。单纯按人数多少来划分部门可以说是一种最原始、最简单的划分方法。军队中的师、团、营、连是用此方法划分的。按人数划分是抽取一定数量的人在管理者的指挥下执行一定的任务。一般来讲，这种划分方法的特点是仅仅考虑人力，因此在现代高度专业化的社会中有逐渐被淘汰的趋势。

（2）按时间划分。这种方法多见于组织的基层。它是在正常工作日的生产活动不能满足工作需要时所采用的一种划分部门的方法。例如，许多工业企业按早、中、晚三班制进行生产活动。此外，交通、邮电、医院等组织也采用这种轮班制的方法进行部门划分。这种划分方法给管理带来的主要问题是监督问题、效率问题以及中晚班费用比较高的问题。

（3）按职能划分。按职能划分部门是最普遍采用的一种划分方法。按职能的不同进行部门划分，即根据生产专业化的原则，以工作或任务的性质为基础来划分部门。这种方法将特定的、互相有联系的工作活动划分到同一个部门。在每一个部门里，员工拥有相似的技能、专长和可以利用的资源。一般来说，企业的主要职能部门是生产、工程、质量、销售、财务等。

按职能划分部门的优点在于：它遵循专业化原则，因此能充分发挥专业职能，使得管理者的注意力集中在组织的基本业务上，有利于目标的实现；另外，简化了训练工作，加强了上层控制。

缺点主要是：由于人、财、物等资源过分集中，不利于开拓边远市场或按照目标顾客的需求组织分工；同时，这种划分方法可能助长部门主义风气，使得部门之间难以协调配合，也会影响组织总目标的实现；另外，职权过分集中，虽容易锻炼部门主管，却不利于高级管理人员的全面培养和提高，也不利于综合型人才的培养。

（4）按产品划分。它是指按组织向社会提供的产品来划分部门。它是随着科学技术的发展，为了适应新产品的生产而产生的。

按产品划分部门有利于发挥个人的技能和专业知识，有利于部门管理者把注意力集中在产品上，有利于产品的产量增长和品类增多。其缺点是：要求更多的人具有全面管理的能力，产品部门独立性强、整体性差，增加了主管部门协调、控制的难度。

（5）按区域划分。它是指按照地理区域划分部门。对于一个规模较大、区域分散的组织来说，按区域划分部门是一种比较普遍的方法。当组织分散在不同区域，各区域的政治、经济、文化等因素影响组织的经营管理时，这种方法才能充分发挥其优势。

这种方法的主要优点是：组织可以把权责下放到地方，鼓励地方参与决策和经营，有利于培养管理人才；有利于地区间的协调，取得地区经营的经济效益。主要缺点是：企业所需的能够派赴各个区域的区域主管比较稀缺，且比较难控制；另外，各区域可能因存在职能机构设置重叠而导致管理成本过高。

这些部门划分的基本方法不是彼此截然独立的，在实际组织设计中，组织往往根据自己的实际情况，采用某种或某几种方法来进行组织部门的划分。例如，一个基本上属于按职能划分部门的组织，也有按产品或区域划分的部门。

2. 部门设计的基本原则

部门划分应遵循分工原则。分工原则告诉我们，一个组织机构越是能够反映为达到组织目标所必要的任务或工作需要，并有助于不同任务或工作之间的协调，同时它所确定的各种职务越是适合于承担这些职务的人的能力和动机，那么它越是一个有效能和有效率的机构。部门设计的具体原则如下。

（1）力求维持最少部门。组织结构是由管理层次、部门结合而成的。组织结构要求精简，因此部门数量应尽量减少。但这种减少是在有效地实现组织目标的前提下进行的。现实中，常常有些管理者坚持在组织结构第一级以下的一切部门，都按照完全相同的方式划分业务工作，建立各级的平衡并以连续性和对等性为特征的刻板结构。这是对部门设计的误解，建立机构的目的不是供人欣赏，而是为了有效地实现目标。

（2）组织机构应具有弹性，部门应随业务的需要而增减。在一定时期划分的部门，并不意味着具有“永久”的性质，它的存在与否决定于目标业务的需要，其增设和撤销应视业务工作而定。

（3）以确保目标的实现为前提，设立必要的职能部门。企业组织的主要职能是生产、销售和财务等，医院的主要职能是医疗服务等，针对此类职能必须设立相应的部门。当某一个职能与两个以上部门有关联时，应将每一部门所负责的工作及职能加以明确。

（4）委派平衡。各部门职务的任务委派应当平衡，避免忙闲不均、工作量分摊不均。

（5）检查类职务部门与业务类职务部门需要分设。考核和检查业务部门工作的人员，不应隶属于受其检查评价的部门，这样就可以避免检查人员“偏心”，真正发挥检查部门的作用。

总之，部门设计解决了因管理幅度的限制而约束组织规模扩大的问题，同时把业务工作安排到各个部门中去，有利于组织目标的实现。由于业务工作的划分难以避免地会带来部门间不协调的问题，因此，在设计部门的同时，也必须考虑这种不协调所带来的消极影响。

（四）职权设计

职权设计就是全面、正确地处理企业上下级之间和同级之间的职权关系，将不同类型的职权合理分配到各个层次和部门，明确规定各部门、各种职务的具体职权，建立起集中统一、上下左右协调配合的职权结构。它是保证各部门能够真正履行职责的一项重要的组织设计工作。

企业各层次、各部门、各种职务所享有的，内容各异、大小不同的各种职权及其相互联系，即企业的职权结构。遵循一定的指导原则，为企业建立一个科学合理的职权结构，是职权设计的任务。因此，职权设计的工作内容取决于职权结构的基本内容，一般包括以下两方面内容。

1. 职权的纵向结构和集权与分权的设计

企业管理组织的不同层次承担着不同的职能，因此，按照"以责定权"的要求，职权就会相应形成纵向结构。纵向结构的职权一般由高层的经营决策权、中层的专业管理权以及基层的作业管理权三个部分组成。将这三个组成部分联结起来，使之成为上下衔接、贯穿到底的纵向系统，靠的是决策权在各个层次的合理配置。

由于决策权贯穿着职权的纵向结构，这就需要我们正确处理决策权的集中与分散的关系，包括从总体上确定企业决策权集中化或分散化的关系，以及决策权的具体配置。完成这一任务的工作，就是集权与分权的设计工作，它是职权设计的一项基本内容。

2. 职权的横向结构和部门职权分立与衔接的设计

职权的横向结构，指的是同一管理层次各个部门的职权配置及相互关系。它与职能结构和部门结构相适应，包括相互联系的三个方面内容：一是按照专业分工，各部门所享有的相应职权；二是按照在各项工作中同级部门之间的协作关系，各自享有的相应职权，如决定权、建议权、确认权、协商权等；三是按照有关部门之间的横向制约关系所确定的监督权。

根据职权横向结构的内容而需要进行的工作，是部门职权分立与衔接的设计。通过这项工作，我们一方面要为各部门配置完成其专业管理工作所必需的、独立行使的职权，保证实现合理的横向分工与有效的横向制约；另一方面，要为部门之间搭接规定相应的职权，以加强协作，促进良好的横向协调。

第二节　组织的基本问题

一、管理幅度与管理层次

（一）管理幅度与管理层次之间的关系

扫一扫

管理幅度与管理层次

管理幅度是指上级管理者能够有效地监督、管辖的直接下属人员的数量。

管理层次是指从企业最高一级管理组织到最低一级管理组织的各个组织等级。

管理层次与管理幅度有关。管理层次的多少取决于管理幅度的大小。在组织规模一定的情况下，管理幅度越大，管理层次越少。管理幅度与管理层次成反比，决定了两种基本的管理组织的结构形态，即扁平结构与高耸结构。扁平结构是指管理层次少、管理幅度大的结构；而高耸结构是指管理幅度较小、管理层次较多的金字塔结构。

1. 扁平结构的优缺点

扁平结构的优点是层次少，有利于缩短上下级距离，密切上下级之间的关系，信息传递速度快，信息失真可能性小，而且管理幅度大使管理者对下属不可能控制得过多过死，使下属更具自主性和创造性。但由于管理幅度过大，也带来一定的局限性，即管理者不能对下属有效地指导和监督，上下级协调较差，也增加了同级之间沟通的困难。

2. 高耸结构的优缺点

高耸结构正好与扁平结构相反。较小的管理幅度使管理者能对下属进行有效指导。但是管理层次过多影响了信息的传递速度，使上下级的意见沟通和交流受阻。

（二）影响管理幅度的因素

在确定管理幅度时，应综合考虑以下几个方面的因素。

1. 管理者与其下属的工作能力

当管理者的自身素质较强、管理经验丰富时，在不降低效率的前提下，组织可适当增加其工作量，加大其管理幅度；同样，若下属人员训练有素，工作自觉性高，组织也可采用较大的管理幅度，让他们在更大程度上实行自主管理，发挥创造性。

2. 工作任务的复杂程度

若管理者经常面临的任务较复杂，解决起来较困难，并对企业活动具有较大影响，则他直接管辖的人数不宜过多；反之，可增大管理幅度。

3. 企业信息沟通渠道的状况

若企业信息沟通渠道畅通，通信手段先进，信息传递及时，可加大管理幅度。

4. 授权

适当的授权可减少管理者的监督时间并节省精力，使管辖的人数增加。责权明确划分，有助于提高各级管理者的办事效率，也可以增大管理幅度。

5. 计划制订的完善程度

事先有良好、完整的计划，工作人员都明确各自的目标和任务，清楚自己应从事的业务活动，则管理者就不必花费过多的精力和时间去指导工作和纠正偏差，那么管理者的管辖幅度就可以大一些。管理幅度大，管理层次就相对少一些；反之，若计划不完整、不具体，管理者的管辖范围受限，管理幅度就相对较小。

二、职权

（一）职权的分类

职权是经由一定的正式程序赋予某一职位的一种权力。换句话说，职权是管理者在职务范围内的管理权限，是其履行管理职能的前提。同职权共存的是职责。正如法约尔所说，职责与职权是孪生子，职责是职权的必然结果和必要补充。作为一名管理者，当处于某一职位担负一定职务时，其必然要尽一定的义务，即职责是某职位应完成某项任务的责任。一个正式组织的职权有三种类型，即直线职权、参谋职权和职能职权。

1. 直线职权

直线职权是某职位或某部门所拥有的包括做出决策、发布命令等的权力，即指挥权。

每一管理层的管理者都应具有这种职权，只不过每一管理层次的职位不同，其职权的大小、范围不同而已。从组织的上层到下层的管理者之间，有一条权力线，这条权力线被称为指挥链或指挥系统，其中的权力指向是由上到下的。由于在指挥链中存在着不同管理层次的直线职权，故指挥链又称层次链。

2. 参谋职权

参谋职权是某职位或某部门所拥有的辅助性职权，包括提供咨询、建议等。

近代组织中出现的参谋及其职权的概念来自军事系统。1807 年，普鲁士军事改革家香霍斯特（G.J.D.Sharnhorst）创建了军事参谋本部体制。所有军事统帅的决策过程，必须依赖参谋部集体智慧的支持来完成。此后，德国、美国等军队内也相继建立了参谋组织，并成为军队中不可缺少的一部分。随着社会的发展，管理问题的日益复杂，“多谋善断”由一人独自来完成已不可能，不仅军事上，在政治、经济等部门都需要出谋划策的参谋人员。

参谋的种类有个人与专业之分。前者即参谋人员。参谋人员是直线管理者的咨询人，他协助直线管理者执行职责。专业参谋常为一个单独的组织或部门，就是一般的“智囊团”“顾问班子”。专业参谋是时代发展的产物，它聚合了一些专家，运用集体智慧，协助直线管理者进行工作。

3. 职能职权

职能职权是某职位或某部门所拥有的原属于直线管理者的那部分权力。

在纯粹参谋的情形下，参谋人员所具有的仅仅是辅助性职权，并无指挥权，但是，随着管理活动的日益复杂，管理者仅依靠参谋的建议还很难做出最后的决定。为了改善和提高管理效率，管理者就可能将职权关系做某些变动，把一部分原属于自己的直线职权授予参谋人员或某个部门的管理者，这便产生了职能职权。

职能职权大部分是由业务或参谋部门的负责人来行使的，这些部门一般由一些职能管理专家组成。例如，一家公司的总经理统揽管理公司全局的职权，他为了节约时间，加速信息的传递，就可能授权财务部门直接向生产经营部门的负责人传达关于财务方面的信息和建议，也可能授予人事、采购、公共关系等顾问一定的职权，让其直接向直线组织发布指示等。

（二）正确处理三种职权的关系

在现代组织中，这三种职权是使组织活动转向组织目标不可分割的整体。

1. 直线职权与参谋职权的关系

直线职权是一种完整的职权，是协调组织的人、财、物，保证组织目标实现的基本权力。拥有直线职权的人有权做出决策，有权进行指挥，有权发布命令。参谋职权则是一种有限度的、不完整的职权，拥有参谋职权的管理者可以向直线管理者提出建议或提供服务，但其本身并不包括指挥权和决策权。参谋职权是一种辅助性的职权，一个组织没有委派任何参谋人员也可以有效地工作。但当一个组织的规模扩大到一定程度，直线职权已不足以应付所面临的许多复杂问题时，就需要设置参谋职权。参谋职权的行使是保证直线管理者做出的决策更加合理与科学的重要条件。

参谋职权可以协助直线管理者解决复杂的管理问题，但是由于参谋职权的特点和它不易为人们所理解，因而它在实际被运用时受到了某些限制，常常带来直线管理者与参谋人员之间的冲突。因此，如何正确处理它们的关系对一个组织来讲是至关重要的。

2. 直线职权与职能职权的关系

职能职权是直线职权的一部分，是从直线职权中分离出来的，因此，职能职权也具有直线职权的特点。但职能职权的范围小于直线职权，它主要解决的是较具体的问题，如怎样做、何时做的问题，绝不能包揽一切直线职权，否则就会削弱直线管理者的地位。同时，职能职权的行使者多是一些有一定专长的参谋人员，因此，它更能从某一专业的角度出发来保证决策的科学性、可行性和实用性，从而大大促进管理效率的提高。

管理中直线职权与职能职权是相当重要的，其关系必然会影响组织的运作，处理不好会引起冲突和更多的时间及效率的损失。因此，如何正确处理它们的关系也是组织所要考虑的问题。

三、授权

组织当中职权经常需要在不同的层级上被分配，当一个组织经常需要以临时小组的方式进行某种非常规活动时更是如此。因而，授权的问题在现代组织中就变得越来越重要了。

（一）授权的含义

所谓授权，就是指上级赋予下级一定的权力和责任，使下级在一定的监督之下，拥有相当的自主权而行动。授权并不意味着责任下放。授权只是把一部分权力分散给下级，而不是把与“权”同时存在的“责”分散下去。授权者对被授权者有指挥、监督权，被授权者对授权者负有汇报情况及完成任务之责。

授权对于一个组织的发展来说是十分重要的。管理者进行授权的主要原因有：可使高层管理者从日常事务中解放出来，专心处理重大问题；让下属在工作中有一定的权力自由，从而调动其工作的积极性和主动性；让下属有机会单独处理问题，从而提高了下属的管理能力，有利于培养管理者；通过授权，上级可以把自己不会或不精的工作委托给有相应专长的下属去做，从而弥补了授权者自身的不足。正确授权不仅对组织运行和发展极为重要，也是一项极具挑战性的工作。

管理故事

《汉书》卷七十四魏相丙吉传记载，丙吉是西汉时期一位非常贤能的丞相，是从一个小狱吏逐步被提拔到丞相高位的。他一生兢兢业业，始终都在努力学习诗书礼等儒家经典，深通治国之道。他辅佐汉宣帝，励精图治，使得“吏称其职，民安其业”，因此《汉书》对宣帝大为赞赏，曰：“功光祖宗，业垂后嗣，可谓中兴，侔德殷宗、周宣矣！”

有一次丙吉丞相外出，在路上正好遇见为皇帝外出清除道路、驱赶行人的侍卫与百姓发生了群斗，死伤横道。丙吉从那儿经过时却不闻不问。同行官员掾史觉得很奇怪，又不敢问他，只得陪同往前走。走到另一个地方，他们看见有人赶着一头牛，这头牛走得气喘吁吁。这时，丙吉让车子停下来，派侍卫问赶牛的人：“你赶这头牛走了几里路了？”

掾史觉得丞相莫明其妙，刚才路上死伤了那么人都不闻不问，这会儿却对一头牛的情况却很关注，于是就讥笑着对丙吉说：“丞相您是不是搞错了，您该问的不问，不该问的却问个没完。”

丙吉意味深长地对掾史说：“百姓相斗而死伤了人，管这种事是长安令、京兆尹等官员的职责，应由他们派人去抓捕、审理。到年终丞相只负责考核他们的政绩是优还是劣，根据考核的结果奏明皇上对他们进行奖赏或惩罚就是了。作为当朝丞相，不应该亲自管一些不该自己去管的琐事，所以刚才路过群斗的现场，我就不加过问。可奇怪的是，现在正是春令时节，天气不应该太热，我怕那头牛没走多少路就喘得那么厉害，是因为太热了。若是春令天就那么热，那是时令失调，不符合节气的征兆。气候反常对农作物和人都可能带来灾害。我身为丞相，是朝廷百官之首，我的职责就是要使国家风调雨顺、国泰民安。只要是有关这方面的情况，我都要争取预先搞清楚，才能做到心中有数。所以，我对牛喘得厉害的现象就不能不亲自过问了。”掾史听后十分佩服。

这是中国历史上一个很典型的有关如何授权的故事。企业经理如果缺乏有效的授权技巧，工作不但不可能轻松，也不见得会有什么大的成效。所以，要做好一名称职的企业经理，就要从日常的一些琐事中抽身而出，去做一名经理人应该做的事。就好比故事中的丙吉丞相，如果他去管理那些斗殴等琐事，那他绝不会成为一名卓越的西汉丞相。

（二）授权应遵循的基本原则

授权看起来似乎很简单，但很多研究表明，由于管理者授权不当所导致的失败要比其他原因导致的失败多得多。因此，每一位管理者都要注意研究授权的方法和技巧。怎么才能做到正确授权呢？

1. 明确授权的目的

没有明确目的的授权，会使受权者在工作中摸不着边际、无所适从，授权者必须让受权者明确所授事项的任务目标及权责范围，使其能十分清楚地工作。

2. 职、权、责、利相当

为了保证受权者能够完成所分派的任务，并承担起相应的责任，授权者必须授予其充分的权力并许以相应利益，授权要做到职、权、责、利相当。也就是说，所授予的权力应能保证受权者履行相应职责、完成所授任务，做什么事给什么权；而受权者对授权者应负的责任大小应与授权者所授予的权力大小相当，有多大的权力就应该承担多大责任；给予受权者的利益必须与其所承担的责任大小相当，有多大的责任就应承诺给予多大的利益。权力太少是受权者无法尽责的普遍原因；权力过大常常会造成对他人职权范围内事务的干涉；缺乏利益驱动则是受权者不愿过多承担责任的主要原因。

3. 统一指挥原则

从理论上讲，一个下级同时接受两名以上上级的授权并承担相应的责任是可能的，但在实际工作中存在着较大的困难。因此，通常要求一个下级只接受一个上级的授权，并仅对一个上级负责，这就是统一指挥原则。

统一指挥原则要求：全局性问题由高层直接决策，不授权于下级；各部门间分工明确，不交叉授权；不越级授权，授权者如发现下属职权范围内的事务有问题，可以向下属询问、建议、指导，甚至在必要时命令、撤换下属，但不要越过下级去干涉下级职权范围内的事务。

4. 正确选择受权者

在选择受权者时，应根据所要分派的任务，来选择具备完成任务所需条件的受权者，以避免出现不胜任或不愿受权等情况。应根据所选受权者的实际能力，授予相应的权力和对等的责任。对既能干又肯干的，要充分授权；对适合干但能力有所欠缺或能力强但有可能滥用权力的，要适当保留决策权。为了正确选择受权者，在授权前，除对受权者进行严格考察外，还可以“助理”“代理”等名义先行试用，再对试用合格者正式授权。

5. 加强监督控制

由于授权者要对受权者的行为负责，授权者必须加强对受权者的监督控制。不愿授权和不信任下级的情况多半是因为担心失去控制。因此，授权者要建立反馈渠道，及时检查受权者的工作进展情况及权力的使用情况。对于确属不适合此项工作的，要及时收回权力，更换受权人；对滥用权力的，要及时予以制止；对需要帮助的，要及时予以指点，从而保证既定目标的实现。另外，要注意控制不是去干预受权者的日常行动，也不是为了保证不出任何差错，因为人人都有可能会犯错误，只有允许受权者犯错误，受权者才愿意接受授权，并在实践中成为合格的管理者。

管理故事

有一个国王老待在王宫里，感到很无聊，为了解闷，他叫人牵了一只猴子来给自己做伴。猴子因为天性聪明，很快就得到国王的喜爱。这只猴子到王宫后，国王给了它很多好吃的东西，猴子渐渐长胖了，国王周围的人都很尊重它。国王对这只猴子更是十分信任和宠爱，甚至连自己的宝剑都让猴子拿着。

在王宫的附近，有一片供人游乐的树林。当春天来临的时候，这片树林看上去美极了，成群结队的蜜蜂嗡嗡地咏叹着爱神的光荣，争芳斗艳的鲜花散发着扑鼻芳香。国王被那里的美景所吸引，带着王后去了树林的深处。他把所有的随从都留在树林的外边，只留下猴子给自己和王后做伴。

国王在树林里好奇地游了一遍，感到有点疲倦，就对猴子说："我想在这座花房里睡一会儿。如果有什么人想伤害我，你要竭尽全力来保护我。"说完这几句话，国王就睡着了，接着，王后也在国王身边睡着了。一只蜜蜂闻到花香飞了过来，落在国王头上。猴子一看就火了，心想："这个家伙竟敢在我的眼前蜇国王！"于是，它就开始驱赶。但是这只蜜蜂被赶走了，又有一只飞到国王身上。猴子大怒，抽出宝剑就朝蜜蜂砍下去，结果把国王的脑袋给砍了下来。

同国王睡在一起的王后被吓了一跳，爬起来大声喊道："哎呀！你这个傻猴子，你究竟干了什么事儿呀！"

猴子把事情的经过原原本本地说了一遍，被后来赶到的人们骂了一顿，然后被带走了。

这个故事对管理的启示是深刻的。"国王"作为管理者首先将保护的权力授给了无法承担保护责任的"猴子"；然后在对"猴子"授权后没有进行有效的监督与约束，不仅将宝剑交给了"猴子"，还把一直尽职尽责保护自己的随从也支开。正是这种不科学的授权，最终导致了悲剧发生——国王的脑袋被猴子砍了下来。

问题思考

企业管理者不可能事必躬亲，对下属进行授权是必要的，但是，怎样授权才是科学的、有效的呢？

四、集权与分权

（一）集权与分权的定义

集权是指决策权在组织系统中较高层次的一定程度的集中。

分权是指决策权在组织系统中较低层次的一定程度的分散。

集权与分权是两个相对的概念。绝对的集权意味着职权全部集中在一个管理者手中，组织活动的所有决策均由管理者做出，不存在下级管理者。这在现代社会经济组织中是不存在的。而绝对的分权则意味着全部权力分散在各个管理部门，没有上级管理者，也不存在组织。

（二）集权与分权的标志

集权与分权在组织中只是个程度问题，有的组织集权程度高一点，有的分权程度高一点。衡量一个组织的集权或分权程度的标准主要有下列几个。

1. 决策数量的多少

组织中较低管理层次做出的决策数量越多，则分权的程度就越高；反之，高层决策数量越多，则集权程度就越高。

2. 决策的重要性

组织中较低层次做出的决策越重要，影响面越广，则分权的程度越高；相反，下级做出的决策越次要，影响面越小，则集权程度越高。决策的重要性一般以决策涉及的费用来衡量，费用多者一般较为重要。

3. 对决策的控制程度

组织中较低层次做出的决策，上级要求审核的程度越低，分权程度越高；如果上级对下级的决策根本不要求审核，则分权的程度最高；如果下级做出决策之后必须立即向上级报告，则分权的程度就低一些；如果下级必须请示上级之后才能做出决策，则分权的程度就更低。下级在做决策时需要请示的人越少，分权程度就越高。

（三）影响分权的因素

组织中集权与分权的程度，是随条件变化而变化的。对一个组织来说，其集权或分权的程度，应依据以下各种因素进行确定。

1. 决策的代价

一般来说，决策失误的代价越高，越不适宜被交给下级人员处理。高层管理者常常亲自负责重要的决策，而不轻易授权给下级人员处理。

2. 政策的一致性

如果高层管理者希望保持政策的一致性，即在整个组织中采用统一的政策，则势必趋向于集权化，因为集权是达到政策一致性最方便的途径。如果高层管理者希望政策不一致，即允许各单位根据客观情况制定各自的政策，则势必会放松对职权的控制程度。

3. 组织的规模

组织规模较小时，一般倾向于集权，这是因为高层管理者有足够的时间和精力直接制定和组织实施大部分决策。当组织规模扩大后，集权管理不如分权管理有效和经济，这是因为组织规模扩大后，组织的层次和部门会因管理幅度的限制而不断增加。

4. 组织的成长

从组织成长的阶段来看，组织在成立初期绝大多数都采取和维持高度集权的管理方式。随着组织逐渐成长，规模日益扩大，则管理方式由集权逐渐转向分权。

5. 管理哲学

有些组织采用高度集权制，有些组织推行高度分权制，原因往往是高层管理者的个性和管理哲学不同。专制、独裁的管理者不能容忍别人侵犯他们的权力，往往采取集权式管理；反之，则会倾向于分权。

6. 管理者的数量与素质

组织中管理者是否充足，现有管理者素质的高低，与组织能否实行分权也有关系。管理者不足或素质不高可能会限制组织实行分权，这是由于下授的决策权要交给训练有素的管理者。即使高层管理者有意分权，若没有下属可以胜任，也不能成事。相反，如果管理者数量充足、经验丰富、训练有素、管理能力强，则可进行分权。

7. 控制的可能性

不可因分权失去对下属的有效控制。高层管理者在将决策权下授时，必须同时保持对下属的工作和绩效的控制。一般来说，控制技术与手段比较完善，对下属的工作和绩效控制能力强的管理者，可较多地分权。

8. 职能领域

组织的分权程度也因职能领域而异，在有些职能领域管理者需要大力分权，有些则相反。例如，在企业的经营职能领域中，生产和销售业务分权程度往往很高。原因非常简单，生产和销售业务的管理者要比其他人更熟悉生产和销售工作。但在财务职能领域中的某些业务活动需要高度集权，只有集权，高层管理者才能保持其对整个组织财务的控制。

9. 组织的动态特性

组织的动态特性也会影响组织分权的程度。如果一个组织正处于迅速成长的过程中，并面临着复杂的扩充问题，组织的高层管理者可能不得不做出很多的决策。高层管理者在无法应付的情况下会被迫向下分权。一些历史悠久、根基稳固的组织，一般倾向于集权。

此外，在影响组织分权程度的因素中，也包括许多组织无法控制的外部因素，如政府的行政干预、各种经济法规和政策等。

管理故事：王厂长的等级链

王厂长总结自己多年的管理实践，提出在改革工厂的管理机构中必须贯彻统一指挥原则，主张建立执行参谋系统。他认为，一个人只有一个“婆婆”，即全厂每位管理者发出的命令只对一个人有效，对其他人是无效的，如科长只能听从一个副厂长的命令，其他副厂长的指令对他是不起作用的……

你对王厂长的做法有何评论？

五、正式组织和非正式组织

按组织形成方式，可以将组织划分为正式组织与非正式组织。

正式组织是指这样的社会群体：具有明确的目标；有明确规定的责、权、利；有明确规定的各个岗位之间的相互关系；其组织制度和规范对成员有正式的约束力。正式组织的成员是以效率为行为准则的。

非正式组织是指这样的社会群体：没有明确的目标；没有明确的岗位分工；更没有明确规定的责、权、利及相互之间的关系。非正式组织的成员以感情为行为准则。这些组织可能存在于正式组织中，也可能独立于正式组织之外，如各种俱乐部、协会等群体就是这类组织。非正式组织形成的原因很多，如工作关系、兴趣爱好、血缘关系等。

不管我们承认与否、允许与否、愿意与否，非正式组织总是存在着的。非正式组织的存在及其活动，既可能对正式组织目标的实现起到积极的促进作用，也可能对其产生消极的影响。正式组织若想目标有效实现，要积极利用非正式组织，努力克服和消除它的不利影响。要允许甚至鼓励非正式组织的存在，为非正式组织的形成提供条件，并努力使之与正式组织相吻合。例如，在正式组织开始运转以后，应注意开展一些必要的联欢、茶话会、旅游等旨在促进成员间感情交流的非工作活动，为他们提供业余活动场所，在客观上为非正式组织的形成创造条件。非正式组织形成以后，正式组织既不能利用行政方法或其他强硬措施来干涉其活动，也不能对其放任自流，因为那样有产生消极影响的危险。对非正式组织应加以引导，使之有助于组织目标的实现。

问题思考

1. 为什么组织中会存在着非正式组织？
2. 非正式组织对正式组织会有什么影响？
3. 管理者应该禁止非正式组织的存在吗？管理者应该利用非正式组织吗？

第三节　几种常见的组织结构

一、直线制组织结构

直线制组织结构是最早、最简单的一种组织结构形式。它的特点是组织中各种职务按垂直方式直线排列，各级管理者对所属下级拥有一切直接的职权，组织中每一个人只能向一个直接上级报告。直线制组织结构如图 4-1 所示。

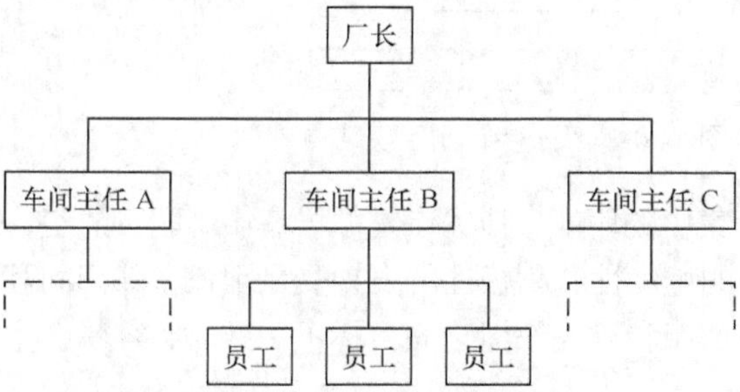

图 4-1　直线制组织结构

扫一扫

组织形式

直线制组织结构的优点是结构比较简单，权力集中，责任分明，命令统一，联系简捷，便于统一指挥以提高工作效率。其缺点是在组织规模较大的情况下，所有的管理职能都集中由一人承担，个人往往由于知识及能力有限而感到难以应付，可能会出现较多失误。

直线制组织结构只适用于那些没有必要按职能实行专业化管理的小型组织，或者是现场作业组织。

二、职能制组织结构

职能制组织结构与直线制组织结构正好相反，该结构组织内除配有通晓各种业务的专门人员外，还设有职能机构，组织把相应的管理职责和权力交给这些机构，各职能机构在自己的业务范围内可以向下级下达命令和指示。

职能制组织结构的特点是：组织内除直线主管外还相应地设立了一些职能机构，分担某些职能管理的业务。这些职能机构有权在自己的业务范围内，向下级单位下达命令和指示，因此，下级直线主管除了接受上级直线主管的领导外，还必须接受上级各职能机构的领导和指示。

职能制组织结构的优点是：有利于对整个企业实行专门化的管理，发挥企业各方面专家的作用，减轻各级主管领导的工作负担。其突出的缺点是：由于实行多头领导，容易出现“政出多门”、指挥和命令不统一的现象，妨碍企业生产经营活动的集中统一指挥，造成管理混乱，不利于管理责任制的推行，也有碍工作效率的提高。因此，这种组织结构在实践中应用较少。

三、直线—参谋制组织结构

直线—参谋制组织结构吸收了直线制和职能制两种结构形式的优点，并克服了其缺点。它的特点是设置了两套系统。一套是按统一指挥原则组织的指挥系统，另一套是按专业化原则组织的管理职能系统。直线部门和人员在自己的职责范围内有决定权，对其下级的工作进行指挥和发布命令，并负全部责任；而职能部门和人员仅是直线主管的参谋，只能对下级机构提供建议和业务指导，没有指挥和命令的权力。图4-2所示就是这种形式的组织结构。

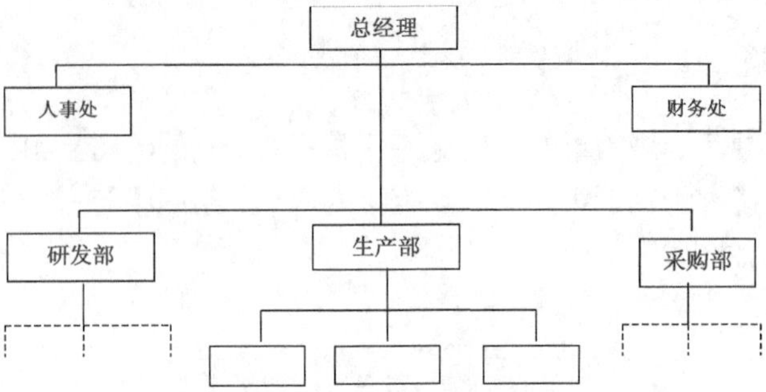

图4-2　直线—参谋制组织结构

这种结构的组织行使的是高度集中的职能，其优点是领导集中、职责清楚，整个组织具有较高的稳定性。而其缺点是下级部门的主动性和积极性的发挥受到限制，部门间互通情报少，不能集思广益地做出决策。当职能参谋部门和直线部门之间目标不一致时，容易产生矛盾，致使上层主管的协调工作增加。

这种组织结构对中、小型组织比较适用，但对于规模较大、决策时需要考虑较多因素的组织则不太适用。

四、事业部制组织结构

事业部制组织结构最早起源于美国的通用汽车公司。20世纪20年代初，通用汽车公司合并收购了许多小公司，企业规模急剧扩大，产品种类和经营项目增多，而内部管理却十分混乱。当时担任通用汽车公司常务副总经理的 P. 斯隆参考杜邦化学公司的经验，以事业部制组织结构于1924 年完成了对原有组织的改组，使通用汽车公司的整顿和发展获得了很大的成功，成为实行事业部制的典型，因此事业部制又称“斯隆模型”。

事业部制就是按照企业所经营的业务，包括按产品、地区、顾客（市场）等来划分部门，设立若干事业部。事业部是在企业统一领导下，拥有自己的产品和独立的市场，拥有一定的经营自主权，实行独立经营、独立核算的部门。事业部既是受公司控制的利润中心，具有生产和管理的职能，又是产品责任单位或市场责任单位，对产品设计、生产制造及销售活动负有统一领导的职能。这种组织结构最突出的特点是“集中决策，分散经营”，即总公司集中决策，事业部独立经营，这是在组织领导方式上由集权制向分权制转化的一种改革。事业部制组织结构如图4-3所示。

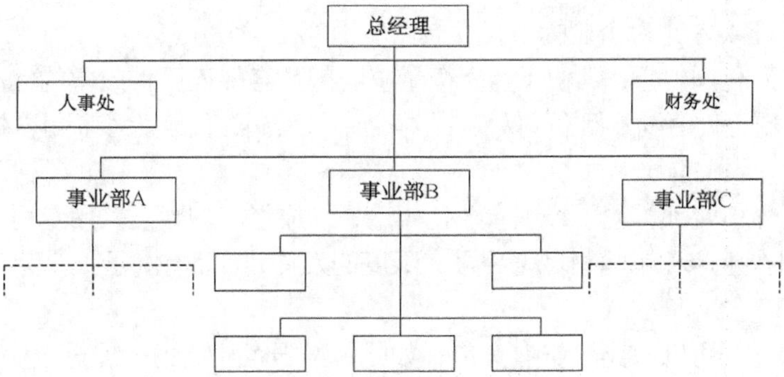

图 4-3　事业部制组织结构

（一）事业部制组织结构的主要特点

（1）按企业的产出将业务活动组合起来，成立专业化的生产经营部门，即事业部。例如，产品品种较多，每种产品都有各自市场的大企业，可按产品设置若干事业部，凡与该产品有关的设计、生产、技术、销售、服务等业务活动，均组织在这个事业部之中，由该事业部总管；在销售地区广、工厂分散的情况下，企业可按地区划分事业部；如果顾客类型和市场不同，还可按顾客（市场）成立事业部。这样，每个事业部都可独立完成产品或服务的生产经营全过程，为企业贡献一份利润。

（2）在纵向关系上，按照“集中决策，分散经营”的原则，处理企业高层领导与事业部之间的关系。实行事业部制，企业最高领导层要摆脱日常的行政事务，集中力量研究和制定企业发展的各种经营战略和经营方针，而把管理权限最大限度地下放到各事业部，使它们能够依据企业的政策和制度，自主经营，充分发挥各自的积极性和主动性。例如，通用汽车公司当初按照斯隆模型改组后，各事业部出售的汽车价格必须在公司规定的价格幅度内，除此之外，它是完全自治的。

（3）在横向关系方面，各事业部均为利润中心，实行独立核算。这就是说，实行事业部制，意味着把市场机制引入企业内部，各事业部间将遵循等价交换原则进行经济往来，建立商品货币关系。

（4）企业高层和事业部内部，仍然按照职能制结构进行组织设计。企业高层组织为了实现集中控制下的分权，提高整个企业管理工作的经济性，要根据具体情况设置一些职能部门，如资金供应和管理、科研、法律咨询、公共关系、物资采购等部门。事业部为了经营自己的事业，也要建立管理机构。事业部因规模较小，产品单一，故一般采用职能制结构。由此可见，事业部制与职能制组织结构相比，主要区别在于其企业最高层领导下的第一级部门，是按照事业部分设的还是按照职能部门分设的。

（二）事业部制组织结构的主要优点

在企业规模很大、产品多样化、地区分散的情况下，事业部制组织结构具有以下主要优点。

（1）每个事业部都有自己的产品和市场，能够规划其未来发展，也能灵活自主地适应市场出现的新情况并迅速做出反应。所以，这种组织结构既有高度的稳定性，又有良好的适应性。

（2）有利于最高领导层摆脱日常行政事务，成为坚强有力的决策机构，同时又能使各事业部发挥经营管理的积极性和创造性，从而提高企业的整体效益。

（3）事业部经理虽然只负责领导一个比所属企业小得多的单位，但是，由于事业部自成系统、独立经营，相当于一家完整的企业，所以，它能经受企业高层管理者面临的各种考验。显然，这有利于培养全面管理人才，为企业的未来发展储备干部。

（4）事业部作为利润中心，既便于建立衡量事业部及其经理工作效率的标准，进行严格的考核，也使得企业高层管理者易于评价每种产品对企业总利润的贡献大小，用以指导企业发展的战略决策。

（5）按产品划分事业部，便于组织专业化生产，形成经济规模，采用专用设备，并能使个人的技术和专业知识在生产和销售领域得到最大限度的发挥，因而有利于提高劳动生产率和企业经济效益。

（6）各事业部之间可以有比较、有竞争，如此可增强企业活力，促进企业的发展。

（7）各事业部自主经营，责任明确，使得目标管理和自我控制能有效地进行，在这样的条件下，高层管理者的管理幅度便可以适当扩大。

（三）事业部制组织结构的主要缺点

（1）各个事业部都需要设置一套齐备的职能机构，因而用人较多，费用较高。

（2）各事业部自主经营、独立核算，考虑问题往往从本部门出发，忽视整个企业的利益，影响各事业部间的协作。

（四）事业部制组织结构的使用范围

事业部制组织结构主要适用于品种多样化、各有独立的市场，而且市场环境变化较快的大型企业。

五、矩阵制组织结构

企业作为商品生产者和经营者，为谋求盈利和发展，必须关心业务活动的最终成果，满足市场和用户的需要。为了确保取得这样的成果，就要明确与该成果有关的人员或部门的责任。在这种情况下，固然可采取按产品（或项目）成立部门的办法来达到目的，但是，由于种种原因，这种做法可能行不通。例如，产品的生产规模不大，为生产该产品而配备的各种专业人员和设备的负荷不足，利用率低；在产品研制过程中往往临时需要一些人员、设备和部门，用过之后就不再需要了，因而他（它）们不能被固定在一个产品部门之内；因环境多变，该产品的生产可能是短期的，完成之后会继续生产别的产品，而产品事业部却不能频繁地变化产品。

类似上面的情况集中为一点，就是技术和经济的因素，决定了一些企业不可能对每一种产品（或项目）都单独而固定地配备人员与设备，然而又要求有人对产品（或项目）的开发和利润负起明确的责任。于是，矩阵制组织结构应运而生。

矩阵制组织结构，又称规划—目标结构，是把按职能划分的部门和按产品（或项目、服务、规划等）划分的部门结合起来组成一个矩阵，即在同一组织内部，既设置具有纵向报告关系的若干职能部门，又建立具有横向报告关系的若干产品部门（或项目小组），从而将纵向和横向管理系统相结合，形成矩阵制组织结构。矩阵制组织结构如图4-4所示。

（一）矩阵制组织结构的主要特点

（1）一个职工（或部门）有两位领导。职能制组织结构遵循的是一个职工（或部门）只有一个上级领导的管理原则，矩阵制组织结构则突破了这一原则。例如，为开发某种新产品，从各职能部门调集有关的不同专业人员，组成工作小组或委员会，由产品经理（或项目经理）负责。参加该项目的有关人员，就要接受双重领导。在执行日常工作任务方面，接受原部门的垂直领导；

在执行具体规划任务方面，接受产品经理（或项目经理）的领导。

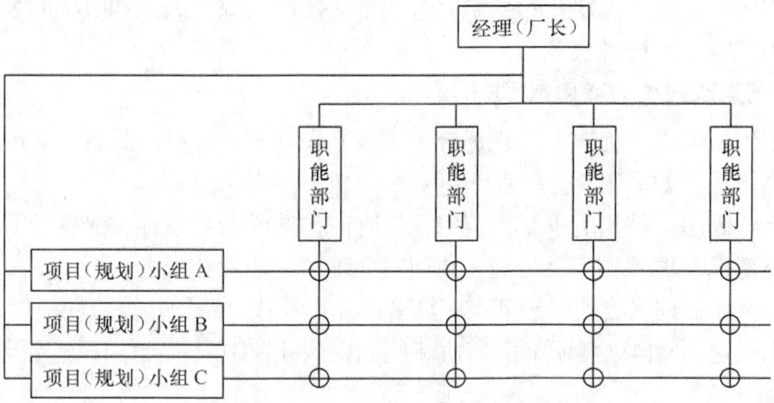

图 4-4　矩阵制组织结构

（2）组织内部有两个层次的协调。在集权的职能制组织结构体制下，职能部门之间产生分歧而无法解决，要靠上级管理者进行协调。在矩阵制组织结构中，为了完成某一特定任务，产品经理（或项目经理）和职能部门经理之间，以及项目小组内部各成员之间进行直接接触，达到彼此协调和配合的目的。只有这个层次的协调无法解决分歧时，才需要上级管理者进行高层次的协调。

（3）产品部门（或项目小组）所形成的横向联系灵活多样。在时间上，产品经理（或项目经理）可以是临时的，即任务完成以后就撤销；有的也可以长期不变。在管理范围上，有的生产经营活动按矩阵制结构组织，有的也可采取其他形式组织。

（二）矩阵制组织结构的主要优点

（1）有利于加强各职能部门之间的协作配合。通过具有横向报告关系的管理系统，把各职能部门的有关人员联系起来，便于沟通信息、交换意见；同时，有关的职能人员参加了项目小组以后，承担着共同的任务和目标，整体观念得到了加强，这些显然能够促进职能部门之间的协作。

（2）有利于顺利完成规划项目，提高企业的适应性。采用矩阵制组织结构，组织可根据完成某一特定任务的要求，把具有各种专长的人员调集在一起，集思广益、各展其能，加之横向协调方面的优越性，有利于该项目任务的顺利完成。当更换另一个新任务时，又可灵活机动地根据新任务，需要什么样的人员，就调集什么样的人员。所以，这种组织结构能提高中层和基层管理的灵活性及工作效率，从而提高整个企业的适应性。

（3）由于矩阵制组织结构内部有两个层次的协调，这样就能够减轻上级管理者的负担，有利于高层管理者集中精力制定战略目标、决策和规划，以及对执行情况进行监督。

（4）有利于职能部门与产品部门相互制约，保证企业整体目标的实现。由于市场竞争日趋激烈，企业获得成功的关键因素往往不止一个。矩阵制组织中的职能部门，受其分工的局限，注重质量、成本等因素，而产品部门则负有创新的使命。只要赋予它们相应的职权，通过沟通和协调，就能做到统筹兼顾，以保证实现企业的整体目标。

（三）矩阵制组织结构的主要缺点

（1）组织的稳定性较差。按产品或项目成立的组织，其成员经常变动，人事关系不稳定。同时，小组成员来自各职能部门，任务完成后仍要回去，容易产生临时干活的观点。

（2）双重领导的存在，容易产生责任不清、多头指挥的混乱现象。为此，职能部门、产品部门和下级单位的人员之间，需要花费大量的时间进行沟通，致使碰头和解决冲突的会议过多。

（3）机构相对臃肿，用人较多。

（四）矩阵制组织结构的适用范围

根据矩阵制组织结构的优缺点，它适合于因技术发展迅速和产品品种较多而具有创新性强、管理复杂特点的企业，如军工工业、航天工业（飞机、导弹）公司。

为了克服矩阵制组织结构的不足，组织设计时应创造必要的条件，最主要的是必须明确地、合理地规定职能部门管理者和产品经理（或项目经理）的职责和权力。

一般来说，产品经理（或项目经理）应具有产品设计权、费用预算权和项目计划权。其把项目的计划制订出来之后，再同各职能部门协商他们在该计划中应承担的任务及所需成本，最后交由上级领导审批。

职能部门管理者则应拥有领导本部门所有人员，以及指挥他们从事的专业工作的职权。这样，尽管在一些边缘领域，仍然可能有一定程度的不明确之处及矛盾，但多数情况下能够解决指挥不统一的问题。

扩展阅读

民营企业组织发展常见弊病

组织管理中的组织结构好比是一个人的骨架，组织管理中的部门、岗位职能设置、制度保障、管理流程确定好比是一个人的肌肉与血液，必须确保它们的稳定性与协调性，才能保护身体器官很好地执行指示和命令，支撑人体的运动过程。凭借过人的胆识、气魄与智慧，许多改革开放的“弄潮儿”经过10年、20年的拼搏逐渐成为国内自由竞争市场的中坚力量，企业的资本积累已达相当规模。但随着时代的发展和进步、市场格局的改变、竞争的日趋激烈，绝大多数民营企业面临着“二次创业”。此时，固有的组织管理模式因存在不同程度的弊病而不能适应企业“二次腾飞”的需要，成为阻碍企业发展的绊脚石。企业迫切需要组织变革来改变“裹足不前”的困状。

组织结构方面的弊病主要表现为以下几点。

1. 组织结构定位不清晰，不能适应企业发展与战略转变需要；组织结构臃肿、机构庞杂、管理层级多、人员众多，造成办事效率低、流程复杂、执行力差；组织结构单薄、功能不全；组织“智商”未能对企业发展战略形成有力支持。

2. 内控体系不完善，监督检查职能不完整，总部对分部管理失控或漏洞很多。

岗位职责方面的弊病主要表现为以下几点。

1. 部门职能，岗位职责、职权不明确，因职责、职权、职务不对等，导致相互扯皮，效率低下。

2. 岗位任职要求缺乏或不明确。

3. 岗位做不到按需设置，按“人”设置情况普遍。

4. 因职责、职权含混不清，常造成管理流程通道不畅或堵塞。

人员结构方面的弊病主要表现为以下几点。

1. 人员队伍老龄化现象比较严重，思想固化，不利于新知识的吸收及组织创新。

2. 人员队伍学历层次普遍偏低，不利于企业的管理与发展。

3. 以本地人居多，本位思想较严重，不利于外地优秀人才的引进与融入。

4. 接班人计划、干部梯队的建设跟不上企业快速发展的步伐，执行力差，人才断档，支持乏力。

配套重要制度方面的弊病主要表现为以下两点。

1. 缺乏系统、公平的薪酬制度，“以人为本”现象居多，而非“以岗为本”，不能够真实反映岗位的价值。

2. 缺乏系统的考核体系，无法通过有效的考核真正考核员工之间的工作差距，从而使激励缺乏客观的标准，无法实现通过贡献大小拉开收入差距、调动员工积极性、增强责任感的目的。

第四节　人员配备

一、人员配备的含义及方法

（一）人员配备的含义

管理学中的人员配备，是指对管理者进行恰当而有效的选拔、培训和考评，其目的是配备合适的人员去充实组织机构中所规定的各项职务，以保证组织活动的正常进行，进而实现组织的既定目标。

（二）人员配备的方法

人员配备工作必须按照系统的方法来进行，即组织目标和计划是组织结构设计的依据，现有的和预期的组织结构，决定了所需管理者的数量和种类。要做好管理者需求分析，在征聘、选拔、安置和提升的过程中，要充分利用外部的和内部的人才资源，同时还要对管理者进行考核、训练和培养。人员配备要求采取开放的系统方法，这种方法要在组织内部贯彻，反过来又和外部环境有关。组织内部因素应被重视，没有适当的报酬，就不能吸引、留住优秀的管理者。外部环境也不容忽视，否则就会阻碍组织的正常发展。

二、人员配备的原则

扫一扫

人员配备的原则

要根据组织结构所规定的职务的数量和要求，对所需人员进行恰当而有效的配备，必须坚持以下几个重要的人员配备原则。

（一）因事择人原则

所谓因事择人，是指应以所设职位和工作的实际要求为标准，来选拔符合标准的各类人员。选拔取人的目的在于使其担当一定的职务，并能按照要求从事与该职务相对应的工作。要使工作圆满完成并卓有成效，首先要求在保证工作效率的前提条件下安排和设置职位；其次要求占据该职位的人员应具备相应的知识和工作能力。因此，因事择人是实现人事匹配的基本要求，也是组织中人员配备的首要原则。

（二）因材器用原则

所谓因材器用，是指根据人的能力和素质的不同，为其安排不同的工作。从组织中人的角度来考虑，只有根据人的特点来安排工作，才能使人的潜能得到最充分的发挥，使人的工作热情得到最大限度的激发。如果学非所用、大材小用或小材大用，不仅会严重影响组织效率，也会造成人力资源计划的失效。

（三）用人所长原则

所谓用人所长，是指在用人时不能够求全责备，管理者应注重发挥人的长处。在现实中，由于人的知识、能力、个性发展是不平衡的，组织中的工作任务要求又具有多样性，因此，完全意义上的"通才""全才"是不存在的。即使存在，组织也不一定非要选择这种"通才"，而应该选择最适合空缺职位要求的候选人。

（四）动态平衡原则

处在动态环境中的组织，是不断变革和发展的。组织对其成员的要求也是在不断变动的，当然，工作中人的能力和知识也是在不断提高和丰富的。因此，人与事的配合需要进行不断的协调平衡。所谓动态平衡，就是要使那些能力充分的人，去从事组织中更为重要的工作，同时也要使能力平平、不符合职位需要的人被识别出来或得到合理的调整，最终实现人与职位、工作的动态平衡。

趣味阅读

假设你有机会担任《西游记》的演出任务，你会选择哪一个角色呢？

（1）有哲学头脑的唐僧。

（2）有行动能力的孙悟空。

（3）滑稽可爱的猪八戒。

（4）随和低调的沙和尚。

唐僧——完美型性格的象征

完美型性格的人往往着眼于长远的目标。他们比其他性格类型的人想得更多，所以总是能够从一个更高的层次来看待问题。他们有异于常人的天赋，因而表现出在音乐、哲学、艺术等多方面的才华。他们识英雄、颂英雄、为感情挥泪。他们崇尚美德，并且孜孜不倦探索人生的意义。他们乐于为自己选择的事业做好规划，并确保每个细节都能完美无瑕。

然而，完美主义的倾向使得他们对自己和别人的要求过分严格。由于他们对事物的缺点相当敏感，他们总是没法快乐起来，并且容易受到伤害。他们感情内向，过分自责，甚至到了庸人自扰的地步。

孙悟空——力量型性格的杰出代表

这种性格的人比其他性格类型的人更加崇尚行动，他们通常是组织中的铁腕人物，目光所向，无坚不摧。他们在意工作的结果，对过程和人的情感却不大关心。他们喜欢控制一切，并强硬地按照自己的意愿发出指令。

猪八戒——活泼型性格的象征

活泼型性格的人情感外露，热情奔放。他们懂得如何从工作中寻找乐趣，然后在绘声绘色的描述中，再一次回味那些令人兴奋的细节。他们通常是滔滔不绝的演说者，他们的生活永远多姿多彩。

然而，他们似乎总是说得多，做得少。只要他们在场，就永远是欢声笑语，可一旦遇到麻烦，他们就会消失得无影无踪。他们似乎是一群永远也长不大的孩子，不成熟、没有条理、缺乏责任心。

沙和尚——和平型性格的象征

和平型性格的人最令人欣赏的特点之一，就是能够在风暴中保持冷静。他们习惯于遵守既定的游戏规则，习惯于避免冲突和考虑立场。他们乐天知命，对生活没有很高的期望和要求，因此很容易安于生命中的起伏变化。他们是如此友好而平静，以至于能够接纳所有的麻烦。他们是所有人的好朋友，因为他们的天赋造就了良好的人际关系。

然而，他们似乎总是没有主见、不愿负责、缺乏热情。他们不喜欢出风头，总是嘲讽那些处在风头上的人和事。他们总是得过且过，以致显得平庸，甚至有些马虎和懒惰。

三、人员配备的任务

（一）物色合适的人选

组织各部门是在任务分工基础上被设置的，因而不同的部门有不同的任务和不同性质的工作，必然要求具有不同的知识结构和水平、不同的能力结构和水平的人与之相匹配。人员配备的首要任务就是根据岗位工作需要，经过严格的考查和科学的论证，找出或培训为己所需的各类人员。

（二）促进组织结构功能的有效发挥

要使职务安排和设计的目标得以实现，让组织结构真正成为凝聚各方面力量、保证组织管理系统正常运行的有力手段，必须把具备不同素质、能力和特长的人员分别安排在适当的岗位上。只有使人员配备尽量适应各类职务的性质要求，从而使各职务应承担的职责得到充分履行，组织设计的要求才能被满足，组织结构的功能才能被发挥出来。

（三）充分开发组织的人力资源

现代市场经济条件下，组织之间竞争的成败取决于人力资源的开发程度。在管理过程中，适当选拔、配备和使用、培训人员，可以充分挖掘每个成员的内在潜力，实现人员与工作任务的协调匹配，做到人尽其才，才尽其用，从而使人力资源得到高度开发。

第五节　组织变革

一、组织变革的原因

（一）组织变革的含义

组织变革（Organizational Change）是指运用行为科学和相关管理方法，对组织的权力结构、组织规模、沟通渠道、角色设定、组织与其他组织之间的关系，以及对组织成员的观念、态度和行为，成员之间的合作精神等进行有目的的、系统的调整和革新，以适应组织所处的内外环境、技术特征和组织任务等方面的变化，提高组织效能。企业的发展离不开组织变革，内外部环境的变化，企业资源的不断整合与变动，都给企业带来了机遇与挑战，这就要求企业关注组织变革。

管理名言

卡那定理：一个组织不是一台静止的机器，而是一个演变着的社会系统。

——法国组织学家 N.D.卡那

启示：有健康的机体，才会有健全的机能。

（二）组织变革的原因

1. 企业经营环境的变化

企业经营环境的变化，包括国民经济增长速度的变化、产业结构的调整、政府经济政策的调整、科学技术的发展引起产品和工艺的变革等。企业组织结构是实现企业战略目标的手段，企业经营环境变化必然要求企业组织结构做出适应性的调整。

2. 企业内部条件的变化

（1）技术条件的变化，如企业实行技术改造，引进新的设备要求技术服务部门以及技术、生产、营销等部门进行调整。

（2）人员条件的变化，如人员结构和人员素质的提高等。

（3）管理条件的变化，如实行计算机辅助管理、实行优化组合等。

3. 企业本身成长的要求

企业处于不同的生命周期阶段时对组织结构的要求也各不相同，如小企业成长为中型或大型企业，单一品种企业成长为多品种企业，单厂企业成为企业集团等。

二、组织变革的内容

组织变革具有互动性和系统性，任何一个因素的变革都会带来其他因素的变化，各阶段由于环境不同，变革的内容和侧重点也有所不同。

（一）对人员的变革

对人员的变革指员工在态度、技能、期望、认识和行为上的变革。

（二）对结构的变革

对结构的变革包括权力关系、协调机制、集权程度、职务与工作在设计等其他结构参数上的变化。

管理者可以对一个或多个结构要素加以变革，也可以对整个结构进行重大的改变。

（三）对技术与任务的变革

对技术与任务的变革包括对作业流程与方法的重新设计、修整和组合，包括更换机器设备，采用新工艺、新技术和新方法等。

三、组织变革的过程

为使组织变革顺利进行，并能达到预期效果，必须先对组织变革的过程有个全面的认识，然后按照科学的程序组织实施。Lewin（1951年）提出一个包含解冻、变革、再冻结三个步骤的有计划组织变革模型，用以解释和指导如何发动、管理和稳定变革过程。

（一）解冻

这一步骤的焦点在于创设变革的动机。它鼓励员工改变原有的行为模式和工作态度，采取新的适应组织战略发展的行为与态度。为了做到这一点，一方面，需要对旧的行为与态度加以否定；另一方面，要使管理者和员工认识变革的紧迫性。可以采用比较评估的办法，把本企业的总体情况、经营指标和业绩水平与其他优秀企业或竞争对手加以一一比较，找出差距和解冻的依据，帮助管理者和员工“解冻”现有态度和行为，迫切要求变革，愿意接受新的工作模式。此外，应注意创造一种开放的氛围和给予员工心理上的安全感，减少变革的心理障碍，提高变革成功的信心。

（二）变革

变革是一个学习过程，需要给管理者和员工提供新信息、新行为模式和新的视角，指明变革方向，实施变革，进而形成新的行为和态度。这一步骤中，应该注意为新的态度和行为树立榜样，可采用角色模范、导师指导、专家演讲、群体培训等多种途径。Lewin 认为，变革是个认知的过程，它由获得新的概念和信息加以完成。

（三）再冻结

在再冻结阶段，利用必要的强化手段使新的态度与行为固定下来，使组织变革处于稳定状态。为了确保组织变革的稳定性，需要注意使管理者和员工有机会尝试和检验新的态度与行为，并及时给予正面的强化；同时，加强群体变革行为的稳定性，促使形成稳定持久的群体行为规范。

四、组织变革的阻力

（一）组织变革阻力的内容

1．个人阻力

个人阻力包括以下两个。

（1）利益影响。变革的结果会威胁某些人的利益。

（2）心理影响。变革打破原来的平衡系统，要求员工调整已经习惯的工作方式，而且变革意味着承担一定的风险。

2．团队阻力

团队对变革的阻力包括以下两个。

（1）组织结构变动的影响。组织结构变革可能会打破固有层级和职能结构，并对“责、权、利”重新调整，会触及某些团体的利益。

（2）人际关系调整的影响。非正式组织的存在使新旧组织结构中成员关系的调整需要一个较长的过程。

（二）克服组织变革阻力的方法

1．企业的人力资源要为组织变革服务

首先，员工的个性与其对待变革的态度有着密切的关系。因此，企业在招聘的过程中，就应该引入心理测评，通过测评招聘一些有较强适应能力、敢于接受挑战的员工；其次，在组织变革的过程中，企业要加强对员工的培训，提高员工的知识水平和技能水平，使得企业的人力资源素质提高和企业变革同步进行；最后，在企业的日常经营过程中，企业应该树立一种团体主义的文化，培养员工对组织的归属感，形成一种员工愿意与企业同甘共苦的企业文化。

2. 加强与员工的沟通，让员工明白变革的意义

在变革实施之前，企业决策者应该营造一种危机感，让员工认识到变革的紧迫性，让他们了解变革对组织、对自己的好处，并适时地提供有关变革的信息，澄清变革的各种谣言，为变革营造良好的氛围。在变革的实施过程中，要让员工理解变革的实施方案，并且要尽可能地听取员工的意见和建议，让员工参与到变革中来。与此同时，企业还应该时刻关注员工的心理变化，及时与员工交流，在适当的时候可以做出某种承诺，以消除员工的心理顾虑。

3. 适当地运用激励手段

在组织变革的过程中适当运用激励手段，将达到意想不到的效果。一方面，企业可以在变革实施的过程中，提高员工的工资和福利待遇，使员工感受到变革的好处；另一方面，企业可以对一些员工予以重用，以稳住关键员工，消除他们的顾虑，使他们安心地为企业工作。

4. 引入变革代言人

变革代言人即通常所说的咨询顾问。在变革的过程中，一些员工认为变革的动机带有主观性质，他们认为变革是当局者为了能更好地谋取私利；还有一些员工认为变革发动者的能力有限，不能有效地实施变革。而引入变革代言人就能很好地解决上述问题。一方面，咨询顾问通常都是一些外部专家，他们的知识和能力不容置疑；另一方面，变革代言人来自第三方，通常能较为客观地认识企业所面临的问题，较为正确地找到解决的办法。

5. 运用力场分析法

力场分析法是卢因于 1951 年提出来的。他认为，变革是相反方向作用的各种力量的一种能动的均衡状态，对于变革，企业中既存在变革的动力，又存在变革的阻力，人们应该通过分析变革的动力和阻力，找到变革的突破口。

第二部分　实务部分

任务一　思考与讨论

一、名词解释与简答题

1. 组织设计的内容。
2. 职务设计的几种形式。
3. 部门的划分。
4. 组织结构的不同形式。
5. 管理幅度与管理层次。
6. 集权与分权。
7. 组织变革。
8. 请举例说明组织设计原则的重要性。
9. 衡量集权、分权的标志是什么？

二、讨论题

1. 你能调和以下这两种主张吗？

（1）组织应当保持尽可能少的层次以增进协调性。

（2）组织应当保持窄小的管理幅度以加强控制。

2. 对于直线—参谋制、事业部制和矩阵制结构的组织，你最愿意在其中哪个组织工作？最不愿意在哪个组织中工作？为什么？

3. 阿里巴巴组织结构再调整。2015 年 12 月 7 日，阿里宣布全面启动 2018 年中台战略，构建符合 DT 时代的更加创新灵活的“大中台，小前台”的组织机制和业务机制。作为前台的一线业务会更敏捷、更快速适应瞬息万变的市场；中台将集合整个集团的运营数据能力、生产技术能力，对各前台业务形成强力支持。由此，推动集团电商零售平台的全面改革升级，实现云计算、阿里妈妈、菜鸟等新兴业务的全面独立发展。

2016 年年底，张勇将天猫与聚划算整合，推出“三纵两横”架构（三纵为服饰、家电、快消；两横为针对天猫商家的营销平台和运营中心）。

问题：

（1）阿里巴巴在不同时期采用了不同的组织结构，请分析在不同时期企业所处的背景条件。

（2）分析阿里巴巴“三纵两横”架构和“大中台，小前台”组织结构的优劣势。

4. 百度组织结构。2015 年 12 月 14 日，百度宣布了公司重大结构调整计划，在原有的三大事业群组：移动服务事业群组、新兴业务事业群组、搜索业务群组的基础上，新建金融服务事业群组——由消费金融业务、钱包支付业务、互联网证券业务组成，并由百度副总裁朱光任金融服务事业群组总经理。作为一个以搜索引擎为主的公司，百度用 LBS 与社交连接人与服务；以技术的优势为支撑驱动其新兴业务的发展；以金融、O2O 为支点构建新百度的未来。

百度的组织结构属于哪种类型？该类型的组织结构有哪些优缺点？

任务二　案例分析

案例一　顺应发展的联想组织结构

联想集团（以下简称“联想”）总喜欢把自己比喻成一条船，在暴风骤雨的市场环境中，不断自我调整，适应变化的环境。联想的发展与壮大是在物竞天择、适者生存的商业生态环境下企业生存之道的最好例证。联想集团的组织结构经历了三次重要的变化，即平底快船结构、大船结构、舰队结构。企业组织结构的变化主要受制于企业经营事业结构、经营战略的变化及企业资源特点，联想从一家由 11 人组成的小公司发展成在全球拥有 22 511 名员工的大型企业，其组织结构也发生了巨大的变化。

1. 创建期（1984 年—1987 年）的简单结构

这一时期的组织结构比较简单，在总经理领导下设立技术开发部、工程部、办公室、业务部。业务部包括宣传培训、门市和技术实体。公司内设 IBM 代理北京中心和集体所有制的商店各一个。

这种没有权力等级的简单结构，被联想称为平底快船结构。其特点是总经理直接指挥，权力集中，没有层次，能维持组织的灵活性和快速决策。选用该结构的原因是，当时人员少、部门少，业务以贸易、技术服务为主；除联想汉卡有一定规模，多数项目的业务量不大，能保证彼此之间的沟通；资金紧张，需要集中使用；领导人也有必要对为数不多的下级实行监督和控制。

实践证明，当时的组织结构与联想基本适合，初步形成了联想面向市场同时内部相对集中的组织思路。总体来看，企业组织结构比较合理高效、统一，为企业早期的资本积累和产品开发提供了组织保证，培养了一批管理和业务骨干。

2. 成长期（1988年—1993年）的组织结构——直线职能制

1988年—1993年，联想的组织结构开始逐步转为直线职能制。联想称这种体制为大船结构。这种组织结构强调明确岗位责任、权力等级和职能分工，强调交流和沟通正式化，强调“统一指挥，专业化分工”。其组织结构的主要内容及特点是：统一协调；各业务部门，即“船舱”实行经济承包合同制；实行集团领导；逐步实现制度化管理；将思想政治工作与奖罚严明的组织纪律相结合。联想实行直线职能制的主要原因是：规模变大；实现公司发展战略的需要；防止资源分散。

实践证明，该组织结构，对联想集中资金、人力和进口渠道，确保企业形成拳头产品、快速成长起了重要作用。它的另一个意义是为形成共同发展的信念和价值观创造了条件。联想的企业文化是在该组织结构下逐渐形成的。

3. 大公司时期（1994年—2004年）的组织结构——事业部制

随着环境的变化，企业规模的扩大，直线职能制的大船模式已难以适应企业发展的要求。1992年年初，总公司提出了事业部制的概念，在北京和香港两地分别建立了事业部，特别是在香港全面实行了事业部制。

自1992年下半年开始，联想在汉字系统事业部、小型机事业部实行事业部制。企业给小型机事业部充分的自主权，目标是明确的，那就是完成利润上缴。小型机事业部在供应、技术支持、对外合作等方面采取一系列措施调动员工的积极性。在1993年市场萎缩的情况下，他们打破了多年来小型机营业额在几百万美元徘徊的局面，实现营业额超千万美元，形成了北京、上海、深圳三足鼎立的系统集成开发基地和销售服务体系。

1994年，联想决定全面实行从大船结构向以事业部为基本组织结构的体制转变，即所谓的向舰队结构转变。企业原有的经营部门按产品被划分为14个事业部。在企业总体战略部署和统一经营计划指导下，事业部对产供销各环节实行统一管理，享有经营决策权、财务权和人事管理权。企业设立销售总监、财务总监，成立审计部，健全人事、财务和审计等方面的制度，对事业部进行“目标管理”及过程监控。

1994年，联想的微机事业部成立，之后联想的主要业务特别是PC业务迅速成长。微机事业部以微机为龙头，统一指挥，消除“内耗”，全方位降低成本，取得了良好的成果，建立了全国性的分销体系。1996年，微机事业部率先在我国市场掀起降价狂潮，联想台式计算机的销售量当年跃居我国市场第一，从此确立了联想在我国市场的优势地位。

联想全面实行事业部制意义重大，也极为成功，这是联想走向成熟的重要标志。在此过程中，联想的“建班子、定战略、带队伍”的管理三要素思想逐步形成。

4. 内地、香港联想整合，建立事业部，加强地区平台建设

整合主要集中在三个方面，即资产业务的重组，“同类项的合并”，以及进一步完善企业总

部和事业部的集权、分权体系。

5. 联想的国际化经营（2005 年至今）

2005 年 5 月 1 日下午 3 点，联想正式宣布完成收购 IBM 全球 PC 业务，合并后的新联想以 130 亿美元的年销售额一跃成为全球第三大 PC 制造商。自此，联想开始了全球化经营，不断进行在全球化战略下的组织变革。

联想收购 IBM 的 PC 业务之后，2005 年 9 月 30 日宣布进行重大业务组织变革。联想全新的组织架构于 2005 年 10 月 15 日生效，在全球范围内整合联想原有业务和并购的 IBM PC 业务。整合后的全球产品和供应链的新组织架构在驱动创新、提高效率和客户满意度等方面发挥了积极作用。为适应国际化经营，联想将总部设到美国罗利。经过多年的努力，2008 年联想在全球 66 个国家（地区）拥有分支机构，在 166 个国家（地区）开展业务，在全球拥有 22 511 名员工，年营业额达 146 亿美元，并建立了以中国北京、日本东京和美国罗利三大研发基地为支点的全球研发架构。

问题：

1. 联想在不同时期采用不同的组织结构，请分析在不同时期企业所处的背景条件。
2. 分析联想采用的平底快船结构、大船结构、舰队结构三种组织结构的优缺点。

案例二　IBM的矩阵制组织结构

1987 年，加州伯克利大学电子工程专业出身的叶成辉在美国加入 IBM 旧金山公司，成为一名程序员。因为不喜欢编程等技术类的工作，梦想着做生意、当经理（比较喜欢跟人沟通），他便主动请缨到销售部门去。经过差不多 5 年时间的努力，他获得提升，成为一线的经理。随后，叶成辉回到 IBM 香港公司，做产品经理。由于个人“斗志旺盛”，业绩不错，而且“官运亨通”，差不多每两年他都能够得到晋升，很快叶成辉就成了 IBM 大中华区服务器系统事业部 AS 400 产品的总经理。

从旧金山到北京；从普通员工到一线经理，再到三线经理；从一般的产品营销人员，到逐步专注于服务器的产品经理，再到 AS 400 产品经理，10 多年来，叶成辉一直在 IBM 的“巨型多维矩阵”中不断移动，不断被提升。他认为，IBM 的矩阵制组织结构是一个很特别的环境，在这个矩阵环境中，自己学到了很多东西。IBM 是一家大公司，很自然地要划分部门。单一地按照区域地域、业务职能、客户群落、产品或产品系列等来划分部门，在企业里是非常普遍的现象，从前的 IBM 也不例外。近七八年以来，IBM 才正式采用矩阵制组织结构。这也就是说，IBM 公司把多种划分部门的方式有机地结合起来，其组织结构形成了“活着的”立体网络——多维矩阵。IBM 既按地域分区，如亚太区、华南区等，又按产品体系划分事业部，如 PC、服务器、软件等事业部；既按照银行、电信、中小企业等行业划分，也有按销售、渠道、支持等职能划分等。所有这些纵横交错的部门有机地结合成一体。对于这个矩阵中的某一位员工，如叶成辉经理而言，他就既是 IBM 大中华区的一员，又是 IBM 公司 AS 400 产品体系中的一员，当然还可以按照另外的标准把他划分在其他的部门里。

IBM 公司这种矩阵制组织结构带来的好处是什么呢？叶成辉认为，非常明显的一点就是，矩阵制组织结构能够弥补对企业进行单一划分带来的不足，把各种企业划分的好处充分发挥出来。显然，如果不对企业进行地域上的细分，就无法针对各地区市场的特点把工作深入下去。

而如果只进行地域上的划分，对某一种产品如 AS 400 而言，就不会有人能够非常了解这个产品在各地表现出来的特点，因为每个地区都会只看重该地区整盘的生意。再如按照行业划分，就会专门有人来研究各个行业客户对 IBM 产品的需求，从而更加有效地把握住各种产品的重点市场。

叶成辉说："如果没有这样的矩阵制组织结构，我们要想在某个特定市场推广产品，就会变得非常困难。例如，在中国市场推广 AS 400 这个产品，由于矩阵制组织结构的存在，我们有华南、华东等各大区的队伍，有金融、电信、中小企业等行业队伍，有市场推广、技术支持等各职能部门的队伍，以及专门的 AS 400 产品的队伍，大家相互协调、配合，就很容易打开局面。我作为 AS 400 产品经理，会比较清楚在当地销售该产品的策略是什么。在中国，AS 400 的客户主要在银行业、保险业，而不像美国主要是在零售业和流通业；在亚太区，AS 400 的产品还需要向低端走，不能只走高端。中国市场上需要 AS 400 的价位、配置以及每个月需要的数量等，只有产品经理才比较清楚。从产品这条线来看，我需要跟美国工厂订货，保证货源供应。从产品销售的角度看，AS 400 的产品部门需要各相关地区的职能部门协助，做好促销活动；然后需要各大区、各行业销售力量把产品销售出去。例如，我需要在媒体上做一些访问，就要当地负责媒体公关的部门协助。再如，我认为"莲花宝箱"（为中国市场量身定制的 AS 400 产品）除了主要销售给银行外，还要大力推向中小企业市场，那么就需要跟中国区负责中小企业的行业总经理达成共识。当然，"莲花宝箱"往低端走，还需要分销渠道介入，这时，就需要负责渠道管理的职能部门进行协调。从某种意义上讲，我们之间也互为'客户'，我会创造更好的条件让各区、各行业更努力推广 AS 400。"

任何事情都有它的"两面性"。矩阵制组织结构在增强企业产品或项目推广能力、市场渗透能力的同时，也存在固有的弊端。显然，在矩阵制组织结构当中，每个人都有不止一个老板，上上下下需要更多的沟通协调，所以，IBM 的经理开会的时间、沟通的时间，肯定比许多小企业要长，也可能使得决策的过程变长。叶成辉进一步强调，其实，这也不是问题，因为大多数情况下还是好的，IBM 的经理们都知道一个好的决定应该是怎样的。另外，每一位员工都由不同的老板来评估他的业绩，不再是哪一个人说了算，评估的结果也会更加全面，每个人都会更加用心地去做工作，而不是花心思去讨好老板。同时，运用不同的标准划分企业部门，就会形成矩阵制组织结构。显然，在这样的组织结构内部，考核员工业绩的办法也无法简单。在特定客户看来，IBM 公司只有唯一的客户出口，所有种类的产品都是一个销售员销售的；产品部门、行业部门花大气力进行产品、客户推广，但是，对于每一笔交易而言，往往又是由其所在区域的 IBM 员工最后完成的。如此的问题是，最后的业绩怎么计算？产品部门算多少贡献，区域、行业部门又分别算多少呢？叶成辉说："其实，IBM 经过多年的探索，早已经解决这个问题了。现在，我们有三层销售——产品、行业和区域，同时，我们也采取三层评估，如经过各方共同努力，华南区卖给某银行 10 套 AS 400 产品，那么这个销售额属于华南区、AS 400 产品部门以及金融行业部门共同的成果。当然，无论从哪一个层面来看，其总和都是一致的。例如，从大中华区周伟焜的立场来看，下面各分区业绩的总和，大中华区全部行业销售总额，或者大中华区全部产品（服务）销售总额，是一样的。"

在外界看来，IBM 这辆巨大的战车是稳步前进的，变化非常缓慢。叶成辉认为，这其实是一种误会。对于基层的员工，对于比较高层的经理，变化相对比较小，比较稳定。例如，一名普通员工进入IBM，做AS 400产品的销售，差不多四五年时间都不会变化，然后，可能有机会升任一线经理。再如，亚太区的总经理，也可能好多年不变，因为熟悉这么大区域的业务，建立起很好的客户关系，也不太容易。所以，外界就觉得IBM变动缓慢。但是，IBM矩阵内部的变化还是很快的。中间层的经理人员差不多一两年就要变化工作，或者变化老板，变化下属，这样就促使整个组织不断地创新，不断地向前发展。叶成辉说："我在IBM公司工作10多年，换了10多位老板。每一位老板都有不同的长处，从他们那里我学到了很多。其实，IBM的每一位员工都会有这样的机会。矩阵制组织结构是有机的，既能够保证稳定的发展，又能保证组织内部的变化和创新。所以，IBM公司的常常流传着这样一句话，'换了谁也无所谓'。"

问题：

1. IBM采用了什么样的组织结构？
2. IBM的组织结构给IBM带来了什么好处？

任务三　企业模拟案例（视频案例）

企业模拟案例一

扫一扫

案例一

扫描二维码，观看视频后回答以下问题。

1. 组织设计的原则是什么？
2. 组织变革的原因是什么？
3. 组织变革阻力的内容与克服方法有哪些？
4. 企业裁员需要考虑什么？

企业模拟案例二

扫一扫

案例二

扫描二维码，观看视频后回答以下问题。

1. 组织的工作流程设计需要注意哪些因素？
2. 事业部制组织结构的优缺点是什么？
3. 对基层员工的管理与对中层员工的管理有什么区别？

模块五

领导

领导者必须想尽办法，挖掘出员工的最大潜能。在追求卓越的过程中，挖掘员工潜能，永远是所有工作的重中之重。

—杰克·韦尔奇（美国通用电气公司前董事长兼 CEO）

目标与要求

通过本模块的学习，学生应理解领导的五种功能，并能根据领导的含义掌握领导者素质的基本内容，加强领导技能的培养；理解人性假设与领导理论；了解各种激励理论和人际沟通的概念、特征及障碍，正确运用激励理论，掌握有效激励机制的建立途径和如何进行有效的人际沟通。

导入案例

苏·雷诺兹（Sue Reynolds）学的是人力资源管理专业，她 22 岁那年从大学毕业。在毕业的前两年里，她每年暑假都在康涅狄格互助保险公司打工，填补度假员工的工作空缺，因此她在这里做过许多不同类型的工作。之后，她接受了该公司的邀请，毕业之后加入互助保险公司，成为保险单更换部的主管。

康涅狄格互助保险公司是一家大型保险公司，有 5 000 多名员工。公司奉行员工的个人开发，这已成为公司的经营哲学，公司自上而下都对所有员工十分信任。苏将要承担的工作要求她直接负责 25 名职员。他们的工作不需要什么培训而且高度的程序化，但要求有很强的责任感，因为更换通知要先被送到原保险单所在处，相关人员要列表说明保险费用与标准表格中的任何变化。如果某份保险单因无更换通知的答复而被取消，相关人员还需要通知销售部。苏工作的群体成员全部为女性，年龄为19～62岁，平均年龄为25岁。其中大部分人是高中学历，以前没有工作经验，她们的薪金水平为每月1 420～2 070美元。苏将接任梅贝尔·芬彻的职位，梅贝尔为该公司工作了37年，并在保险单更换部做了17年的主管，现在她退休了。苏去年夏天曾在梅贝尔的群体里工作过几周，因此比较熟悉她的工作风格，并认识大多数群体成员。她预计除了丽莲·兰兹之外，其他将成为她下属的成员都不会有什么问题。丽莲50多岁，在保险单更换部工作了10多年，而且作为一个"老太太"，她在员工群体中很有威望。苏断定，如果她的工作得不到丽莲的支持，将会十分困难。

苏决心以正确的步调开始她的职业生涯。因此，她一直在认真思考一名有效的领导者应具备什么样的素质。

【分析提示】

1. 影响苏成为成功领导者的关键因素是什么?

2. 你认为苏能够选择领导风格吗？如果可以，请为她描述一个你认为有效的风格；如果不可以，请说明原因。

第一部分　理论部分

第一节　领导与领导者

在学习管理学的过程中，我们常常会产生这样的想法，领导和管理的关系是什么？领导者和管理者的关系又是什么？带着这些疑问，我们也会发现，一个人可能是领导者但不一定是管理者，也不一定具有管理的才能，非正式组织中的具有影响力的人就是典型的例子，在这些组织中，组织并没有赋予他们正式的管理职位和职权，他们也没有义务去负责组织的计划和组织工作，但他们却有忠诚的追随者。

一、领导的含义和功能

（一）领导的含义

什么是领导？对于这样一个大家都很熟悉且经常使用的词，国内外的学者却有各种不同的解释。有人认为，领导就是职位和权力；有人认为，领导是一种影响力；有人认为，领导是一门艺术；有人认为，领导是一种才能；还有人说，领导就是服务等。这些说法都有一定的道理，又都不够全面和准确。目前，学术界比较一致的认识是，领导是一种行为过程，是领导者为了实现预定的目标，在一定的条件下采用一定的组织形式和方法，引导和影响被领导者完成预定任务的一种活动过程。这个概念表明：第一，领导的本质是一种人与人之间的关系，即领导者与被领导者的关系；第二，领导行为的目的是指引和影响被领导者实现组织的预定目标；第三，领导是一个动态过程，构成这个过程的要素有三个，即领导者、被领导者和环境。

（二）领导的功能

领导的功能指的是领导者所承担的基本职责及主要活动内容。但是对于这个问题所包括的具体内容，目前国内外学者的观点和意见尚不一致。我们认为，领导的功能至少应包括以下五个。

1. 组织功能

组织功能即建立组织管理机构，科学地组织生产和经营，实现组织目标的功能。为了实现单位或组织的目标，领导者必须采取一系列的组织措施，进行一系列的组织活动。领导者的组织功能就体现在这些组织措施与组织活动中。具体内容如下。

（1）对环境进行科学的分析，根据组织内外部的条件、需要与可能，制定和设置组织目标，做出重要的决策和必要的行为规定。

（2）为实现目标而科学地安排、调配和使用人力、物力和财力，使“人尽其才”“物尽其用”“财尽其力”。

（3）建立并完善一整套科学的管理系统，如组织系统与机构、工作制度、规章制度等，并努力使其既具有相对稳定性，又具有一定的灵活性，以适应不断变化的内外部环境。

2. 协调功能

所谓协调功能，是领导者在群体和组织内解决矛盾与加强联系的技巧。任何群体和组织都是由执行不同任务的若干小群体构成的，在完成小群体的任务时，不可避免地会形成小群体的本位观念和小群体意识，由此，就会产生各单位或小群体之间的竞争和意见分歧，甚至会出现矛盾和冲突。而现代化的生产和经营则要求各分单位或小群体之间紧密合作和相互联系，因此，就需要领导者发挥其协调功能，将不同的小群体和个人组织起来，使它们建立起良好的配合关系，从而形成一个协调的、互相合作的、紧密联系的大群体。只有这样，才能提高群体的工作效率，共同完成群体的奋斗目标。

3. 团结功能

团结在领导工作中应被特别的重视。团结是人们的自觉聚合，一个单位或群体内的许多人，由于思想上的交流和相互了解会产生一种同属感或群体意识。能否利用这种同属感或群体意识把所有成员凝聚成一个坚强的、紧凑的集体，领导者在其中起着关键的作用。我们的社会主义事业是千百万人民的共同事业；同样，群体或组织的目标也就是全体员工的共同目标。因此，领导者的团结功能，首先在于搞好群体内部的团结，使大家心往一处想、劲往一处使，真正形成一个团结、战斗的集体。同时，领导者还必须做好与本群体有关系的群体、部门的团结工作。因为在社会化大生产条件下，任何组织或群体目标的实现，都离不开其他群体和有关部门的协作与支持。总之，做好内外部的团结工作，是领导者的基本职责，也是实现群体目标的重要保证。

4. 激励功能

所谓激励功能，也就是调动人的主动性、积极性和创造性的过程。激励功能是领导者的重要功能。它主要表现为以下三个方面。

（1）提高被领导者接受和执行组织目标的自觉性。在一般情况下，个体行为的目标与群体或组织的目标并不能完全一致，这势必影响员工的积极性和团体的士气。领导者的责任就是使组织目标与个体目标相协调、相统一，创造和维护一个良好的环境条件和组织气氛，使员工加强对组织目标的认识，从而提高员工接受和执行组织目标的自觉性。

（2）关怀、尊重被领导者，满足被领导者的心理需要，激发被领导者实现组织目标的热情。人的任何一种行为出现，都有一定的原因，这种原因归根结底是人的需要。领导者应该了解和掌握其下属的需要，并采取一定的措施予以满足。只有这样，才能发挥下属的最大潜能，圆满地实现组织目标。

（3）提高被领导者的行为效率。所谓行为效率，是指被领导者为实现组织目标所做出的贡献大小或能力、才干的发挥程度。为此，领导者要研究被领导者本身的需要结构及其变化趋势，提高被领导者的知识和技能水准，并努力创造有利于被领导者提高行为效率的条件。

5. 考核功能

考核是领导不可缺少的环节。当工作任务和计划确定后，领导者要对工作人员随时进行督促和考核，目的在于掌握和了解计划的实施情况；以检查的结果作为判定得失功过的依据，进一步奖励优者，批评和处罚劣者。这样做不仅是为了总结过去，赏罚分明，还在于找出差距和问题，明确方向，以利将来。

（三）领导与领导者

领导是一个行为过程，领导者是指实施领导行为的主体——人。它们是两个既有联系又有区别的概念。领导的实质和特征如前所述。领导者在领导活动中起带头人、指导者、指挥者、组织者、主将、首长、导演和领袖等作用。

领导与领导者又是互为依存的。没有领导者就谈不上被领导者，也就没有领导行为；反过来，没有领导这一行为，作为领导行为主体的领导者也就没有存在的必要。

（四）领导与管理

现实生活中，人们往往把领导与管理当作同一个词使用，以为领导就是管理，管理也是领导。其实，这是两个既有联系又有区别的不同概念。

从广义上看，管理行为与活动是领导行为的组成部分，二者可以通用，特别是对于中层与基层组织的领导活动，可以被称为管理活动，领导者也可被称为管理者。但从狭义上看，二者就不同了。管理是一种特殊的领导，它是由领导者或非领导者通过计划、组织、协调、激励、指挥和控制，进而实现组织目标的行为过程。而领导则是由领导者去引导和影响个人、群众或组织，在一定条件下实现期望目标的行为过程。这里的期望目标既可以是组织目标，也可以是个人目标。领导与管理的具体区别有以下两点。

第一，领导的任务是解决单位或组织中带方向性、战略性的问题；管理的任务则是解决具体的工作效率与效益问题。所以一般称管理者为“将才”，而称领导者为“帅才”。将才必须过问具体问题，而帅才则不必过问细节。

第二，管理者的人数要多于领导者。领导者是在组织、群体中，具有权力、地位和相当影响力的人物；而管理者除包括基层领导者以外，还包括从事管理工作的其他人员，如会计员、统计员等。

二、领导者的影响力

扫一扫

领导的影响力

影响力是一个人在与他人的交往中，影响和改变他人心理和行为的能力，包括以下两方面。

（一）权力性影响力

1. 传统因素所带来的影响力

传统因素是指人们对领导者的一种传统观念，认为领导者总是不同于一般人。这种观念逐步成为某种形式的社会“规范”，使人们从小就有了深刻的印象，影响着被领导者对领导者的服从感。这种传统观念所产生的影响力普遍存在，只要你是个领导者，就自然获得了这种影响力。

2. 职位因素所带来的影响力

职位因素是指个人在组织中的职务与地位。职位因素造成的影响力是以法定条件为基础的，与领导者本人的素质条件没有直接关系，它是由社会组织赋予领导者的一种影响力。

3. 资历因素所带来的影响力

资历是指领导者的资格和经历。资历因素是个人历史性的东西，被领导者一般对资历较深的领导者比较敬重，由此产生的影响力也属强制性的。

权力性影响力不是领导者因现实行为而拥有的，是外界赋予的，它对下级的影响带有强制性和不可抗拒性。这种影响力主要使被领导者表现为被动、服从，对人的心理和行为的激励作用是有限的。

（二）非权力性影响力

非权力性影响力属于自然性影响力，是靠领导者自身的威信和以身作则的行为而形成的。非权力性影响力产生的基础比权力性影响力产生的基础广泛得多。构成非权力性影响力的因素主要包括品德、才能、知识和感情等因素。

管理故事

一个人去买鹦鹉，看到一只鹦鹉前的标牌上写着：此鹦鹉会两门语言，售价200元。另一只鹦鹉前的标牌则写着：此鹦鹉会四门语言，售价400元。该买哪只呢？两只都毛色鲜亮，非常活泼可爱。这人转啊转，拿不定主意。结果突然发现一只老得掉了牙的鹦鹉，毛色暗淡，标价八百元。这人赶紧将老板叫来，问："这只鹦鹉是不是会说八门语言？"店主说："不。"这人奇怪了，问："那为什么它又老又丑，又没有能力，会值这么多钱呢？"店主回答："因为另外两只鹦鹉叫这只鹦鹉老板。"

请对该故事进行点评。

三、领导者的素质

扫一扫

领导者的素质

领导者的素质一般是指领导者在其领导活动中经常起作用的先天气质和经过后天学习、锻炼、教育而凝固成的内在性格因素，包括品德、知识、才能、情操、身体等诸要素在一定条件下的内在状态。

案例解读：福特"野马"之父——李・亚科卡

亚科卡是美国当代汽车行业中著名的企业家，曾任美国两大汽车公司的总裁。1984年《亚科卡自传》的出版轰动了美国，引起世界注目。该书一出版就以每周出售10万册的记录发行，1985年年底已再版16次。1982年美国《华尔街日报》和《时代》周刊都曾刊登过亚科卡可能被提名担任总统候选人的新闻，一时，他成为美国人民心目中的民族英雄。

传奇之一：他居然能当上福特汽车公司的总裁。大学毕业后，李・亚科卡应聘成为福特汽车公司的汽车推销员。其"花56元买一辆56型福特汽车"的推销方案使福特汽车在该地区的销售量大增。亚科卡从此名声大振，他很快成为福特汽车公司大西洋中部地区的销售经理。亚科卡36岁时，已是福特车部的总经理。1964年，他成功地推出"野马"车，结果第一年就卖出42万辆，创下了汽车销售的新纪录。这一显赫功劳，使亚科卡成为美国人心目中的传奇英雄，也使他成为福特公司的总裁。

天有不测风云，成功易招来嫉妒。亚科卡不知为什么成了董事长不喜欢的人。终于在1978年10月15日，亚科卡45岁生日时，福特二世以董事长的名义宣布解雇总裁，可是，并没有任何合理的理由，只是说出于“个人的原因”。福特二世深知亚科卡的才能，他答应将亚科卡的36万美元的年薪，变为100万美元的退休金，条件是他不能受聘于其他公司。亚科卡不为这100万美元动心，他走上了第二个舞台——克莱斯勒汽车公司。

传奇之二：当时，克莱斯勒汽车公司濒于破产。从1978年—1981年，克莱斯勒汽车公司共亏损36亿美元，创下了美国历史上亏损的最高纪录。人们普遍认为，该公司倒闭指日可待。亚科卡最终决定挽救这艘“没落之舟”。亚科卡不需要金钱，他以象征性的1美元年薪出任美国第三大汽车公司克莱斯勒汽车公司的总裁，他需要的是展示自己才华的舞台。

传奇之三：果断地解聘了克莱斯勒汽车公司35名副总裁中的33名，大规模招募“福特人”，首先招募的是福特汽车公司三位已退休的经理，亚科卡又通过私人关系掌握了福特汽车公司大批高级和初级管理人员的档案资料，并陆续游说他们相继离开福特汽车公司。吸收了工会领导弗雷泽成为董事会成员。制定了最大胆的决策——向政府求援，请求政府提供15亿美元的贷款，并且成功获得政府贷款。到1982年，克莱斯勒股票价格上涨425%，有11种新车投入市场；1983年，公司销售额增加了132亿美元，比1982年增长了近30%，盈利7.009亿美元，并提前7年偿还了15亿美元的政府贷款。克莱斯勒汽车公司终于战胜了死神。

李·亚科卡的传奇故事说明了什么道理？——优秀领导者和领导工作的重要性。

良好的领导者素质，是领导者承担领导责任、履行领导职能的基本条件。决策者只有素质好，才能高瞻远瞩，不失时机地做出英明正确的决策；素质差则优柔寡断或蛮横专断，使决策失误。指挥者素质好，能够调动起员工的积极性和创造性；素质差则指挥不灵，调动不力，影响员工积极性的发挥，甚至产生内耗。带头人素质好，可以成为被领导者的楷模，产生巨大的吸引力、凝聚力和影响力；素质差则会失去民心，涣散斗志，产生离心力。由此可见，领导者的素质如何不仅是影响领导效能的主观条件，而且也是组织和事业发展的关键。现代领导者应具备的基本素质如下。

（一）政治素质

政治素质即“德才兼备”的德，“又红又专”的红，干部“四化”中的革命化。它主要指领导者应有的政治立场、方向、信念、理想及思想作风等。在领导者的诸多素质中，政治素质是第一位的。因此，我们一贯主张，领导者必须具有坚定正确的政治方向，这是身为领导者的最起码条件。一个精神上没有优势的国家，一个缺乏坚定政治信念的民族，是不可能自立于世界民族之林的。同样，没有远大理想和抱负的领导者，是不可能担负起带领员工实现企业的伟大目标的重任的。

（二）知识素质

领导者的知识素质是领导者取得事业成功的基础，领导者必须根据自己的工作性质和实际需要，建立一个合理的知识结构。

1. 要有扎实的文化基础知识

一定的文化基础知识是领导者掌握和运用马克思主义基本理论以及有关专业知识的基础。一个合格的领导者必须具备扎实的社会科学和自然科学知识。社会科学知识包括语文、政治、经济、历史、地理等，自然科学知识包括数学、物理、化学、生物等。掌握这些基础知识是作为领导者的起码条件。

2. 要有深厚的专业知识

领导者必须掌握的专业知识包括两个方面。一方面是与领导者所在单位的性质有关，即与本单位所从事的业务直接相关的知识。这是实行内行领导的基础。领导者只有具备与自己活动领域相关的专业知识，了解自己的领导对象，熟悉有关的业务情况，掌握本行业、本部门事物发展的规律和特点，才能为自己所领导的群体活动确定恰当的目标，做出科学的决策。另一方面是与领导工作直接相关的专业知识，也就是各行业、各领域、各层次的领导者共同需要的专业知识，包括领导科学、管理科学、心理学、政治学等，这是做好领导工作的基本功。

3. 要有广博的相关知识和辅助知识

领导者所从事的工作往往具有全局性、综合性、战略性和复杂性。要做好这样的工作，领导者除了应具有扎实的文化基础知识和深厚的专业知识外，还应掌握必要的辅助知识，如哲学、法学、文学艺术、国际关系、伦理道德、外语以及现代科学技术和组织理论等。这些都是与领导工作相关度较高的基础知识。领导者只有具备了广博的知识，才能在工作中举一反三，触类旁通；只有博学多识才能足智多谋，思路开阔，判断准确，不断创新。

（三）能力素质

领导能力是知识和智慧的综合体现。现代化生产和技术的发展，对领导能力提出了越来越高、越来越多的要求。从广义上说，凡是需要领导者预见、筹办、安排和解决的一切问题都包含在领导能力的范围之内，凡属领导者的职责及实践所需的各种方法，都属于领导者应该具备的能力。但作为领导者主要应具备以下能力。

1. 决策与指挥能力

决策是领导工作的核心，是领导者的基本功。会不会科学决策，决策的水平如何、正确程度如何，是衡量领导水平的主要标志。现代化大生产和科学的发展，对领导决策提出了更高的要求。在科学的群体决策中，领导者的决断起着关键作用。一个好的领导者，首先要敢于决断，在错综复杂的局势面前，不是优柔寡断、举棋不定，而是排除干扰，理智清醒，勇于拍板决断，同时还要善于决断。领导者要多谋兼听，博采众议，对各种方案进行反复比较，权衡利弊，甄别优劣，选取最佳方案，做出科学决策。

正确的决策做出后，就要组织实施。指挥能力是指领导者在实施决策的领导活动中，运用组织与权限，按照计划目标的要求，通过下达命令，对下级进行领导和给予指导，把各方面统率起来的能力。高超的指挥能力，应该是随机决断能力与组织管理能力的高度统一。

2. 组织与协调能力

员工要靠领导去组织，决策目标要靠领导者组织力量去实现。所谓组织能力，就是领导者为了有效地实现决策目标，运用组织理论，把所属的有关要素、各个环节，从纵横交错的相互关系上、从时间和空间的相互联系上，有效、合理地组织起来的能力。领导者充分发挥组织能力，就能使整个领导过程形成一个有机的整体，并保证组织高效率地运转。同时，在实现目标的过程中，由于种种原因，不可避免地会出现和产生各种矛盾，要解决和处理好这些矛盾，就需要领导者发挥其协调能力。而所谓协调，实际上就是人与人之间关系的协调。领导者要充分发挥其协调人际关系的能力，首先要有善于解决矛盾的能力，其次要有善于沟通情况的能力，同时还要有善于鼓动和说服的能力。

3. 改革与创新能力

改革是我们国家富强的出路，创新是我们民族崛起的希望。改革与创新能力是新时期领导者必须具备的能力。我们所处的时代是科学技术迅猛发展的时代，领导者必须具有对新环境、新问题敏锐的感知能力，要善于捕捉新信息并加工出新观念和新设想。领导者只有思维活跃，富有胆识，不迷信权威，不唯书，不唯上，不被过时的老观念、老框架所束缚，敢想敢说、敢改革、敢创新，不断探索新世界的奥秘，才能在领导工作中有所突破。

（四）身体素质

身体素质指领导者要做好领导工作所必需的最基本的身体条件，即身体的发育和健康状况、体魄和体格所达到的强度，以及对艰苦环境和持续性工作的承受能力。领导者的职业特点和工作性质对他们的身体素质提出了较高的要求。例如，纷杂而无规律的生活方式，长时间的会谈、说服动员或宣传鼓动，应付各种意想不到的突发事件，攻克难关时超强度的智力消耗等，这一切都要求领导者必须具有健康的身体和旺盛的精力。人们常说，身体是革命的本钱。有了健康的身体，才有健全的精神。可见，领导者有无良好的身体，绝不单纯是个人的私事，而是关系到党和人民事业的大事。因此，每一个立志高远、雄心勃发的领导者，都应该珍惜自己的身体，注意劳逸结合，坚持经常性的身体锻炼，为完成领导工作创造良好的身体条件。

以上是新时期领导者应当具备的基本素质，虽然对于不同层次、不同行业的领导者，在具体要求上是有差别的，但是作为共同的基本要求，是各级各类领导者都必须具备的，而且经过努力也是可以达到的。

第二节　人性假设与领导理论

一、人性假设的内涵及类型

所谓人性，就是存在于人类个体身上，使人与动物相区别的特性。人性是复杂的，它是由多种属性构成的一个结构体系，如人的自然属性、社会属性、精神属性等。在管理学中系统提出人性假设问题的学者是麦格雷戈（Douglas M. McGregor），他在 1957 年出版的《企业的人性面》一书中正式提出了人性假设（Assumptions about Human Nature）概念。所谓人性假设，主要是指在管理过程中主体对人性问题的一种假定，并依据假定的不同而提出不同的管理方针和策略。自人性假设问题提出之后，学术界先后提出了许多不同的观点，代表性的有以下四种。

（一）“经济人”假设

经济人（Economic Man）假设起源于享乐主义哲学和亚当·斯密（Adam Smith，1723 年—1790 年）关于劳动交换的经济理论，麦格雷戈在《企业的人性面》一书中将这种人性假设概括为“X”理论。具体地说，“经济人”就是使市场经济得以运行的人，即会计算、有创造性、能寻求自身利益最大化的人。泰勒就是“经济人”假设的典型代表，他建议采用“胡萝卜加大棒”的管理方法管理工人。

“经济人”假设包含三个基本命题：①经济人是自私的，即追求自身利益是驱策人的经济行为的根本动机；②经济人在行为上是理性的，具有完备或较完备的知识和计算能力，能根据市场和自身的状况追求个人利益的最大化；③只要有良好的制度保证，个人追求自身利益最大化的自由行动，会无意而有效地增加社会公共利益。

（二）“社会人”假设

社会人（Social Man）假设是管理学家埃尔顿·梅奥于1933年提出的，以后又被不断完善。在1927年—1932年，梅奥在霍桑工厂分别进行了“照明实验”“福利实验”“群众实验”“谈话实验”。在此基础上他提出的人群关系理论认为，人是社会人，影响人生产积极性的因素，除物质因素外，还有社会、心理因素；生产率的高低主要取决于员工的士气，而员工的士气受企业内部人际关系及员工的家庭和社会生活影响；非正式组织的社会影响比正式组织的经济诱因对员工有更大的影响力；员工最强烈的期望在于领导者能承认并满足他们的社会需要。所以，要调动员工的工作积极性，必须使员工的社会和心理需求得到满足。

（三）“自我实现人”假设

自我实现人（Self-Actualizing Man）假设提出于20世纪50年代末，自我实现人也称自动人，麦格雷戈总结了马斯洛和阿吉里斯（Chris Argyris）的理论研究成果，将之概括为“Y”理论。自我实现人假设认为，人的需要是一个层次系统，低层需要满足之后，人就开始追求高层次的需要；人主要是自我激励和自我控制的，外部的刺激和控制有可能变成一种威胁；个人所追求的目标与组织目标具有一致性，只要在工作中给人一定的自主权，他就能灵活地应对环境，促进自己和组织的共同发展。因此，管理者应把管理的重点从重视人的因素转到创造良好的工作环境，使员工的能力得到最充分的发挥。

（四）“复杂人”假设

复杂人（Complex Man）假设是20世纪60年代由埃德加·沙因（Edgar H.Schein）经过长期研究提出来的。他认为，经济人、社会人、自我实现人三种人性假设仅适用于特定的环境，但从整体上说，却过于简单化和一般化了。沙因指出，人的需要是多种多样的，它经常随着人自身的发展和生活处境的变化而变化，而且人的多种需要之间也是相互作用的，所以工作性质、组织环境等都会对人性产生重大影响，使人性表现出多变性。换句话说，人是很复杂的，不能简单地把人性归结为某一种单一的特性。正因如此，领导者的管理方法和技巧必须随时、随地、随人、随境不断变化，领导者要具备鉴别情境、分析差异、诊断问题的能力。沙因的人性假设表现出了一种权变和发展的观点。

二、几种常见的领导理论

在管理思想发展史上，有很多对领导的思索。现实中的领导会表现出各种不同的方式或风格。那么，究竟存在哪些领导方式？哪一种效果更好呢？基于以上思考，人们对领导有效性进行了研究，并基于相关研究提出了相关理论：领导特质理论、领导行为理论、领导权变理论。

（一）基于品质研究的领导特质理论

从20世纪初到20世纪40年代，管理学研究的重点之一是领导者的特征，并在此基础上形成了领导特质理论，即伟人理论。什么是领导特质呢？狭义的领导特质是指领导个性品质，如形象、气质、语言风格及基础性、习惯性的心理结构和行为方式。广义的领导特质包括生理、心理、行为和观念的所有特征。按照领导特质理论的观点，一个人之所以成为领导者，是由于他具有与众不同的优秀品质和特殊能力，这些优秀品质和特殊能力与成功的领导密切相关，构成了领导者的特质。如果能够找出这些特质，就可以用这些特质来培养、挑选和考核领导者。领导特质理论假定：特质的存在、领导者是天生的而不是后天形成的。

问题思考

你认为领导者是天生的还是后天培养出来的？

按照领导特质来源的不同解释，可将其分为传统领导特质理论和现代领导特质理论。传统领导特质理论认为，领导者的品质和性格是天生的、超人的，是遗传因素决定的。现代领导特质理论认为，领导者的品质和性格是在实践中逐步形成的，是可以通过教育训练加以培养和改造的。

1. 传统领导特质理论

传统领导特质理论代表人物之一的心理学家吉伯（C.A.Gibb）于 1969 年的研究报告中指出，天才的领导者具有七个特质：智力过人；英俊潇洒；能言善辩；心理健康；外向而敏感；有较强的自信心；有支配他人的倾向。

比较有代表性的理论还有心理学家斯托格迪尔（Stogdill）的领导个人因素论。斯托格迪尔考察了 124 项研究，查阅了 5 000 多种有关领导者素质的书籍和文章后，认为领导者的天生特质有：5 项体质特质，如精力、外貌、年龄、身高、体重；4 项智力特质，如果断性、说话流利、知识渊博、判断分析能力强；16 项特性特质，如适应性、进取心、独立性、自信等；6 项工作特质，如责任感、事业心、毅力、首创性等；9 项社交特质，如合作、正直、诚实等。

斯托格迪尔于 1948 年提出领导者与非领导者在特质方面的差异在不同场合并非固定不变。具备同样领导特质的人，在一种场合中能够成为领导者，在另外一种场合中却不能成为领导者。领导力不仅与个人的特质有关，它还与社会环境、职业属性以及人际关系有关。不同时代、行业的领导者是具有不同特质的人。

基于此，斯托格迪尔 1974 年在《领导手册》一书中，进一步提出了领导者应具备的 10 项特质：才智；强烈的责任心和完成任务的内驱力；坚持追求目标的性格；大胆主动的独创精神；自信心；合作性；乐于承担决策和行动的后果；能忍受挫折；社交能力和影响别人行为的能力；处理事务的能力。

2. 现代领导特质理论

现代领导特质理论的代表人物之一是美国普林斯顿大学教授威廉·杰克·鲍莫尔（William Jack Baumol），他针对美国企业界的实况，提出了企业领导者应具备的 10 个条件：合作精神；决策能力；组织能力；精于授权；善于应变；勇于负责；勇于求新；敢担风险；尊重他人；品德超人。

阅读材料

美国人的有效领导观

1. 劳伦斯·格利纳（Lawrance·Graner）在哈佛商学院通过对 300 多人进行调查研究，整理出有效的领导者应具备的重要特质。

A. 劝告、训练与培训下属。

B. 有效地与下属沟通。

C. 让下属知道自己对他们的期望。

D. 提出标准的工作要求。

E. 给予下属参与决策的机会。

F. 了解下属及其能力。

G. 了解企业的士气状况，并能鼓舞士气。

H. 不论情况好坏，都应让下属了解实情。

I. 愿意改进工作方法。

J. 下属工作好时，及时给予表扬。

2. 麦金泰公司通过对美国公认的37家优秀企业中的10家进行调查研究，得出有效领导者的标准。

A. 善于迅速行动，能边工作，边计划，边解决问题。

B. 简化组织机构，防止人浮于事。

C. 重视市场研究，一切从实际出发。

D. 与基层人员经常联系，并通过各种办法激励其努力工作。

E. 善于授权。

F. 善于选择业务，发扬本公司的长处。

日本人的有效领导观

十项品德	十项能力
A. 使命感	A. 思维决策能力
B. 责任感	B. 规划能力
C. 依赖感	C. 判断能力
D. 积极性	D. 创造能力
E. 忠诚老实	E. 洞察能力
F. 进取心	F. 劝说能力
G. 忍耐性	G. 对人理解能力
H. 公平	H. 解决问题能力
I. 热情	I. 培养下级能力
J. 勇气	J. 调动积极性能力

3. 领导特质理论的优点和不足

优点：领导特质理论强调了领导者应具有较多的适应领导工作的人格特质，为领导的选拔、培训任用和考核提供了具体的方向和标准。

不足：领导特质理论忽视了下属，而下属对领导的成效往往有重要的影响；没有具体指出不同的品质和特性在领导工作中的相对重要性；不同的理论依靠的证据不一致；随着研究的展开和深入，被当作领导者的特质的条目越来越多，而且有不断增多之势，这导致了理论上的争执和混乱。

（二）基于权力运用的领导行为理论

在管理实践中，不同的领导者或同一领导者在不同的工作情境下倾向于采取某种特定的领导风格，这往往与他们对权力的运用方式不同有关。

1. 勒温理论

勒温认为，在管理过程中主要有以下三种典型的管理方式。

（1）专制式，也称专权式、独裁式。从字面上就可理解把握这种领导方式的本质，即独自裁决，一个人说了算。这类领导者个人独自做出决策，然后命令下属予以执行，并要求下属不容置疑地遵从其命令。

（2）民主式，即协商、共同行使权力。在民主式领导下，领导者在做出决策之前会主动听取下级意见，或者邀请下级人员参与决策制定。

（3）放任式，即极少用权，下级高度自主独立。放任式领导者的主要特点是极少运用权力影响下级，而给下级以高度的独立性，以致达到下属放任自流和行为根本不受约束的程度。

注意

专制式、民主式、放任式三种领导方式并无绝对的优劣之分，它们各自有其适用的情况、环境。例如，消防队长在救火现场就不能进行民主式领导，召开民主会，由大家讨论救火方案。

2. 利克特的四种领导方式

利克特（Rensis Likert）是美国密歇根大学的管理学教授，他和同事以几百个组织机构作为研究对象，发现了各种各样的领导方式，并将其大致归纳为四个基本方式，即专制权威式、开明权威式、协商式、群体参与式。

（1）专制权威式。采用这种领导方式的领导者非常专制，对下属很少信任，决策权仅仅限于最高层，激励也主要是采取惩罚的方法，沟通采取自上而下的方式。

（2）开明权威式。采用这种领导方式的领导者对下属有一定的信任和信心，采取奖赏和惩罚并用的激励方法，有一定程度的自下而上的沟通，也向下属授予一定的决策权，但自己仍牢牢掌握着控制权。

（3）协商式。采用这种方式的领导者对下属抱有相当大但并不完全的信任，主要采用奖赏方式来进行激励，沟通方式是上下双向的，在制定总体决策和主要政策时，允许下属部门对具体问题做出决策，并在某些情况下进行协商。

（4）群体参与式。采用这种方式的领导者对下属在一切事务上都抱有充分的信心与信任，积极采纳下属的意见，更多地采用上下级之间以及同级之间的沟通，鼓励各级组织做出决策。这种方式最有效，可以提高10%～40%的生产效率，调动员工的内在积极性。单纯依靠奖惩的领导方式看来已经过时，群体参与管理在欧美国家的企业中已经相当普遍了。

这是从权力如何使用的角度来对领导方式进行的划分。

（三）基于态度和行为倾向的领导权变理论

从领导者是关心任务还是关心人员的角度来划分，可以把领导的风格分为关心任务式和关心人员式两种类型。

1. 关心任务式

采用这种领导方式的领导者最为关心工作任务的完成，他们总是把工作任务放在首位，而对人际关系却不甚关心，有时为了完成任务甚至不惜损害与上下级或同级人员的关系。这类领导者可能利用自己法定的决策制定权和进行奖赏或惩罚的权力，命令下属去做某项工作并指挥他们做好这项工作，同时还可能密切注视和掌握下属工作的进程及其在工作中的表现。因此，以工作任务为中心的领导者往往在实际领导行为中更为专制。这种领导方式通常可以带来较高的工作效率，但会降低组织成员的满意度和影响群体团结。

2. 关心人员式

采用这种领导方式的领导者把主要精力放在下属身上，关注的是他们的感情和相互之间的人际关系，以及员工个人的成长和发展。其领导的权力多是建立在个人的专长和模范表率作用的基础上的。这类领导者与其说是通过对下属行动的指示命令，还不如说是通过指向（指明努力的方向）来使下属人员完成预期的目标。他们尊重、体谅、关心和支持下属，通过建立良好的人际关系去推动工作任务的完成。这种领导方式能够提高组织成员的满意程度，并加强群体的团结，但其对工作效率的作用并不总是与之成正比的。换句话说，领导者关心体谅下属未必就能保证工作效率会自然地得到提高。

3. 四分图理论

1945 年，美国俄亥俄州立大学商业研究所发起了对领导行为研究的热潮。一开始，研究人员设计了一个领导行为描述调查表，列出了 1 000 多种刻画领导行为的因素；后来霍尔平（HalPin）和维纳（Winer）将原始领导行为调查表中的因素减少到 130 个，并最终将领导行为的内容归结为两个方面，即以人为重和以工作为重。

以人为重，是指注重建立领导者与被领导者之间的友谊，以及尊重和信任的关系，包括尊重下属的意见，给下属以较多的工作自主权，体察他们的思想感情，注意满足下属的需要，平易近人，平等待人，关心下属，作风民主。

以工作为重，是指领导者注重规定自己与工作群体的关系，建立明确的组织模式、意见交流渠道和工作程序。包括设计组织机构，明确职责、权力、相互关系和沟通办法，确定工作目标和要求，制定工作程序、工作方法和制度。

他们依照这两种行为的内容设计了领导行为调查问卷，就这两种行为各列举 15 个问题，发给企业，由下属来描述领导者的行为如何。调查结果表明，以人为重和以工作为重并不是一个连续带的两个端点，这两方面常常是同时存在的，只是可能强调的侧重点不同，领导者的行为可以是这两个方面的任意组合，即可以用两个坐标的平面组合来表示，如图 5-1 所示。由这两方面可形成四种类型的领导行为，这就是所谓的领导行为四分图。

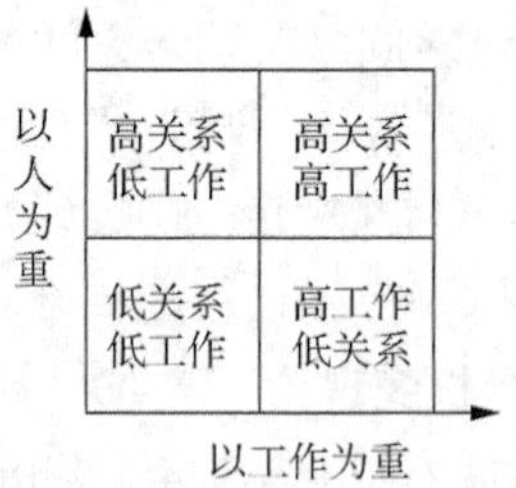

图 5-1　领导行为四分图

4. 管理方格理论

管理方格理论是用管理方格图表示和研究领导方式的一种理论，是由美国行为科学家罗伯特·布莱克和简·莫顿在四分图理论基础上创立的。

管理方格图由纵轴和横轴组成，纵轴和横轴各被 9 等分，纵轴表示企业领导者对人的关心程度（包含了对员工自尊的维护、基于信任授予职责、提供良好的工作条件、保持良好的人际关系等），横轴表示企业领导者对工作的关心程度（包括政策决议的质量、程序与过程、研究工作的创造性、职能人员的服务质量、工作效率和产量）。

管理方格图（见图 5-2）中，“1.1”方格表示领导者对人和工作都很少关心，即进行贫乏的管理。“9.1”方格表示领导者将关心的重点放在工作上，而对人很少关心，即进行任务式的管理。“1.9”方格表示领导者将关心的重点放在满足员工的需要上，而对工作却重视不够，即进行俱乐部式的管理。“5.5”方格表示领导者对人的关心和对工作的关心程度相当，只求维持一般的工作效率与士气，不积极促使下属发扬创造革新的精神，即进行中间式的管理。只有“9.9”方格表示领导者对人和工作都很关心，能使员工和工作两个方面最理想、最有效地结合起来，这种领导方式即团队式管理。这种领导方式要求创造出这样一种管理状况：员工能了解组织的目标并关心其结果，从而自我控制，自我指挥，充分发挥生产积极性，为实现组织的目标而努力工作。

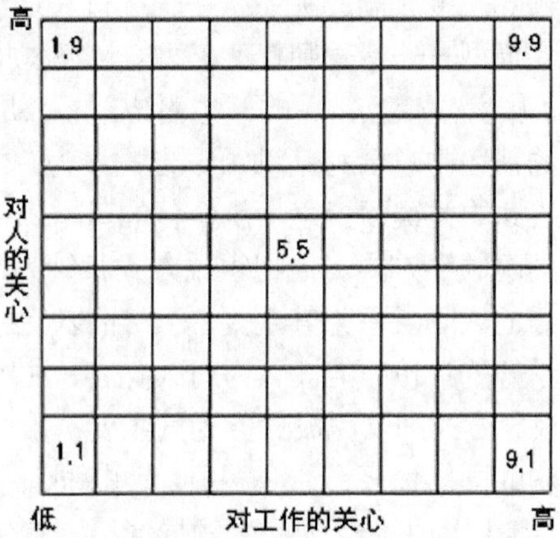

图 5-2　管理方格图

阅读资料：优秀领导者提高效率十五大法则

法则一，制订时间管理计划。

法则二，培养快速的节奏感，不仅提高效率，节约时间，也能给人以良好的作风印象。

法则三，学会授权。

法则四，掌握高效的会议技巧。

法则五，做事有条理。

法则六，专心致志，有始有终。

法则七，简单流程。

法则八，一次做好，次次做好。

法则九，克服拖延，现在就做。

法则十，当日事，当日毕。

法则十一，善用零散时间。

法则十二，利用节省时间的工具。

法则十三，掌握高效的阅读法。

法则十四，拥有高质高效的睡眠。

法则十五，终生学习。

（四）领导权变理论

领导特质理论更多强调领导者的品质、才能等因素，领导行为理论则关注领导者的行为对管理的有效性研究。而许多管理心理学家认为，领导品质和行为能否促进领导的有效性，受环境因素的影响很大。即用公式表示为：

$$领导的有效性=f（领导者，被领导者，环境）$$

这种认为领导行为应随环境因素的变化而变化的理论就是领导权变理论。在这方面比较有代表性的理论有以下几个。

1. 费德勒权变模型

伊利诺大学的心理学家费德勒（Fred E.Fiedler）最早对领导权变理论做出了理论性评价。费德勒的研究首先从组织绩效和领导态度之间的关系入手，经过长达十余年的调查实验，1962年，费德勒提出了第一个综合的权变模型——费德勒权变模型。该模型指出，有效的群体绩效取决于两个方面的恰当匹配：一是与下属发生相互作用的领导者方式；二是领导者能够控制和影响情境的程度。该模型假设，在不同的情境中总会有某种领导方式最为有效。

费德勒认为，影响领导有效性的关键因素之一是个体的基本领导方式，并以一种LPC量表，即“最难共事者”问卷鉴别不同的领导方式。他把领导方式归纳为两类：关系取向、任务取向。关系取向的领导方式以维持良好的人际关系为其主要需要，而以完成任务之需要为辅。领导者如果对他最不喜欢的同事都能给予好的评价，就被认为对人宽容，注重人际关系和个人声望，是关系取向的领导者。任务取向的领导方式则以完成任务为其主要需求，而以维护良好的人际关系之需求为辅。如果领导者对不喜欢的同事惯于命令和控制，动辄批评，则是任务取向的领导者。

与此同时，费德勒还对领导情境因素作了界定：领导情境因素包括领导者与成员的关系、任务结构和职位权力三个方面。

（1）领导者与成员的关系。指组织成员对其领导者的情感，包括尊重、友谊、信任、合作、接纳、支持以及忠诚度。

（2）任务结构。指组织目标与任务的界定是否充分、明确而妥当，包括目标对成员来说是否清晰，成果的可测度如何，解决问题的方法是否具有正确性及完成任务的途径或手段之多寡等。

（3）职位权力。指领导者现居职位所具有的权力大小或能使部属服从指挥的程度，即领导者现居职位能对部属施加多大的影响力。

以上三因素，以领导者与成员的关系最为重要。费德勒认为，个人的领导风格是固定不变的，领导者要获得领导有效性，要么选择适应情境，要么通过改变情境来适应自己的领导风格。

费德勒的研究结果表明：根据群体工作情境，采取适当的领导方式可以把群体绩效提高到最大限度。当情境非常有利或非常不利时，采取任务取向领导方式是合适的；当情境有利程度适中时，关系取向的领导方式更有效。

2. 情境领导理论

20世纪60年代，保罗·赫塞和布兰查德提出的情境领导理论认为，成功的领导是通过选择恰当的领导方式而实现的，选择的过程需根据下属的成熟度水平而定。成熟度指的是个体能够并愿意完成某项具体任务的程度。该理论把成熟度分为四种：R1——无能力而且不愿意，R2——无能力但愿意，R3——有能力但不愿意，R4——有能力且愿意。

情境领导理论包括任务行为和关系行为两个维度，并认为每个维度都有“高”和“低”两个水平，根据排列组合组成了四种领导方式：推销型（高任务高关系）、参与型（低任务高关系）、授权型（低任务低关系）和告知型（高任务低关系）。情境领导理论认为，领导者应该确定下属的成熟度，然后采用合适的领导方式来提高领导效率。

问题思考

试总结情境领导理论的优点和不足。

3. 领导者参与模型

1973 年，弗鲁姆和耶顿提出了领导者参与模型。这种模型提出，领导者的行为必须被加以调整以适应任务结构，即领导在进行决策时，应根据不同的情境让成员不同程度地参与决策。弗鲁姆认为，“裁决，个别磋商，群体磋商，推动和促进，授权”这五种领导方式应在不同情境中被灵活选择。弗鲁姆通过这个模型以决策树的形式提出了一系列应遵循的、连续的规则，以确定在不同的情境中选择参与决策的方式和程序。

领导者参与模型认为，领导行为应根据环境的需要而变化，它把领导方式分为 7 个维度：决策的显著性、承诺的重要性、领导者的专业化、承诺的可能性、群体的支持性、群体的专业化、团队的实力。这 7 个维度也分别被分为高低两个水平，领导者参与模型可以根据时间驱动模型来表示。

4. 路径—目标理论

20 世纪 70 年代初，加拿大多伦多大学教授豪斯的路径—目标理论受到学界的重视，成为当时最受推崇的理论之一。该理论把伊万斯的研究加以延伸，又把期望理论与领导行为二因素理论结合起来，并且假设某些领导行为之所以有效，乃是因为在该情境之中，这种行为有助于下属达成和工作有关的目标。豪斯等人认为：有效的领导者应该是通过指明道路与途径来帮助下属实现他们的工作目标，并通过清理各种各样的障碍和危险使下属更容易完成工作目标。当领导者的行为使得下属的需要得到满足取决于有效的工作绩效，并且为下属提供了实现有效业绩所必需的辅助、指导、支持和奖励时，这种行为才是有效的。因此，豪斯提出了四种领导方式：指示型的、支持型的、参与型的、成就取向型的。而这四种领导方式必须根据下属的不同情况分别选择，选择时主要考虑两个方面的因素，即下属的人格特性和环境因素。人格特性包括能力、需求等。环境因素包括任务的性质、组织的权力系统和工作群体等。

路径—目标理论指出，领导者可以而且应该根据不同的环境特点来调整领导方式和作风。当领导者可以弥补员工或工作环境方面的不足时，会对员工的工作绩效和满意度产生积极的影响。但是，如果任务本身已经十分明确或员工已经具备能力和经验处理它们，但领导者还要花时间进行解释和说明，则效果可能会适得其反。

总之，领导者的领导行为不仅取决于领导者的特质和行为，还取决于其中的情境因素。研究成果以费德勒模型、领导者参与模型和路径—目标理论最为典型。

第三节　激励与激励理论

管理是科学，更是一门艺术，无论什么样的企业要发展都离不开人的创造性和积极性。因此，企业一定要重视对员工的激励，根据实际情况，综合运用多种激励机制，把激励的手段和目的结合起来，改变思维模式，真正建立起适应企业特色、时代特点和员工需求的开放的激励体系，使企业在激烈的市场竞争中立于不败之地。激励机制是企业将其远大理想转化为具体事实的手段。

一、激励的内涵

（一）激励的含义

激励是一个心理学术语，指激发人的行为的心理过程。激励在管理中是指激发员工的工作动机，即用各种有效的方法去调动员工的积极性和创造性，使员工努力去完成组织的任务，实现组织的目标。

这一定义包含以下几方面的内容。

（1）激励的出发点是满足组织成员的各种需要，即通过系统地设计适当的外部奖酬和工作环境，来满足企业员工的外在性需要和内在性需要。

（2）科学的激励工作需要奖励和惩罚并举，既要对员工表现出来的符合企业期望的行为进行奖励，又要对员工不符合期望的行为进行惩罚。

（3）激励贯穿于员工工作的全过程，包括对员工个人需要的了解、个性的把握、行为过程的控制和行为结果的评价等。因此，组织进行激励工作时要有耐心。

（4）信息沟通贯穿于激励工作的始末，从对激励制度的宣传、企业员工个人的了解，到对员工行为过程的控制和对员工行为结果的评价等，都依赖于一定的信息沟通。企业组织中信息沟通是否通畅，是否及时、准确、全面，直接影响着激励制度的运用效果和激励工作的成本。

（5）激励的最终目的是在实现组织预期目标的同时，也能让组织成员实现其个人目标，即达到组织目标和员工个人目标在客观上的统一。

因此，企业实行激励机制最根本的目的是正确地诱导员工的工作动机，使他们在实现组织目标的同时满足自身的需要，增加其满意度，从而使他们的积极性和创造性继续保持和发扬下去。由此也可以说，激励机制运用的好坏在一定程度上是决定企业兴衰的一个重要因素。如何运用好激励机制也就成为各个企业面临的一个十分重要的问题。

（二）激励的过程

1. 洞察需要

这是激励的源头，只有未满足的需要，才能成为激励的切入点。因此，领导者要实施激励，首要的前提是洞察下属的需要。

2. 明确动机

这是激励的前提。动机是指推动人们进行各种活动的愿望和理想，是行为的直接原因。

3. 满足需要

这是激励的核心。满足人的需要，实际上就是将个人目标和组织目标统一起来。

4. 激励与反馈、约束相互补充

激励的结果是否符合领导者的意图，这些都需要在反馈过程中加以明确，从而为领导者的递进式激励提供必要的信息；激励必须与约束相结合，才能有效地发挥其功用。

（三）激励的作用

对一家企业来说，科学的激励至少具有以下几个方面的作用。

1. 为组织吸引人才

发达国家中的许多企业，特别是那些竞争力强、实力雄厚的企业，通过各种优惠政策、丰厚的福利待遇、快捷的晋升途径来吸引企业需要的人才。

2．激发员工的才能和智慧

美国哈佛大学的威廉·詹姆斯（W.James）教授在对员工激励的研究中发现，按时计酬的分配制度仅能让员工发挥20%～30%的能力，如果受到充分激励的话，员工可以发挥出80%～90%的能力。管理学家的研究表明，员工的工作绩效是员工能力和受激励程度的函数，即绩效=F（能力×激励）。如果把激励对员工创造性、革新精神和主动提高自身素质的意愿的影响考虑进去的话，激励对工作绩效的影响就更大了。

3．为组织留住优秀人才

德鲁克（P. Druker）认为，每一个组织都需要三个方面的绩效，即直接的成果、价值的实现和未来的人力发展。缺少任何一方面的绩效，组织非垮不可。因此，每一位管理者都必须在这三个方面均有贡献。在三方面的贡献中，对“未来的人力发展”的贡献就是来自激励工作。

4．造就良性的竞争环境

科学的激励能够创造出一种良性的竞争环境，进而形成良性的竞争机制。在具有竞争性的环境中，组织成员会受到环境的压力，这种压力将转变为员工努力工作的动力。正如麦格雷戈所说：“个人与个人之间的竞争，才是激励的主要来源之一。”在这里，员工工作的动力和积极性成了激励工作的间接结果。

二、激励的原则

为了取得良好的激励效果，激励必须遵循以下几个原则。

（一）物质激励与精神激励相结合的原则

物质激励是指通过物质刺激的手段，鼓励员工工作。物质激励是基础，精神激励是根本。企业必须把物质激励和精神激励结合起来才能真正调动广大员工的积极性。

（二）目标一致原则

在人力资源激励中，目标的设置十分关键。一定要做到目标明确、目标一致，既要让企业员工知道组织目标，又要让员工能够在为企业谋利益的同时实现个人的目标。

（三）公平合理性原则

激励的公平合理性原则无非包括两个方面：其一，激励的措施要适度；其二，奖惩要公平。最常用的激励措施就是奖励（正激励）和惩罚（负激励）。奖励就是对符合社会价值标准和组织目标的进步、积极的行为给予奖励；惩罚就是对与此相反的行为，即落后、消极甚至越轨行为给予惩罚。激励只有做到公平合理，才能起到预期效果。

（四）差别激励原则

这就要求对不同的人、不同的情况采取不同的激励方法，以使激励更加有效。

三、激励理论

20世纪50年代以来，关于激励的研究硕果累累，主要的激励理论有以下几个。

（一）需要层次理论

这个理论在模块一中已做详细介绍，在这里仅简要提示。

马斯洛认为，在特定的时刻，人的一切需要如果都未能得到满足，那么满足最主要的需要就比满足其他需要更迫切。只有低层次的需要得到充分的满足后，较高层次的需要才具有激励作用。

（二）激励—保健理论

激励—保健理论简称双因素理论，由美国心理学家弗雷德里克·赫兹伯格提出。他提出影响人们行为的因素主要有两类，即保健因素和激励因素。

1. 保健因素

保健因素指与人们不满情绪有关的因素，是属于工作环境或工作关系方面的，如组织的政策、人际关系、工作条件等。若处理不好保健因素，就会引发员工对工作不满。但这类因素并不能对员工起激励作用，只能起到保持人的积极性、维持工作现状的作用。所以，保健因素又被称为“维持因素”。

2. 激励因素

激励因素指与人们的满意情绪有关的因素，是属于工作本身或工作内容方面的。这主要包括工作晋升机会和工作带来的愉快、工作上的成就感、对未来发展的期望等。若激励因素处理得好，则人们会产生满意情绪；若处理不当，就不能产生满意情绪，但也不会导致不满。

双因素理论对管理者的基本启示是：①提供充分的保健因素，以消除不满；②提供充分的激励因素是激发积极性的有效途径。

扩展阅读

一家IT公司的老总，每年中秋节都会额外给员工发放一笔1 000元的奖金。但几年下来，老总感到这笔奖金正在丧失它应有的作用，因为员工在领取奖金的时候反应相当平和，每个人都像领取自己的薪水一样自然，并且在随后的工作中也没有人会为这1 000元表现得特别努力。既然奖金起不到激励作用，老总决定停发，这样也可以减少公司的一部分开支。但停发的结果却大大出乎意料，公司上下几乎每一个人都在抱怨老总的决定，有些员工明显情绪低落，工作效率也受到不同程度的影响。老总很困惑，为什么有奖金的时候，没有人会为此在工作上表现得积极主动，而取消奖金之后，大家都不约而同地指责抱怨甚至消极怠工呢？

（三）行为改造理论

行为改造理论认为，激励的目的是改造和修正行为。它研究如何通过外界刺激对人的行为进行影响和控制。

1. 强化理论

该理论认为，人们为了达到某种目的，都会实施一定的行为，这种行为将作用于环境。当行为的结果对他有利时，这种行为就重复出现；当行为的结果对他不利时，这种行为就会减弱或消失。根据强化的目的，强化可被分为正强化（肯定、表扬、晋升等）和负强化（批评、处分、降级等）两种。

2. 归因理论

归因理论认为，人的行为的发生或多或少与自身内部原因和外界环境因素有关。美国心理学家维纳将成功与失败归因为四个方面：①能力；②努力；③任务的难度；④机遇。不同的人对成功和失败有不同的归因，并导致不同的情绪反应和行为表现。

（四）公平理论

公平理论（Equity Theory）是美国心理学家亚当斯在1963年首先提出来的，也称社会比较理论。其基本观点是，当一个人做出成绩并取得了报酬以后，他不仅关心自己所得报酬的绝对量，而且关心自己所得报酬的相对量。

（五）期望理论

期望理论（Expectancy Theory）由美国的维克多·弗隆姆于1964年提出。该理论认为，某一活动对某人的激励力取决于他所能得到成果的全部期望价值与他认为达到该成果的期望概率。用公式表示就是

$$M=V \cdot E$$

式中，M表示激励力，指调动一个人的积极性、激发出人的内部潜力的强度；V表示效价，指某项活动成果所能满足个人需要的价值程度；E表示期望值，指一个人根据经验判断的某项活动导致某一成果的可能性的大小，即数学上的概率，数值在0～1。

期望理论具有较大的综合性和适用性，把握这一理论应注意以下几点。

（1）效价应为目标的综合效价，即某目标给某人带来的好处、效益是多样的，效价应指各种效价之总和。

（2）同一事件或同一目标对不同人的效价不一样，对同一个人在不同时期的效价也不一样。

（3）期望概率是指当事人主观判断的概率，它与个人能力、经验以及愿意付出的努力程度有直接关系。

（4）效价与平均期望概率相互影响。平均期望概率小，效价相对增大；平均期望概率大，效价相对减小。

四、激励的方式

在管理实践中常用的激励方式如下。

（一）目标激励

企业或单位可给员工设定一定的任务目标，实行目标激励管理，也就是将员工每年应完成的基本工作量定为任期目标，施加一定压力，这有利于他们完成任务，早出成果。

（二）奖励激励

奖励包括物质奖励和精神奖励，前者主要通过增加工资或奖金来调动员工的积极性，后者主要通过各种形式的表扬、一定的荣誉等来调动员工的积极性。

（三）机会激励

这是指涉及工作内容本身的激励，包括给予员工各种机会，包括职位的提升、权限的扩大、工作范围的扩大、安排更具挑战性或更符合个人爱好和特点的工作、工作内容丰富化等。

（四）民主管理激励

民主管理激励主要是指让员工参与组织管理决策的研究和讨论。这一方面可使员工通过参与管理获得被重视的机会和成就感；另一方面可使员工因获得信任而产生强烈的责任感，从而提高员工的工作积极性。

五、激励的误区

当前，组织管理中常见的激励误区有下列七个。

（一）管理意识落后

有的企业对人才根本不重视，认为有无激励一个样。这些企业需要革新自己的陈旧观点，把人才当作一种资本来看，挖掘人的潜力，重视激励，否则，必然会遭淘汰。还有的企业口头上重视人才，行动时却还是以往的一套。这些企业管理思想落后，在这些企业里的员工很难有较高的积极性。

（二）盲目激励现象

不少企业看到别的企业有激励措施，自己便“依葫芦画瓢”。合理的借鉴是必需的，但很多企业只是照搬。激励的有效性在于需要。只有立足本企业员工的需要，激励才会有积极意义。所以，要消除盲目激励的现象，必须对员工的需要做科学的调查分析，针对这些需要来制定本企业的激励措施。

（三）激励措施的无差别化

许多企业实施激励措施时，并没有对员工的需要进行分析，“一刀切”地对所有的人采用同样的激励措施，结果适得其反。同样的激励措施不可能满足所有的需要。另外，企业要注重对核心员工的激励。在企业中，核心技术人员、高级管理者、营销骨干等都属于核心员工，他们有着高于一般员工的能力。加强对他们的激励，可以起到事半功倍的效果。对核心员工更要使用长期激励措施，如股票期权、目标激励。

（四）激励就是奖励

认为激励就是奖励是企业中普遍存在的一个误区，其实需要被剥夺的时候也可以引发员工的紧张状态，使其有较高的积极性。企业的奖励措施往往会使员工产生各种行为，其中有的行为并不是企业所希望的。因此，必要的约束措施和惩罚措施就很必要。但是，使用惩罚措施时要注意，惩罚力度不能过大。要多用奖励，辅以惩罚。

（五）激励过程中缺乏沟通

企业往往重视命令的传达，而不注重反馈沟通。这样对激励是没有好处的。缺乏必要的沟通，员工就处于一个封闭的环境中，不会有较高的积极性。

（六）重激励，轻约束

在我国的企业界，有这么一个现象，有的企业不重激励重约束，留不住人才；有的企业重激励不重约束，也留不住人才。可见，只强调对激励的重视还是不够的。激励正确的事、约束错误的行为才是正确的管理之道。

（七）过度激励

有人认为，激励的力度越大越好。其实，这也是一种错误的观点，凡事物极必反，激励也是这样。过度的激励会给员工过度的压力，当这个压力超过员工承受力的时候，结果是可想而知的。适当的激励才会有积极意义。

六、建立有效激励机制的途径

要充分调动员工的积极性，增强企业的竞争力，必须建立一套有效的激励机制。

（一）突破常规体制，实行人才动态管理

所谓人才的“动态管理”，就是要在企业中引入竞争机制，建立能者上、庸者下，以人为本、

用人唯才的用人机制，使得到提升的员工产生强烈的成就感和责任感，使其他员工树立更远大的进取目标，从而激发全体员工的积极性和创造性。

（二）建立科学的绩效考核评价体系

对员工进行晋升、聘任、奖惩及调整工资待遇都要有一定的依据，这就需要有一套科学的绩效考核评价体系。员工绩效考核是按照一定的标准，采用科学的方法，检查和评定员工对职位所规定的职责的履行程度，以确定其工作成绩的管理方法。其目的主要在于通过对员工全面综合的评估，判断其是否称职。考核要坚持客观公正、民主公开、注重实绩的原则。考核的内容包括“德、能、勤、绩”四个方面，重点考核工作实绩。对不同专业和不同职务、不同技术层次的工作人员在业务水平和工作业绩方面应有不同的要求。科学、公平的绩效考核评价体系要真正客观、公正地评价每一位员工的工作业绩，使奖惩有本可依，同时为进一步开展“减员增效”提供依据。

（三）加强企业文化建设，以远大的目标激励员工

人的需求多种多样，既有物质方面的，又有精神方面的。过于强调物质利益，会使自我极度膨胀、自私自利，工作积极性更是无从谈起；然而，过于强调精神方面的内容又会形成望梅止渴的现象，解决不了实际问题。因此，在满足员工的物质利益的同时，还应大力提倡企业文化建设，形成讲牺牲、讲贡献的良好企业氛围，以精神内容充实员工的思想和生活，给他们以强大的精神力量，使之有目标可奔、有方向可寻。

（四）注重经营管理变化，随时改变激励方式

人的需求是多变的，当低层次的需要被满足后，就会产生较高层次的需要。因此，激励方式也不是一成不变的，而是应该随着员工生活水平、收入的提高有所变化。这样激励才能保持持续的有效性，才能不断提高员工积极性，不断挖掘员工的创造力，使企业永葆生机和活力。除此之外，激励方式还应因人而异。因为人的层次不同、生活水平不同，需要自然也不一样。因此，对于不同员工的激励应有所差别，即所谓“看人下菜碟”，这样才能实现各取所需，达到提高员工积极性、创造性，吸引人才，留住人才及企业长远发展的目的。

第四节 人际间的信息沟通

案例导引

有一个人请了甲、乙、丙、丁四个人吃饭，临近吃饭的时间了，丁迟迟未来。这个人着急了，顺口说了一句：“该来的怎么还不来？”甲听到这话，不高兴了：“看来我是不该来的！”于是就告辞了。这个人很后悔自己说错了话，连忙对乙、丙解释说：“不该走的怎么走了？”乙说：“原来该走的是我。”于是也走了。这时候，丙对他说：“你真不会说话，把客人都气走了。”那人辩解说：“我说的又不是他们。”丙一听，说：“这里只剩我一个人了，原来是说我啊！”也生气地走了。

从上面的案例中可以看出，沟通作为一个重要的人际交往技巧，在日常生活中的运用非常广泛，其影响也很大。可以说，人际矛盾产生的原因，大多数都可归于沟通不畅。理解沟通的内容，掌握如何进行有效的沟通对人际关系的发展是至关重要的。

一、人际沟通概述

人际沟通是人与人之间增进了解的工具。人际沟通是人类社会交往的最初也是最重要的形式。

（一）人际沟通的概念

人际沟通就是人们运用语言符号或非语言符号来传递信息的过程。把人的观念、思想、感情等看作信息，人际沟通就是人与人之间信息传递的过程。人们在共同的活动中彼此交流各种观念、思想、兴趣、情绪、感情与意向等。例如，群体内部各个成员之间的横向沟通，群体之间、部门之间的横向沟通，上级机关与下属机关以及组织内部领导与部属的纵向沟通等，都属于人际沟通的范围。

（二）人际沟通的类型

按不同分类标准，人际沟通有多种类型。

1. 按照渠道的不同，人际沟通可分为直接沟通和间接沟通

（1）直接沟通。直接沟通指运用人类自身固有的手段，无须沟通媒介的人际沟通方式，如谈话、演讲、上课等，它是人际沟通的主要方式。

（2）间接沟通。间接沟通指除了依靠传统的语言、文字外，还需信件、电话、电报、E-mail等媒介进行的沟通。它大大拓宽了人际沟通的范围，使远隔千万里的两个人之间，可以像面对面一样地交流信息。

2. 依据语言符号形式的不同，人际沟通分为语言沟通和非语言沟通

（1）语言沟通。语言沟通指沟通者以语言符号的形式将信息发送给接收者的沟通行为。语言有口语和文字两种形式，故语言沟通分为有声的语言沟通和无声的语言沟通。有声的语言沟通是用口语，即以讲话的方式进行沟通，如谈话、讲课、演讲、打电话等；无声的语言沟通是用文字即书面语言来沟通，如写信、贴布告、发通知、写字条、板书等。

（2）非语言沟通。非语言沟通指沟通者以非语言符号的形式将信息传递给接收者的沟通行为，它是以表情、动作等为沟通手段的信息交流。面部表情及眼神、身体动作及姿势、言语表情、个人空间及个人距离、气质、外形、衣着与随身用品、触摸行为等都是非语言符号，它们都可以作为沟通工具来进行非语言沟通。

3. 按沟通的组织程度分类，人际沟通可分为正式沟通与非正式沟通

（1）正式沟通。正式沟通指在一定的组织机构中通过明文规定的渠道进行信息的传递。例如，上级向下级下达指示、发送通知，下级向上级呈送材料、汇报工作，以及定期、不定期的会议等。

（2）非正式沟通。非正式沟通指在正式沟通渠道外进行的信息交流，是人们以个人身份进行的人际沟通活动，如人们私下交换意见、议论某人某事、传播小道消息等。

4. 从有无反馈的角度看，人际沟通可分为单向沟通和双向沟通

（1）单向沟通。单向沟通指单向信息流动的人际沟通。在沟通时，沟通双方的地位不变，一方只发送信息，另一方只接收信息而不向对方反馈信息，如做报告、大型演讲等。当然，实际上严格意义的单向沟通是罕见的，接收者会以各种形式（鼓掌、打呵欠、说话、坐立不安等）或多或少地反馈信息。

（2）双向沟通。双向沟通指双向信息流动的人际沟通。在沟通时，发送信息者与接收信息者之间的地位不断变换，信息沟通与信息反馈多次往复，如交谈、协商、谈判等。人际沟通中的绝大多数均为双向沟通。

5. 根据接收者的不同，人际沟通分为内部沟通、外部沟通和自我沟通

（1）内部沟通。内部沟通指与单位内的同事、领导、下属之间的沟通以及部门间的沟通。对情感关系以及亲和力没有很高要求，这是其与外部沟通，尤其是与客户沟通有重大区别的地方；但单位内部往往存在复杂的人际关系，或部分地存在乖戾的行为习惯，这使得内部沟通往往更加复杂不易。

（2）外部沟通。外部沟通指与单位外的客户、媒体、政府部门间开展的沟通。因为相互不熟悉、事务交往的可选择性与利害关系，所以外部沟通对信任与交往愉悦有较高要求；尤其是出外办事面对陌生客户时，员工将面临无助、恐惧和压力，这种无助、恐惧与压力可能击倒内心柔弱的员工，因此针对刚入行的员工进行训练是必要的。

（3）自我沟通。自我沟通指与自己的心灵进行沟通。自我沟通决定着自己是积极心境还是消极心境，而心境决定着肢体语言信息、声音语言表现、文字语言运用。所以说，自我沟通是沟通的重要内容。

二、人际沟通的组成

人与人的沟通过程包括输出者、接收者、信息、渠道四个主要因素。

（一）输出者

信息的输出者就是信息的来源，他必须充分了解接收者的情况，以选择合适的沟通渠道以利于接收者的理解。要顺利地完成信息的输出，必须对“编码”和“解码”两个概念有一个基本的了解。“编码”是指将想法、认识及感觉转化成信息的过程。“解码”是指信息的接收者将信息转换为自己的想法或感觉的过程。

（二）接收者

接收者是指获得信息的人。接收者通过信息“解码”，将信息转化为他所能了解的想法和感受。这一过程受到接收者的经验、知识、才能、个人素质以及对信息输出者的期望等因素的影响。

（三）信息

信息是指在沟通过程中传给接收者的消息（包括口语和文字）。对于同样的信息，输出者和接收者可能有着不同的理解，这可能是因输出者和接收者的差异造成的，也可能是由于输出者传送了过多的不必要的信息。

（四）渠道

企业组织的沟通渠道是信息得以传送的载体，可分为正式或非正式的沟通渠道、向下沟通渠道、向上沟通渠道、水平沟通渠道。

三、人际沟通的特征

（一）双向性

沟通双方相互依赖，如演讲者离不开听众，听众也离不开演讲者。在一个完整的沟通过程中，

沟通参与者几乎在同时充当着输出者和接收者的双重角色。

（二）双重手段

人际沟通不仅传递观念和思想（这关系着沟通的内容），同时还传递着情感（以此影响着人际关系）。在服务客户或销售产品时，销售人员传递的信息不但包括有关产品功能的信息，还有他的语调、手势、与客户的距离、姿势和表情等。人际沟通通过传递内容与传递情感双重手段达成有效沟通。

（三）互动性

互动是人们在沟通中产生反应，通过语言回答、眼神交流、接近接触、手势动作等方式反馈信息。沟通没有反馈说明对方没有心理反应，说明沟通没有效果。

（四）情境性

在通常情况下，人们总是根据时间、空间、双方关系等的不同来选择不同的话题，进行适当的沟通。例如，当司马懿的大军逼近城楼时，诸葛亮表现得泰然自若，坐在城楼上饮酒抚琴，司马懿见此情形，怕中埋伏便引兵自退。“空城计”只对司马懿有效，若换了许褚，诸葛亮只有束手就擒了。

（五）接近性

人际沟通的沟通者在交往活动中是平等地参与交流和相互影响的。沟通者在空间上接近会产生情感，正所谓“见面三分情”；反之，如果沟通者在空间上不接近，如打电话、看电视和收听无线电广播等，这种互动与亲切感就不容易产生。所以，应尽可能地创造条件进行面对面交谈。

扩展阅读：应聘考核

一家公司在面试员工的过程中，经常会让10个应聘者在一个空荡的会议室里一起做一个小游戏，很多应聘者在这个时候都感到不知所措。在一起做游戏的时候，主考官就在旁边看，他不在乎你说的是什么，也不在乎你说的是否正确，他是看你是否有听、说、问这三种行为，并且这三种行为的出现次数是否均衡。如果一个人要表现自己，他的话会非常多，始终在喋喋不休地说。这个人将是第一个被请出考场或者淘汰的。如果你坐在那儿只是听，不说也不问，那么，也将很快被淘汰。只有在游戏的过程中你说、你听，同时你会问，才说明你具备良好的沟通技巧。自然，你也会受到主考官的青睐。

四、人际沟通的障碍

（一）个人障碍

1\. 自我认知的偏误

按照认知心理学的观点，人的认知活动是人对外界信息进行积极加工的过程。每个人的认知程度都是有限的、相对的。很多人都带有偏见，开始时在组织内可能只存在着某个或某几个人的说法或者抱怨，久而久之就形成了一种偏见，从而造成组织成员认知的偏误。

2\. 经验的影响

辩证唯物主义认为，经验是一切认识的起点，但只有上升为理性认识，我们才能把握事物的本质，更正确地认识世界和指导改造世界。过去的经验不见得是正确的，也有错误的经验。但过去的经验常常使人在心理上产生依赖感，人们往往根据经验而不是根据具体情况、客观事物的发展和变化来沟通处理事情，从而造成沟通的障碍。

3. 语言障碍

语言是人类最重要的交际工具，当然也是最重要的组织内外部沟通工具。它同思维有密切的关系，是人类形成和表达思想的手段，也是人类社会最基本的信息载体。人们借助语言保存和传递人类文明的成果。语言没有阶级性，一视同仁地为社会各个成员服务，但社会各阶级阶层或社会群体会影响语言，从而造成语言在使用上的不同特点或差异。这些特点的不同以及差异的存在，可能造成语言障碍，从而形成沟通的障碍。

4. 地位的差异

地位的差异造成心理沟通障碍，这在组织中的上下级之间非常明显。一般来说，向上沟通在实际中有不少障碍，心理研究表明，下级在向上级汇报工作或主动沟通时，常常带有担心说错、怕承担责任、焦虑等心理，致使沟通不是在轻松流畅的氛围中进行的，从而形成沟通障碍。而在向下沟通的过程中，主动沟通的是上级，上级虽然会受到欢迎拥护，但毕竟有时会居高临下，使下属有压迫感或紧张，也会形成沟通障碍。平行的沟通虽然沟通者的地位差距不大，但并不会有地位完全相等的两个人，职务的重要与否、职称的高低、资历深浅、组织中成员的认可度等，都会或多或少形成地位的优越感、重要感或压迫感、低下感，从而引发心理障碍，造成沟通不畅。

（二）组织中有效管理沟通的组织障碍

1. 准备的不足

沟通前必须有所准备，要做到有备无患，这是一个在任何场合都适用的原则。沟通前要做好充分的收集情报的工作。要做到信息的畅通，首要的是信息必须充分准确，适当的准备才可保证沟通的有效和成功。

2. 时间带来的压力

在时间的压力下，沟通者很容易做出仓促的决定。管理学中有一个芝麻绿豆原理：对于重要的事情两三天就下决定了，而对于“芝麻绿豆”的小事情却拖了两三个月都没有下决定。在沟通中经常会出现这种情况。

3. 错误的期望

对绝无可能实现的事情抱有期望保证会令你失望。组织中的沟通管理强调要对各方的利益目的以及为实现收益各自所应尽的职责进行开诚布公的讨论。其原因在于，在收益和职责上开诚布公，可以减少错误的期望所带来的危险，或者至少能够认清它们是错误的。不要把错误的期望视作居心不良的标志，它们通常产生于某一方的某种沟通愿望，或者对沟通或交易的预先设想。

扩展阅读：传达命令

传令员对连长传令：“司令官命令，‘明天午后 1 时，全连官兵务必准时在大操场集合，要求大家穿好军装，带好观察工具，观看哈雷彗星从东向西飞过’。”

接着，连长对排长传令：“司令官命令，‘全体官兵明天午后 1 时到大操场集合，要求大家穿好军装，带好武器，准时接受检阅，还有星级上将从天上飞过’。”

然后，排长对班长传令：“司令官命令，‘全体官兵明天午后 7 时到大操场集合接受检阅，务必穿好军装，带好武器，还有三星上将乘飞机从天上飞过’。”

最后，班长对全班传令：“司令官命令，‘全体官兵明晚7时到大操场集合接受检阅，务必带好武器，整装待发，否则，三颗子弹将从你头上穿过’。”

五、有效沟通的实现

扫一扫

怎样实现有效沟通

（一）增强自信心

通过加强练习总结过去在沟通中正反两方面的经验教训，培养自己的沟通自觉性，增强自信心。

（二）坦率真诚

与别人沟通应坦诚，当然没有必要把自己的所有故事全部告诉别人，但是对于那些需要告诉别人的一定要真诚相告。不要装腔作势，沟通中不要演习，否则只会使对方怀疑，降低对自己的信任度。

（三）尊重别人

在与别人交流时不要轻易打断别人的话，当然，这样并不意味着要同意对方的观点。要培养自己对对方的兴趣，做到热心、耐心、专心，给人一种乐于倾听的感觉。

（四）选择适合的沟通方式

针对不同的沟通对象和目的选择不同的沟通方式，如会议、电话、笔信件、电子邮件、面谈等，最终选择何种方式要根据具体情况而定。如果是一般的说明情况的信息沟通，通过会议、信件、电子邮件就可以进行；如果是为了交流感情和增加信任，则在合适的时间、地点面谈为好。

（五）注意倾听

努力从多方面理解别人所说的话的意思。注意别人对事物的看法和意见，提高换位思考能力。要避免盲目下结论和个人形而上学式的偏见固执的思维方式。

第二部分　实务部分

任务一　思考与讨论

一、简答题

1. 领导与管理的区别。
2. “社会人”假设。
3. 期望理论。
4. 有效沟通与意见达成一致是同一个概念吗？
5. 如何理解管理就是沟通、沟通、再沟通？

二、讨论题

新学期开学第一天，李明穿着新衣服，拿着刚领的新书走进学校食堂准备打饭，结果刘亮不小心把一碗热汤洒在了他的衣服和书上，双方争吵起来。如果你是李明（或刘亮），你将如何解决争吵问题？

任务二 案例分析

案例一 研究所的三位领导者

有一个应用科学研究所，所长是一位在相关领域有较大贡献的专家，他是在“让科技人员走上领导岗位”的背景下，被委任为所长的，没有领导工作的经验。他上任后，只是潜心搞自己的研究，对整个研究所的科研项目的申请、经费的来源、职称评定政策等根本不关心，且对员工也不关心，很少和下属进行沟通，对员工的疾苦也不去了解。之前很多人本以为跟着他可以大干一番，做出几个像样的项目，成就自己的梦想，但是现在看到此种现象后很失望，感觉跟着他的话，没什么前途可言。他在成果及物质奖励等问题上搞平均主义，也不考虑员工对研究所的实际贡献，一些员工特别是年轻人很不满意，所里人心涣散。上级部门了解情况后，聘任了一位成绩显著的家用电器厂厂长当所长，该厂长是一位转业军人，是当地整治落后单位的铁腕人物。新所长一上任，立即实施一系列新的规章制度，包括“坐班制”，并把中青年科技人员集中起来进行“军训”，以提高其纪律性；在提升干部、奖励等问题上，向“老实、听话、遵守规章制度”的人倾斜。这样一来，涣散的状况有所改变，但大家还是无事可做，在办公室看看报纸、聊聊天，要求调离的人不断增加，员工与所长之间也经常出现矛盾。一年后，该所长便辞职而去，并留下“知识分子太难管了”的感叹。上级部门进行仔细的分析和研究后，又派了一位市科委副主任前来担任所长。该所长上任后，首先进行周密的调查，然后在上级的支持下，进行了一系列有针对性的改革，把一批有才能、思想好、有开拓精神的人提升到管理工作岗位，将权力下放到科室、课题组；奖励、评职称实行按贡献大小排序的原则；提倡“求实、创新”的工作作风；在完成指定科研任务的同时，大搞横向联合，制定优惠政策，面向市场。从此，研究所的面貌焕然一新，原来的一些不正常现象自然消失，科研成果、经济效益成倍增长，该研究所成了远近闻名的科研先进单位。

问题：

1. 运用有关领导理论，分析案例中三位领导者的领导方式及其特点。
2. 运用有关激励理论，对案例中三位领导者的激励手段及其有效性进行分析。

案例二 薪酬制度的激励作用

某房地产集团下属一家物业经营管理公司，在成立初期，非常注重管理的规范化和充分调动员工积极性，制定了一套较科学完善的薪酬管理制度，使公司得到了较快的发展，短短的两年多时间，公司的业务增长了110%。随着公司业务的增加和规模的扩大，员工也增加了很多，人数达到了220多人，但公司的薪酬管理制度没有随公司业务的发展和人才市场的变化进行适时调整，还是沿用以前的。公司领导本以为公司已有了一定的规模，经营业绩理应超过以前，但事实上，整个公司的经营业绩不断出现下降，客户的投诉也不断增加，员工对工作失去了往日的热情，部分技术、管理骨干离职，其他人员也出现不稳定的征兆。其中，公司工程部经理在得知自己的收入与后勤部经理的收入相差很少时，感到不公平，他认为，工程部经理这一岗位相对后勤部经理，工作难度大、责任重，但薪酬却差不多，所以，工作起来没有了以前那种干劲，后来辞职而去。员工的流失、员工工作缺乏积极性，致使该公司的经营一度出现困难。在这种情况下，该公司的领导意识到问题的严重性，经过对公司内部管理的深入了解和诊断，发现问题出在公司的薪酬系统上，而且关键的技术骨干的薪酬水平较市场明显偏低，对外缺乏竞争力。公司的薪酬结构也不尽合理，对内不够公平，这些导致了技术骨干和部分中层管理人员流失。针对这一具体问题，该公司就薪酬水平进行了市场调查和分析，并对公司原有薪酬制度进行调整，制定了新的与企业战略和组织架构相匹配的薪酬制度，激发了员工的积极性和创造性，使公司发展又恢复了良好的势头。

问题：请运用所学的激励理论，对以上案例进行分析。

案例三　成功企业领导者的案例

一、富士康老总郭台铭的辛勤创业之路

全球杰出晋商领袖奖获得者、鸿海精密集团董事长郭台铭，1971 年进入台湾复兴航运公司工作，1974 年成立鸿海塑料企业有限公司，资本额为 30 万元，生产黑白电视机的旋钮；1985 成立美国分公司，创立 Foxconn（富士康）自有品牌；在 2001 年美国《福布斯》全球亿万富翁排行榜上位列第 198 名；2002 年成为美国《商业周刊》评选的“亚洲之星”。

1974 年，24 岁的郭台铭和几个朋友在台湾成立鸿海塑料企业有限公司，一起承接塑料零件订单。鸿海塑料企业有限公司成立不久，马上遭遇经济危机，原材料价格上涨，经营十分困难。合伙的朋友决定放弃，但是郭台铭不肯，就借钱盘下了这家公司，这就是富士康的雏形。郭台铭的第一单生意是制造电视机相关零件。刚刚起步，郭台铭就受困于技术：工厂技术高度依赖于模具师傅。郭台铭拿着刚刚累积的几十万元资金，开始盘算是否要投资模具工厂。在当时，台湾的经济大环境已经发生改变。其他不少企业家趁着经济起飞，有的“炒”地皮，有的囤积原料，都在等价格上涨大赚一笔。但是郭台铭放弃了后来涨了数倍的土地买卖机会，选择投资建厂，引进新设备，和信赖的员工摸索生产工艺和流程。这个过程非常辛苦，他们每天加班到深夜。以至于创业的前几年，郭台铭都在问自己：“我的决定是正确的吗？”靠着第一批模具机器和技术积累，鸿海塑料企业有限公司开始和台湾前十大制造商有了业务往来。于是，郭台铭省吃俭用，将累积下来的又一批资本金不断投入到购买更精良的设备上。1984 年，他从美国引入高级设备，整整花掉公司一年收入的十分之一。不仅如此，随后的几年，他相继从瑞士引进高级设备，聘请日籍顾问，又引进日本的精密机械技术。公司也因此壮大起来。

郭台铭对于自己今天取得的这些成绩，并没有满足，至今还在不断学习，不断努力。郭台铭有句名言：真正的英雄，早就死在了沙场上，而不是回来拿奖章的人。这让很多每年授奖的人听了不是滋味。但鸿海塑料企业有限公司内部的人都很清楚，郭台铭主要的用意是要提醒已有“战功”、高高在上的主管，不要以物质的收获而满足，人生还有更大的战场，而奋斗还没有结束。

二、阿里巴巴创始人马云的创业故事

阿里巴巴无疑是中国互联网史上的一个奇迹，这个奇迹是由马云和他的团队创造的。但是马云在创业初期，钱也不多，只有 50 万元，还是 18 个人东拼西凑凑起来的。50 万元，是他们全部的家当。然而，马云却喊出了这样的宣言：我们要建成世界上最大的电子商务公司，要进入全球网站排名前十位！

1999 年，中国的互联网发展已经进入了白热化状态。50 万元，只相当于新浪、搜狐、网易这样大型门户网站的一笔小小的广告费。阿里巴巴在创业初期相当艰难，每个人的工资只有 500 元。外出办事，大家发扬“出门基本靠走”的精神，很少坐出租车。据说有一次，大伙出去买东西，东西很多，实在没办法了，只好坐出租车。大家在马路上拦车，来了一辆桑塔纳，他们就摆手不坐，一直等到来了一辆夏利，他们才坐上去，因为夏利每公里的费用比桑塔纳便宜 2 元钱。阿里巴巴曾经因为资金的问题，到了几乎维持不下去的地步。8 年过去了，2007 年 11 月 6 日，阿里巴巴在香港联交所上市，市值达 200 亿美元，成为中国市值最高的互联网公司。马云和他的创业团队，由此缔造了中国互联网史上最大的奇迹。

三、百度之父李彦宏

李彦宏在 1999 年年底回国创办百度，那时的他几乎默默无闻。此时，上一轮互联网泡沫狂热到了极点。而怀揣 120 万美元风险投资的李彦宏，被朋友调侃：像小老板一样神色慌张地在北大校园里张贴招聘广告。招到 6 名员工后，李彦宏在北大一间不起眼的办公室里开张营业。他穿梭在北大校园里，仿佛一位邻家大学生。李彦宏一直寻求将美国的硅谷创业模式和自由 IT 精神移植到中国。在百度，员工穿着随便，没有上班打卡的限制，上班时在网上聊天和打游戏被视为正常。李彦宏对员工只有两条禁令：不许带宠物上班，不可以在办公室抽烟。百度的盈利模式很简单，主要向门户网站提供搜索技术服务，按照网站的访问量分成，向门户网站收取费用。李彦宏意识到原有模式只能是“为他人作嫁衣裳”，他欲让百度转身，成为类似 Google 的搜索门户。但此想法却遭到董事会抵制，2001 年在深圳举行的关键会议上，董事们态度坚决地反对李彦宏。他们认为李彦宏的想法是疯狂、不理智的。外表温和的李彦宏被激怒了。面对众口一词，李彦宏毫不怯场，指责董事们保守和懦弱，甚至当场怒摔手机。最后，被震惊的董事们勉强同意了李彦宏的想法。2001 年 10 月，百度推出全新商业模式搜索引擎竞价排名。此时，百度一天的点击量寥寥可数。李彦宏深知，百度必须在 Google 的阴影下学会成长。终于，百度认真研究中国文化，推出了更符合中国用户使用习惯的中文搜索平台。李彦宏的竞价排名战略也立竿见影，竞价排名带来的销售收入直线上升，百度 2003 年的销售额是 2002 年的 5 倍，同时百度也在 2003 年实现盈利。

问题：

1. 成功领导者应具备哪些素质？
2. 在目前的互联网时代，面对竞争，领导者应该如何调整企业策略？

任务三 企业模拟案例（视频案例）

扫一扫

案例一

扫一扫

案例二

企业模拟案例一

扫描二维码，观看视频后回答以下问题。

根据所学的激励、沟通等相关知识，请大家自编自导自演场景二，想一想这位顾客的需要如何才能得到满足？

企业模拟案例二

扫描二维码，观看视频后回答以下问题。

如果你是西安分公司的经理，根据所学的激励、沟通等相关知识，续编并导演场景四，看看怎样化解公司内部的矛盾。

模块六

控制

比你的对手更善于控制开支。当你比别人更善于控制费用时，你会感到你拥有竞争优势。

——山姆·沃尔顿

目标与要求

本模块主要阐述控制的基本概念、控制的类型、控制过程和控制方法。通过本模块的学习，学生应了解控制的基本概念和必要性，理解控制的类型，掌握控制的过程和方法，从而为企业管理实践服务。

导入案例

麦当劳公司的控制

麦当劳公司是大型的连锁快餐集团，在世界上大约拥有3万家分店，主要售卖汉堡包、薯条、炸鸡、汽水、冰品、沙拉、水果。麦当劳餐厅遍布在全世界百余个国家和地区。

麦当劳允诺，每个餐厅的菜单基本相同，而且“质量超群，服务优良，清洁卫生，货真价实”。它的产品加工和烹制程序乃至厨房布置，都是标准化的、被严格控制的。它曾撤销了在法国的第一批特许经营餐厅，因为它们尽管盈利可观，但在快速服务和清洁方面未达到相应的标准要求。

麦当劳的各分店都是由当地人所有和经营管理的。鉴于在快餐饮食业中维持产品质量和服务水平是其经营成功的关键，因此，麦当劳公司在采取特许连锁经营这种战略开辟分店和实现地域扩张的同时，特别注意对连锁店的管理控制。如果管理控制不当，使顾客吃到不对味的汉堡包或受到不友善的接待，其后果就不仅是这家分店将失去这批顾客的问题，还会波及影响其他分店的生意，乃至损害整个公司的信誉。为此，麦当劳公司制定了一套全面、周密的控制方法。

麦当劳公司主要通过授予特许权的方式来开辟连锁分店。其考虑之一，就是使购买特许经营权的人在成为分店经理人员的同时也成为该分店的所有者，从而使其在直接分享利润的激励中形成了对其扩展中业务的强有力控制。麦当劳公司在出售其特许经营权时非常慎重，总是通过各方面调查了解后，挑选那些具有卓越经营管理才能的人作为店主，而且事后如发现其能力不符合要求则撤回这一授权。

麦当劳公司还通过详细的程序、规则和条例，使分布在世界各地的麦当劳分店的经营者和员工们都进行标准化、规范化的作业。麦当劳公司对制作汉堡包、炸土豆条、招待顾客和清理餐桌等工作都事先进行翔实的动作研究，确定各项工作开展的最好方式，然后再编成书面的规定，用以指导和规范各分店管理人员和一般员工的行为。公司在芝加哥开办了专门的培训中心——汉堡包大学，要求所有的特许经营者在开业之前都接受为期一个月的强化培训；回去之后，还要求他们对所有的工作人员进行培训，确保公司的规章条例被准确理解和贯彻执行。

为了确保所有特许经营分店都能按统一的要求开展活动，麦当劳公司总部管理人员还经常走访、巡视世界各地的经营店，进行直接的监督和控制。例如，有一次巡视中，公司总部管理人员发现某家分店自作主张，在店厅里摆放电视机和其他物品以吸引顾客，这种做法因与麦当劳的风格不一致，立即被纠正。除了直接控制外，麦当劳公司还定期对各分店的经营业绩进行考评。为此，各分店要及时提供有关营业额、经营成本和利润等方面的信息，这样总部管理人员就能把握各分店经营的动态和出现的问题，以便商讨和采取改进的对策。

麦当劳公司的另一个控制手段，就是要求所有经营分店都塑造公司独特的文化价值观，这就是大家所熟知的由“质量超群，服务优良，清洁卫生，货真价实”口号所体现的文化价值观。麦当劳公司共享价值观的建设，不仅在世界各地的分店及其上上下下的员工中进行，而且还将公司的一个主要利益团体——顾客也包括进这支队伍中。麦当劳的顾客虽然要自我服务，但公司特别重视满足顾客的要求，如为他们的孩子开设游戏场所，提供快乐餐和生日聚会等服务，以形成家庭式的氛围，这样既吸引了孩子们，也增强了成年人对麦当劳公司的忠诚度。

【分析提示】

1. 麦当劳公司所创设的管理控制系统，具有哪些基本构成要素？
2. 该控制系统是如何促进麦当劳公司全球扩张战略实现的？
3. 麦当劳的控制方法对你有什么启发？

第一部分　理论部分

美国著名的管理学家斯蒂芬·P·罗斯宾曾经说过：“有效的管理者应该始终督促他人，以保证应该采取的行动事实上已经在进行，保证他人应该达到的目标事实上已经达到。”他在这句话中就强调了控制在管理过程中的作用。控制就是为了保证企业计划与实际作业动态相适应的管理职能。控制工作的主要内容包括确立标准、衡量绩效和纠正偏差。有效的控制不仅要适时、适度、客观地进行，而且要有效地运用合理的方法去实施。

第一节　控制的基本概念

控制是管理职能中的一个环节。企业在做出决策后，必然会相应地制订企业的短期或者长期计划。可是计划实施之后，实施的效果如何？是按照计划执行，还是偏离计划执行？这必然需要企业具备一定的控制能力，掌握一定的控制方法，开展有效的控制工作。

一、控制的基本概念

什么是控制呢？控制就是为了保证企业计划与实际作业动态相适应的管理职能，是企业的管理人员检查组织实施运作是否按预定的计划、标准和方法进行，发现偏差、分析原因、采取措施确保组织目标实现的过程。

计划和控制有着密不可分的关系。一方面，计划是控制的指导，指出了期望的结果。没有计划和目标，企业就不知道控制什么，也不知道怎么控制。另一方面，控制是组织活动与计划一致的保证。有了计划而没有控制，就像是一艘船没有了船舵，虽然有目标，但是不知道会漂到哪里，这样企业就无法知道自己干了什么，存在哪些问题，需要改进哪些内容。企业的计划越明确、全面、完整，控制的效果就越好；控制做得越好、越有效，计划就越容易实现。控制就像是汽车驾驶员的方向盘，它把组织中的人员、资源、领导与计划和目标协调起来，使组织运行的目标更加符合企业自身的条件，适应环境的变化，促进企业的发展。

从狭义的角度来看，控制是企业按照计划标准衡量计划的实施完成情况，针对出现的偏差采取措施进行纠正，从而促进目标的完成。从广义的角度来看，企业的控制还包括在必要时修改计划，使计划更加符合实际情况，让企业动态地适应多变的环境。在现实环境中，组织的运行都是在一个非零的基础上开展的，计划的制订和控制的执行都是一个又一个的循环，在整个连续的过程中，很难分辨出来谁是开始、谁是结束，因此，控制工作贯穿于管理过程的始终。

二、控制的必要性

管理大师法约尔说："控制就是核实所发生的每一件事是否符合所制订的计划、所发布的指示以及所确定的原则，其目的就是要指出计划实施过程中的缺点和错误，以便加以纠正和防止重犯。控制对每件事、每个人、每个行动都起作用。"管理的目的是实现组织的目标，但是目标需要计划来指导，计划需要控制来约束。

亨利·西斯克指出："如果计划从来不需要修改，而且在一个全能的领导人的指导之下，由一个完全均衡的组织完美无缺地来执行，那就没有控制的必要了。"但是，任何一家企业都不可能在这种理想的状态下生存。任何一个计划也不可能一制订出来便是完美无缺的，另外会有各种各样的情况发生，所以在执行计划的过程中，总是会出现这种或者那种情况，这必然需要管理控制来约束和保证计划的完成。管理控制的必要性主要由以下要素决定。

（一）组织环境的变化

任何一家企业都不可能在一个完全静止的市场中生存，市场的供需关系、政策的调控、人员的变动、资金和财务的流动、货币的升值与贬值，这些因素都在不断地影响着企业的生存和发展。同样，企业不可能每年以同样的费用购买同样数量的原材料，不可能每年都以同样的生产经营模式来管理和经营企业，也不可能年复一年都是相同的员工从事同样的工作。因此，计划在一开始制订的过程中，就有很多无法预料的事情和变化，不管是组织内部环境还是外部环境都会影响计划的执行。尤其是进入20世纪90年代后，由于科技的迅猛发展（尤其是信息技术的发展），全球化步伐的加快，顾客需求的多样化及产品设计周期和产品生命周期缩短等现象的出现，环境对企业计划的制订和执行的影响也是越来越明显，这样必然需要更强的控制来保证计划的执行。

（二）组织变革

企业组织变革是为适应外部环境变化而进行的，以改善和提高组织效能为根本目的的管理活动。外部环境的变化是企业组织变革的最大诱因。企业中的组织变革是一项“软任务”，即有时候组织结构不改变，企业仿佛也能运转下去，但如果要等到企业无法运转时再进行组织结构的变革就为时已晚了。企业要运用行为科学和相关管理方法，对组织的权力结构、组织规模、沟通渠道、角色设定、组织与其他组织之间的关系，以及对组织成员的观念、态度和行为，成员之间的合作精神等进行有目的的、系统的调整和革新，以适应组织所处的内外环境、技术特征和组织任务等方面的变化，提高组织效能。企业的发展离不开组织变革，内外部环境的变化、企业资源的不断整合与变动，都给企业带来了机遇与挑战，这就要求企业关注组织变革，在进行组织变革的同时也要注意控制，让组织变革朝着正确的方向发展。

（三）管理权力的分散

随着企业规模的扩大，企业的管理范围也越来越大，企业管理者不可能直接面对面地组织和指挥企业每个员工的工作，因此必然要把管理的事务委托给助手来协助完成；然后企业规模继续扩大，助手由于相同的原因，也把事务再委托给其他人来完成，这样便形成了企业管理层次。企业管理的各个层次有不同的职责和权限，这样整个组织的管理权限便被分散到不同层次的管理部门中。企业的管理层次越多，企业的控制工作也就越多。

（四）工作能力的差异

即使企业制订了全面完善的计划，经营环境在一定的时期内也相对稳定，组织机构也没有变化，对企业经营活动的控制仍然是非常有必要的。因为在不同组织中，不同人员的工作能力、认知能力都会有所不同。完善的计划的实现需要每个部门的工作严格按照要求来协调完成，但是组织中的人员在不同的时间、不同的地点、不同的认知能力下，对计划的要求理解也会有所不同；即使对计划的要求理解正确，每个人的工作能力也有所不同，所以必然导致实际的工作结果会有所不同，有可能造成与计划的要求不相符合。因此，企业就需要在各个环节中对这些可能产生偏离计划的现象加强控制。

管理故事

经过长达15年的精心准备，耗资超过15亿美元的哈勃太空望远镜终于在1990年4月被发射升空。但是，美国国家航空航天管理局（NASA）发现望远镜的主镜片存在缺陷。直径达240.03厘米的主镜片的中心过于平坦，导致成像模糊。因此，望远镜对遥远的星体无法像预期的那样清晰聚焦，结果造成一半以上的实验和许多观察项目无法进行。更让人觉得可惜的是，如果有更好的控制，这些是完全可以避免的。镜片的生产商珀金斯—埃尔默公司，使用了一个有缺陷的光学模板来生产如此精密的镜片，具体表现为在镜片的生产过程中，进行检验的一种无反射校正装置没有设置好。校正装置上的1.3毫米的误差导致镜片被研磨、抛光成了错误的形状，但是没人发现这个错误。

具有讽刺意味的是，与其他许多 NASA 项目不同的是，这一项目并没有时间上的压力，相关人员有足够充分的时间来发现望远镜上的错误。实际上，镜片的粗磨在 1978 年就开始了，直到 1981 年才抛光完毕，此后，由于挑战者号航天飞机的失事，完工后的望远镜又被放置了两年。

美国国家航空航天管理局中负责哈勃项目的官员，对制造过程中的细节根本就不关心。事后，美国国家航空航天管理局中一个由 6 人组成的调查委员会的负责人说："至少有三次有明显的证据说明问题的存在，但这三次机会都失去了。"

三、控制的要求

控制对一个组织来讲是非常重要的职能。如果控制得当，不仅有利于组织控制计划的实施，而且有助于实现组织的战略目标。有效的控制需要组织能够适时、适度、客观并且有弹性地来实施。

（一）适时控制

组织对于执行计划中的一些信息必须及时掌握，并且及时地做出相应的控制措施。如果组织信息反映不及时，控制措施不能及时实施，那么既定的目标必然要偏离原来的轨道。控制措施即使实施了，但是如果实施的时间太晚，也无异于亡羊补牢，为时已晚。所以，组织需要在恰当的时间采取控制措施。

在实际情况中，经常会出现一些时滞现象，这也是控制过程中一个难以克服的难题。当组织发现了问题，需要与既定目标的标准进行比较，找出偏差，这可能不会花费很多时间。但分析偏差原因，提出纠正偏差的具体方法也许旷日持久，当真正采取这些办法纠正偏差时，实际情况可能有了很大变化。如何解决这个问题？较好的办法是建立组织经营状况的预警系统。我们可以为需要控制的对象建立一条警报线，反映经营状况的数据一旦超过这个警戒线，预警系统就会发出警报，提醒人们采取必要的措施防止偏差的产生和扩大。

（二）适度控制

适度控制是指控制的范围、程度和频度要恰到好处。虽然任何组织都需要控制，但控制系统却是各不相同的。不管管理者应用怎样的控制，它必须与涉及的工作相适合并且是经济的。

对适度控制的要求体现在两个方面。一方面，过多的控制会扼杀组织中成员的积极性、主动性和创造性，会抑制他们的首创精神，从而影响个人能力和工作热情的提高，最终影响企业的效率。另一方面，控制不足将不能使组织活动有序地进行，不能保证各部门活动进度和比例的协调，造成资源的浪费。此外，过少的控制还可能使组织中的个人无视组织的要求，我行我素，甚至利用在组织中的便利地位谋求个人利益，从而导致组织的涣散和崩溃。

（三）客观控制

控制系统必须是精确的，这道理似乎是显而易见的，然而，在现实生活中，许多组织中管理者的决策往往是基于不精确的信息。销售人员在估计销量时说些模棱两可的话，以迎合主管上司；生产车间的管理人员为了达到上级制定的目标，隐瞒生产成本的提高；一些管理者为了得到领导者的青睐而虚报成绩。这些都给管理者的正确决策带来了负面影响。

客观地控制要做到以下几点。第一，要尽量采用客观的计量方法，即尽量用定量的方法来记录并评价绩效，把定性的内容具体化。第二，管理者必须谨慎适当地去解释所获得的信息。数字的客观性不能代表一切，管理者在做决策时还应看到数字背后的真正含义。例如，销售每月提高销量多少，上层管理部门对这类报告显然会感到高兴，但是，在销量提高的背后，也许是销售人员擅自提供了折扣，或对产品的功效做了不切实际的保证，或答应较早的交货期等。第三，管理者要从组织目标的角度来观察问题，避免个人偏见和成见。

（四）弹性控制

组织在生产经营过程中经常可能遇到某种突发的、无力抗拒的变化，如环境突变、计划疏忽、计划变更、计划失败等，这些变化使组织计划与现实条件严重背离。有效的控制系统应在这种情况下仍有足够的灵活性去保持对运行过程的管理控制，也就是说，应该具有一定的弹性。例如，在生产过程中，原材料的价格波动有可能非常大，超出了计划的预期，导致了生产成本的急剧增加。这就需要企业在生产计划中有一个预备费的预算。事实上，弹性控制最好是通过弹性的计划和弹性的衡量标准来实现。在制订计划时，充分考虑到未来组织经营可能出现的不同情况，从而对不同的情况制定不同的预防措施，使企业的经营变化处于一个可接受的范围内。

管理故事：凯西的弹性制度

凯西是华盛顿某政府机关办公室的管理员。最近，她下属的员工士气低落，原因是他们原先实行了弹性工作制，现又恢复了上午八点至下午四点半的传统工作制。

上级批准她的办公室实行弹性工作制时，她慎重地宣布了弹性时间制度：上午十点至下午两点半为核心时间，每个人均需要上班；在上午六点至下午六点核心时间之外的时间，个人可自行选择上下班时间补足八小时工时。她相信员工是诚实的并且已经被激励，因此没有制定新的控制系统。开始，一切进行顺利，士气旺盛。两年后，从总会计办公室来了位审计员，审计员调查发现，凯西的员工平均每人每天工作七小时，有两位只在核心时间来工作。凯西的部门经理看到审计员的报告后，命令凯西恢复传统工作制。凯西极为不安，对她的下属员工很失望，认为自己信任的人使她下不了台。

启示：给管理对象一定的自由，要保证这种自由在可控范围内。

四、控制的条件

在管理中控制有着极为重要的作用，为了保证控制职能的发挥，有三个基本前提是要充分考虑的。

（一）科学可行的计划

组织的计划一定要科学并且是可以实行的。组织制订的计划一定要明确，这样才能让控制有效地实施。

控制要以计划为依据，即控制之前必须先有计划，没有计划就无从控制。计划越全面、完整，控制工作的目标就越明确，效果也会越好。另外，对于控制工作也应有计划，以确定控制工作的目标、重点、要求、进度以及对各种控制形式的正确使用和各种控制手段在运用上的协调一致等。若控制工作缺乏计划、软弱无力、混乱不堪，是难以取得好的效果的。同时，控制活动本身是为达到某个计划目标而采取的保证措施。目标决定控制活动的内容，没有目标，控制就没有意义。例如，库存控制的目标是使库存量维持在某一定量的水平上，库存控制活动就是围绕这一目标进行的。当库存量在目标水平线上下波动时，企业则应采取相应的控制措施，使库存量回复到目标水平线上。一般来说，目标越明确、越具体，控制效果就越显著。

（二）有效的控制机构

组织的控制机构必须责权分明。许多一项工作都是由许多部门共同合作完成的，对于何部门、何职位、何人来负责何种控制工作，组织都应有明确的规定，即要有分工明确的组织结构。控制工作的计划再好，如无特定的组织机构来负责，那仍然是没有落实的。不设立专职机构和专职人员，而期望很好地完成控制工作，无论从理论上还是实践上都是行不通的。如果责权分明，每件事都有专门的机构负责，信息能有效、畅通地传输，控制活动就易于开展。一旦发现偏差，组织马上就能判断偏差出在哪里，由哪个部门负责，以便及时采取措施纠正。否则，各部门不能切实地负担起自身的工作，出现偏差就无法发现，或者发现了偏差也无法及时反馈、及时采取措施，以至于出现失控局面，给整个组织带来损失。同样，组织结构越明确、越完整，其控制效果也越明显。

（三）科学的控制方法和手段

控制的目的是使实际运行情况和计划方案相一致，而实际运行情况却需要通过一定的控制方法来保证。如果发现偏差，纠偏措施也需要通过一定的控制方法和手段来实现。在实际控制过程中，应根据具体的控制目标，采取相应的控制方法，才能取得较好的控制效果，否则就会事倍功半。

案例解读

Sin-Tec 企业的总经理乔治·谭就其产品印刷电路板的销路，到欧洲同买主建立联系后返回了新加坡。同往常一样，他的邮件箱中堆满了信件。但是他却没有时间浏览这些信件并处理有关产品发送、抱怨和其他内部问题。

正当乔治埋头于这些信件时，工厂经理和财务经理来到了他的办公室。他们来这儿是由于乔治的盛怒：为什么没有任何人告诉我，我们公司究竟发生了什么？为什么我未能知道周围发生了什么？为什么我始终一无所知？我没有时间去浏览所有这些文件并了解问题。没有一个人告诉我我们的企业是如何运作的，而且我似乎从没听过我们的问题，直到它们变得相当严重。我要求你们建立一个系统从而使我能持续得到信息。

当这两位经理返回他们的部门时，工厂经理对财务经理说："每一件乔治想知道的事都在他桌上的那堆报告之中。"

问题：

1. 乔治说"一无所知"对吗？为什么？
2. 为了让乔治持续得到信息，需要怎么做？
3. 对于乔治来说，设计一个控制系统应该有哪些方面的考虑？

第二节　控制的类型

组织管理中的控制对象各有不同，它们的性质和对目标实现的影响也存在差异。因此，组织对不同的控制对象确定了不同的控制重点，并进行不同的控制。基于不同的分类标准，控制可被分成许多种类型。控制的分类方式主要有以下五种。

一、按照控制目的和对象划分

扫一扫

控制的类型

按照控制目的和对象可将控制划分为纠正执行偏差和调整控制标准两种类型。

（一）纠正执行偏差

纠正执行偏差即负馈控制，是使执行结果符合控制标准的要求，为此需要将管理循环中的实施环节作为控制对象。这种控制的目的就是缩小实际情况与控制目标的偏差。

（二）调整控制标准

调整控制标准即正馈控制，是使控制标准发生变化，以便更好地符合内外现实环境条件的要求，其控制作用的发生主要体现在管理循环中的计划环节，也就是这种控制对象包括了控制标准本身。这种控制的目的就是使控制标准产生动荡和变动，使之与实际情况更接近。

组织应该并重使用正馈控制和负馈控制，但在现实中要处理好这两方面控制工作的关系并不容易。增进适应性的正馈控制，有时很易于被用来作为无视“控制”的借口，而这样做的结果就会导致系统运行的不稳定、不平衡。但另一方面，平衡不应该是静态的平衡。现代企业面临复杂多变的环境，环境条件变了，计划的前提也变了，如果还僵硬地抱着原先的控制标准不放，不做任何调整，那么组织很快就要衰亡。现代意义的控制，应该持一种动态平衡的观念，应能促进控制系统在展现朝向目标行为的同时适时地根据内外环境条件做出调整，妥善处理好适应性和稳定性、正馈控制和负馈控制这两种既相互对立又往往需要统一的关系，而这正是现代企业控制的难点。

二、按控制信息获取的时间划分

按控制信息获取的时间划分，控制可分为前馈控制、现场控制和反馈控制三种类型。

（一）前馈控制

前馈控制（Feedforward Control）是一种在计划实施之前，为了保证将来的实际绩效能达到计划的要求，尽量减少偏差的预防性控制。由于前馈控制把控制活动提前到组织活动开始之前，因此也被称为预先控制和事前控制。前馈控制旨在获取有关未来的信息，依此进行反复认真的预测，将可能出现的执行结果与计划要求的偏差预先确定出来（此为负反馈），或者事先察觉内外环境可能发生的变化（此为正反馈），以便提前采取适当的处理措施预防问题的发生。

前馈控制的目的是保证高绩效，它在本质上有预防的作用，因此它属于一种预防性控制。它的工作重点是克服某些干扰或适应环境的变化，提前采取各种预防性措施，包括对投入资源的控制、主动修正指令，以防止工作过程中可能出现的偏差，保证预期目标的实现。它可以通过提出一个重要的但是经常被忽视的问题来减少以后出现的问题，即在开始之前，我们需要做些什么？例如，麦当劳公司对食物成分的预先控制就是前馈控制，在公司的质量管理中起到了举足轻重的作用；在企业中制定一系列规章、制度让员工遵守，从而保证工作的顺利进行；为了生产出高质量的产品而对原材料质量进行的入库检查、员工的岗前培训等，都属于前馈控制。

前馈控制是一种面向未来的控制，它具有许多优点。首先，从理论上讲，它是人们最乐于采用的控制，因为它能避免预期问题的出现，有防患于未然的效果；其次，前馈控制适用于一切领域中的所有工作，如企业、医院、学校、军队都可以运用这种控制，其适用范围很广；最后，前馈控制是在工作开始之前，针对某项行动计划所依赖的条件进行控制，不针对具体人员，因而不会造成心理抵触，易于被员工接受并付诸实施。

由于未来的不确定性，要实行切实可行的前馈控制也不是一件容易的事情。组织需要及时和准确的信息，必须对整个系统和计划有透彻的分析，懂得行动计划本身的客观规律性，从而建立前馈控制的模式，经常注意保持它和现实情况相吻合，并且输入变量数据，估算它们对预期的最终结果的影响，还要采取措施以保证最后结果合乎需要。由于管理人员不可能完全把握未来会发生的所有事件和可能导致的结果，因此，虽然前馈控制有许多优点，但在管理工作中也不能完全代替其他类型的控制工作。

（二）现场控制

现场控制（Concurrent Control）是指在某项活动或工作进行过程中，于现场及时发现存在的偏差或潜在的偏差，即时提供改进措施以纠正偏差的一种控制。由于它是在组织活动进行过程中同期发生的控制，因此又被称为同期控制。与前馈控制和反馈控制相比，现场控制往往是在偏差已经或将要出现但尚未造成严重后果的情况下进行的，组织可以分析研究造成偏差的根源，并预测偏差发展的可能方向，然后做出控制。现场控制是一种同步、实时的控制，即在活动进行的同时就施予控制。管理者亲临现场进行指导和监督，就是一种最常见的现场控制。

现场控制一般表现为两种方式。一是驾驭控制，有如驾驶员在行车的过程中根据道路情况使用方向盘来把握行车方向。这种控制是在活动进行过程中随时监控各方面情况的变动，一旦发现干扰因素介入立即采取对策，以防执行中出现偏差。例如，管理者深入现场检查和指导下属的活动，其中适当的工作方法和工作过程的指导，监督下属工作，发现偏差督促纠正，便属于驾驭控制。二是关卡控制，它规定某项活动必须经由既定程序或达到既定水平后才能继续进行下去。例如，车间操作工人的工作必须按照一定的操作规程或者程序工作，如果不按照程序或者规程，下一步工作便无法进行。

现场控制便于组织及时发现偏差，及时纠正偏差，是一种较经济、有效的控制方法，也是一种难度较大的控制方法。由于现场控制对已经出现的偏差要进行即时纠正，需要对实时信息做出及时的反应，因此对管理者的管理水平和领导能力要求较高。它要求控制人员具有敏锐的判断力、快速的反应能力以及灵活多变的控制手段，同时要注意避免凭主观意志进行控制。更要注意的是，即使是现场控制，从发现偏差到纠正偏差，也需要花费一段时间，故其控制效果有时也非完全的现时控制。

现场控制的有效性需要信息采集方便和传递快捷，这也就要求组织建立完善的信息网络和必要的计算机信息系统，并在管理制度上建立严格的信息收集、分析和报告体系，确保信息传递的迅速，纠偏、调节措施的及时。

虽然现场控制效果明显，纠偏有力，但现场控制也有许多弊端。首先，运用这种控制方法容易受到管理者的时间、精力、业务水平的制约，管理者不能时时事事进行现场控制，只能在关键工作上使用。其次，现场控制的应用范围较小。对生产工作容易进行现场控制，而对那些问题难以辨认、成果难以衡量的工作，如科研工作、行政管理等，几乎无法进行现场控制。最后，现场控制容易在控制者与被控制者之间形成心理上的对立，容易影响被控制者的工作积极性和主动精神。所以，现场控制一般不能成为日常性的主要控制方法，而只能是其他控制方式的补充。

案例解读

在某大型电子零件批发公司的一家连锁商店里，刚出任经理的比尔正被一些事搞得心烦意乱。店里的两位售货员，每天上午轮流去隔壁的自助餐厅喝咖啡、吃甜馅饼。因为少了一个售货员，顾客们在店里等候服务已是常事。更令人头痛的是，这家商店的营业额一直达不到公司的平均水平。当比尔对售货员们谈及这两件事的时候，他们不屑一顾地答道："你看看公司付给我们多少工资！你还能要求什么？"

比尔回应道："在我们讨论工资之前，有一件要紧的事，就是你们要明确知道我对你们的工作有什么要求。让我们来确定三件事。第一，在安排好的上班时间内，谁也不可以离开商店。当然，在你们的午餐时间里，你们爱干什么都行。第二，如果这家商店还要营业，不搬到别处去的话，我们每天的平均销售额应该是1 000美元。总公司的记录表明，每位顾客大约购买5美元的货，那就是说，一天要接待200位顾客。我们是两位售货员当班，平均一下，我要求你们每人每天接待100位顾客。第三就是你们怎样来接待顾客，我希望你们做到一丝不苟，礼貌周到，有问必答。这三件事你们清楚了吗？如果是这样的话，我们再来瞧一瞧你们的工资，看看出了什么毛病，想一想根据我们对这项工作提出的要求，应该干点什么事来跟那工资相称。你们考虑考虑。"

问题：这个案例中，顾客服务和营业收入都未能达到预期水平，而员工却在抱怨公司付给他们的工资太少了。到底哪一方面出了问题？

（三）反馈控制

反馈控制（Feedback Control）是管理控制中最常见的控制类型，其控制作用产生于行动之后，所以也被称为事后控制。它是活动完成之后，管理者根据已发生的情况分析工作的执行结果，将它与控制标准相比较，从中发现已经出现或即将出现的偏差，在分析原因的基础上采取措施纠正偏差，以防止偏差继续发展或在以后的工作中再次发生；或者是在组织内外环境条件已经发生了重大变化，导致原定标准和目标脱离现实时，采取措施调整修正计划。反馈控制的控制重心在组织的产出结果上。例如，企业根据业绩对管理者实施的奖惩，企业对不合格产品进行淘汰，发现产品销路不畅而减产、转产或加强促销等，都属于反馈控制。

反馈控制的优点如下。首先，反馈控制可以根据工作的实际结果对工作进行评价，既易于工作人员接受，也有利于管理者采取有效和有力的措施改进管理工作。例如，反馈控制可以为管理者提供关于计划的效果究竟如何的真实信息。如果反馈显示标准与现实之间只有很小的和可接受的偏差，说明计划的目标达到了；如果偏差很大，管理者就应该利用这一信息，发现问题，调整计划，追究责任，实施惩戒，使新计划的制订和执行更为有效。其次，反馈控制可以增强员工的积极性。因为人们希望获得评价他们绩效的信息，并据此来调整自己未来的行为，而反馈正好提供了这样的信息。

反馈控制的不足是，反馈控制存在时间滞后性，当管理者获取信息时，可能的失误和损失已经发生，弥补的措施只能在新的工作中产生效果，成语"亡羊补牢"就是对反馈问题和工作效果的很好描述。因此，反馈控制要求反馈的速度必须大于控制对象的变化速度，否则，组织将产生震荡，处于不稳定状态。

虽然反馈控制存在这样的问题，但在实际工作中，相比较而言，反馈控制依然是在控制活动中被运用得最多的一种控制方式。在管理中使用最多的反馈控制有财务报表分析、生产成本分析、产品质量检验和组织成员绩效测评等。

控制的三种类型之间的关系，如图 6-1 所示。

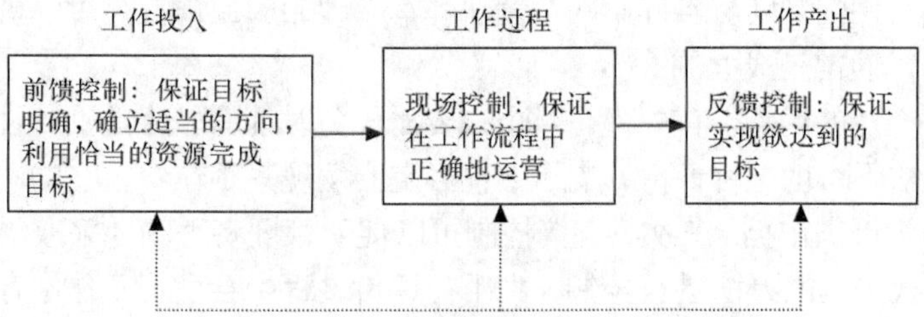

图 6-1 控制的三种类型之间的关系

图 6-1 揭示了三种控制类型的关系。在实际控制过程中，我们应根据工作的重要性，结合不同控制的特点，选择恰当的方式。控制并不是管理的最后环节，它伴随着计划的执行、生产或服务活动的展开而展开，并且控制将上一次活动的信息反馈给下一次的工作，从而开始新一轮的管理控制。

可以看出，这三种控制方式的控制重点各不相同：前馈控制重在资源，包括人、财、物等；现场控制重在进行的活动，多为工作过程控制；反馈控制是对已结束工作的资源投入、工作过程进行评价，用于对下一次活动的开展进行控制。

趣味阅读：扁鹊论医术

魏文王问名医扁鹊：“你们家兄弟三人，都精于医术，到底哪一位最好呢？”扁鹊答：“长兄最好，中兄次之，我最差。”文王再问：“那么，为什么你最出名呢？”扁鹊答：“长兄治病，是治病于病情发作之前。由于一般人不知道他事先能铲除病因，所以他的名气不大。中兄治病，是治病于病情初起时。一般人以为他只能治轻微的小病，所以他的名气只及本乡里。而我是治病于病情严重之时。一般人都看到我进行在经脉上穿针管放血、在皮肤上敷药等大手术，所以以为我的医术高明，我的名气因此响遍全国。”

管理启示：控制有事前控制、同期控制、事后控制。控制贵在事前控制。

三、按照采用的手段划分

按照采用的手段可以把控制划分为直接控制和间接控制两种类型。

（一）直接控制

直接控制是控制者与被控制对象直接接触进行控制的形式。直接控制所依据的是这样的事实，即计划的实施结果取决于执行计划的人。销售额、利润率、产品质量等这些计划目标的完成情况，主要取决于直接对这些计划目标负责的管理部门的管理者。因此，通过甄选、进一步的培训、完善管理工作绩效的考核方法等，改变有关管理者的未来行为，是对管理工作质量进行控制的关键所在。

直接控制是通过提高管理者的素质来进行控制的。以直接控制为指导思想的人认为，合格的管理者出的差错最少，他能觉察到正在形成的问题，并能及时采取纠正措施。所谓“合格”，就是指他们能熟练地应用管理的概念、原理和技术，能以系统的观点来进行管理工作。因此，直接控制的原理也就是，管理者及其下属的质量越高，组织就越不需要进行直接控制。

直接控制有其合理性。直接控制有以下几个可靠的假设：第一，合格的管理者所犯的错误最少；第二，管理工作的绩效是可以被计量的；第三，在计量管理工作绩效时，管理的概念、原理和方法通常是一些有用的判断标准；第四，管理基本原理的应用情况是可以被评价的。这些前提条件在管理过程中，通常是成立的。

直接控制具有一定的优点。首先，在对个人委派任务时能有较大的准确性，同时，为使管理者合格，对他们经常不断地进行评价，实际上也必定会发现其工作中存在的不足，并为消除这些不足而进行专门培训提供依据。其次，直接控制可以促使管理者主动地采取纠正措施并使其更加有效。它鼓励用自我控制的办法进行控制，由于在评价过程中会发现工作中存在的不足，因而会促使管理者努力去确定他们应负的职责并自觉地纠正错误。再次，直接控制还可以获得良好的心理效果。管理者的工作质量提高后，他们的威信也会得到提高，下属对他们的信任和支持也会增加，这样就有利于整个计划目标的顺利实现。最后，由于提高了管理者的工作质量，减少了偏差的发生，组织也就有可能减轻间接控制造成的负担，节约经费开支。

（二）间接控制

间接控制是控制者与被控制对象之间并不直接接触，而是通过中间媒介进行控制的形式。间接控制是指根据计划和标准考核工作的实际结果，着眼于发现工作中出现的偏差，分析出现偏差的原因，并追究责任者的个人责任以使其改进未来工作的一种控制方法，多见于上级管理者对下级人员工作过程的控制。

间接控制的优点是：对于由于管理者缺乏知识、经验和判断力欠缺所造成的管理上的失误和工作上的偏差，组织运用间接控制可帮助其纠正；同时，间接控制还可帮助管理者总结吸取经验教训，增加他们的经验、知识，提高他们的管理水平和判断力。

间接控制是建立在如下假设基础上的：第一，工作绩效是可以被计量的，因而也是可以被相互比较的；第二，人们对工作任务负有个人责任，个人责任是清晰的、可以分割的和相互比较的，而且个人的尽责程度也是可以比较的；第三，分析偏差和追究责任所需的时间、费用等是有充分保证的；第四，出现的偏差可以被预料并能及时被发现；第五，有关责任单位和责任人将会采取纠正措施。

但这些假设有时却不能成立。第一，有许多合理工作中的绩效是很难被计量的。例如，管理者的决策能力、预见性和领导水平是难以被精确计量的；对完成计划起关键影响作用的部门的工作绩效是不能和非关键部门的工作绩效相比较的，即便是前者的工作绩效大，也不能说明后者的工作难度一定低于前者。第二，责任感的高低也是难以被衡量的。有许多工作，其绩效不高，却与个人责任感关系不大或无关。例如，由于缺乏廉价燃料不得不使用另一种昂贵的能源而使费用支出增加。第三，有时管理者可能会不愿花费时间和费用去调查分析造成偏差的事实真相，这往往会阻碍对违反标准的原因进行调查。第四，有许多偏离计划的误差并不能预先被估计到或及时被发现，组织往往因为发现太迟以致难以采取有效的纠正措施。第五，有时虽能够发现偏差并能找到产生的原因，却没有人愿意采取纠正措施，大家互相推卸责任，或者即使能把责任固定下来，当事的管理者却固执己见，不愿纠正错误。

综上所述，间接控制并不是普遍有效的控制方法，它还存在着许多不完善的地方。最显而易见的是，间接控制是在出现了偏差、造成损失之后才进行的，因此，它的费用支出是比较大的。

四、按控制源划分

按照控制源划分，可以把控制分为三种类型，即正式组织控制、群体控制和自我控制。

（一）正式组织控制

正式组织控制是由管理者设计和建立起的机构或规定来进行控制，规划、预算和审计部门就是正式组织控制的典型。组织可以通过规划指导组织成员的活动，通过预算来控制成本和费用，通过审计来检查各部门或个人是否按照规定进行活动，并提出更正措施。例如，公司规定对在禁止吸烟区吸烟的员工进行罚款，以及对违反操作规程的员工给予纪律处分等，都属于正式组织控制的范畴。

（二）群体控制

群体控制基于群体成员们的价值观念和行为准则，它是由非正式组织发展和维持的。非正式组织尽管没有明文规定的行为规范，但组织中的成员都十分清楚这些规范的内容，都知道如果自己遵守这些规范，就能得到奖励。这种奖励可能是得到其他成员的认可，也可能会强化自己在非正式组织中的地位；如果违反这些行为规范就会遭到惩罚，这种惩罚可能是遭受排挤、讽刺，甚至被驱逐出该组织。例如，组织中新进员工在生产过程中自动把产量限制在一个全体可接受的水平。群体控制在某种程度上左右着员工的行为，处理得好有利于组织目标的实现，如果处理不好会给组织带来很大危害。

（三）自我控制

自我控制是个人有意识地去按某一行为规范进行活动。例如，一个员工不愿意把公司的东西据为己有，可能是由于他具有诚实、廉洁的品质，而不仅仅是怕受到公司的处罚。这就是有意识的个人的自我控制。

自我控制能力取决于个人本身的素质。具有良好修养的人一般自我控制能力比较强，顾全大局的人比仅看重自己局部利益的人有较强的自我控制能力，具有较高层次需求的人比具有较低层次需求的人有较强的自我控制能力。

正式组织控制、群体控制和自我控制有时是相互一致的，有时又是相互抵触的。这取决于组织对其成员的教育和吸引力，或者取决于组织的文化。有效的管理控制系统应该综合运用这三种控制，并使它们尽可能地和谐，防止它们相互冲突。

五、按问题的重要性和影响程度划分

按问题的重要性和影响程度可以把控制分为任务控制、绩效控制和战略控制三种类型。

（一）任务控制

任务控制也称业务控制，是针对基层生产作业和其他业务活动而直接进行的控制。任务控制多为负馈控制，其目的是确保有关人员或机构按既定的质量、数量、期限和成本标准完成所承担的工作任务。

（二）绩效控制

绩效控制是一种财务控制，即利用财务数据来观测企业的经营活动状况，以此考评各责任中心的工作实绩，控制其经营行为。此种控制也被称为责任预算控制或以责任发生制为基础进行的控制。

（三）战略控制

战略控制是对战略计划和目标实现程度的控制。战略控制站在更高的角度看待问题，而不像低层次的控制活动那样仅局限于矫正眼前的、内部的具体执行工作。组织进行战略控制时不仅要进行负馈控制，更常需要进行正馈控制。

第三节　控制过程

控制是组织根据制订的计划，设定衡量绩效的标准，然后把实际工作与预定的标准相比较，以确定组织活动中出现的偏差及其影响程度，在此基础上，有针对性地采取必要的纠正措施，以确保组织资源的有效利用和组织目标的圆满实现。无论在什么类型的组织中，无论控制对象是新技术的研究与开发、原材料的采购、产品的制造加工，还是市场营销宣传、企业的人力资源条件、财务资源，控制的基本过程都包括三个步骤：一是拟定标准；二是衡量活动绩效；三是采取纠正措施，消除与标准和计划要求的偏差。控制的过程如图 6-2 所示。

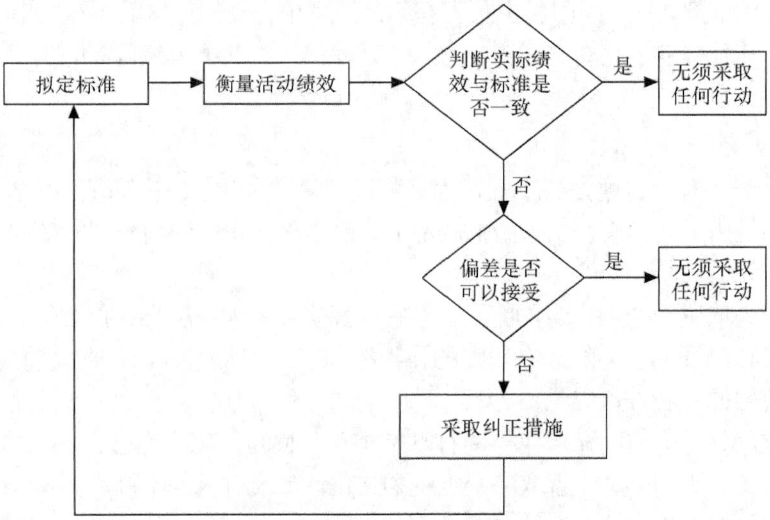

图 6-2　控制的过程

一、拟定标准

控制过程的第一步就是拟定标准。这里所说的标准，是指评定绩效的尺度。控制的目的是确保计划目标的实现，计划是控制的依据。从逻辑上讲，控制的第一步应当是制订计划，再以计划作为控制的标准。但是，由于组织中计划所包含的内容、项目很多，涉及的范围也可以很广，各种计划的详尽程度和复杂程度各不相同，因此在大多数的组织活动中，管理者没有精力也不可能直接以计划作为控制的标准，来对整个计划执行的全部过程进行全面、具体的控制，所以需要拟定具体的控制标准。标准应当是从整个计划方案中选出的，是对工作绩效进行评价的关键指标，或者是对计划目标的实现发挥关键作用的项目。有了这样的标准，管理者不必去考察计划执行中的每一个步骤或细节，就能够了解整个计划的执行情况，从而使控制起到保证计划目标实现的作用。

拟定标准的意义不仅在于确定一个用于比较管理绩效指标高低优劣、发现偏差的比较基准，它在一定意义上关系到组织绩效的实现。管理实践证明，“你测量什么，就得到什么”——组织成员会为达到标准而工作。相应地，拟定标准的关键在于“你想得到什么，就测量什么”——标准所规定的测量指标必须以实现组织目标和使命为前提来拟定。

拟定标准是控制过程中一项重要且难度较大的工作。首先，选择关键控制点就是一种管理艺术，它在很大程度上影响着控制的有效性。其次，各类组织各有其特殊性，其内部的控制对象也是千差万别的，因此也就不可能找到一个适合于所有组织、所有控制对象的标准。

（一）标准的种类

标准的类型有多种。最理想的标准是以可考核的目标直接作为标准的，但更多的情况则往往是需要将某个计划目标分解为一系列的标准。在实际工作当中，按照不同的依据，可以将标准分为不同的类型。例如，标准可以分为实物标准和财务标准，财务标准又可分为费用标准、资金标准和收入标准等，还可以分为有形标准和无形标准，或者定量标准和定性标准。再如，根据标准规定的内容，可以通俗地将一个组织的标准分为管理标准、工作标准、技术标准等。采用哪类标准，必须按照控制对象来决定。

1. 实物标准

这是一类非货币标准，普遍适用于使用原材料、雇佣劳动力、提供劳务或产品等的操作层。这类标准反映了定量的工作成果，常用的有单位产量工时、单位台时产量、货运量的吨公里、日门诊人数等。实物标准也可以反映产品的质量，如轴承面的硬度、公差的精密度、飞机上升的速率、纺织品的耐久性和颜色牢度等。在某种程度上，实物标准是计划的基石，也是控制的基本标准。

2. 成本标准

这是一类货币标准，也普遍适用于操作层。这类标准是用货币值来衡量经营活动的代价的。常用的成本标准有单位产品的直接成本和间接成本、单位产品或每小时的人工成本、单位产品的原材料成本、工时成本、单位销售成本、单位销售费用等。

3. 资本标准

这类标准与投入企业的资本有关，而与企业的营运资本无关，最常用的就是投资报酬率，还有流动比率、资产负债率、应收账款周转率、存货周转率等。这类标准主要与资产负债表有关。

4. 收益标准

这是用货币值衡量销售量的标准，如公共汽车每公里的收入、既定市场范围内的人均销售额等。

5. 无形标准

这是一类既不能用实物又不能用货币来衡量的标准。管理者能够以什么样的标准来确定下属的才干？又能够用什么标准来确定一个广告策划是否符合组织的短期目标或长期目标？怎样才能判断下属是否忠诚于组织目标？要为这类目标确定控制标准是非常困难的，因为既无法用明确的定量标准也无法用明确的定性标准来描述它们。在任何一个组织中，都存在着许多无形标准。这是因为人们对操作层以上的管理层中其预期业绩的构成内容还缺乏充分的研究，或者说还未找到评价管理层管理工作绩效的合理标准，特别是在业绩中涉及人际关系时，很难衡量什么是“良好”“有效果”“有效率”。因此，对这类问题的控制仍然不得不以无形的标准、主观的判断、反复的试验，有时甚至是纯粹的感觉等为依据。

6. 直接以目标为标准——定量目标和定性目标

定量目标大多为上述各种标准的量化表达形式，它是可以被准确考核的。定性目标虽然也可被考核，但不能与定量目标一样被准确考核，不过，我们可以采用详细说明计划或其他方法来提高其可考核的程度。

每个计划都会有很具体的特征，甚至包括定量的数据，所以这些计划对部门的管理者及其下属来说，都是完全可以考核和非常有用的目标。

（二）寻找控制的关键点

一般来说，在计划实施过程中，并不是对每一步或者每一道工序都要制定控制标准，而是要选择一些关键点作为主要的控制对象。只要对这些主要的关键点进行控制，就可以控制企业和组织活动的整体状况。确定控制关键点的过程是一个分析决策的过程。在此过程中，组织需要对计划内容做全面深入分析，同时还要充分考虑组织实施过程中的具体情况以及外部环境带来的干扰影响。确定关键点需要有丰富的经验和敏锐的观察力。一般关键点都是目标实施过程中的重要组成部分。它可能是计划实施过程中最容易出偏差的点，或是起制约作用的点，或者是起转折作用的点，或变化大的点等，组织应根据具体情况进行具体选定。为此，管理学者建议管理者应不时地问自己这样一些问题，什么能最佳地反映本组织或者本部门的目标？当没有达到这些目标时，什么能最佳地表明情况？最能表明偏差情况的是什么？能向主管表明谁应对此负责的是什么？哪些标准最省钱？经济适用的信息标准是什么？

（三）拟定标准的方法

常用的拟定标准的方法有以下三种。

1. 统计方法（相应的标准被称为统计标准）

它是根据企业的历史数据记录或是对比同类企业的水平，运用统计学方法确定标准的方法。最常用的统计标准有统计平均值、极大（或极小）值和指数等。统计方法常被用于拟定与企业的经营活动和经济效益有关的标准。

2. 经验估计法

它是由有经验的管理者凭经验确定标准的方法，一般作为统计方法和下面将要提到的工程方法的补充。

3. 工程方法（相应的标准被称为工程标准）

它是以准确的技术参数和实测的数据为基础的，如确定机器的产出标准，就是根据设计的生产能力确定的。对工程方法的重要应用是测量生产者个人或群体的产出定额标准。这种测量又被称为时间研究和动作研究，它是由泰勒首创的，经过几十年乃至上百年的实践和完善，形成今天所谓的“标准时间数据系统”。这是一种计算机化的工时分析软件，使用者只要把一项作业所规定的加工方法分解成相应的动作元素，输入计算机，就可以立刻得出完成该项作业所需要的工时。

二、衡量绩效

衡量绩效就是按照标准衡量工作实绩达到标准的程度，其实也是控制当中信息反馈的过程。

在确定了标准以后，为了确定实际工作的绩效究竟如何，管理者首先需要收集必要的信息，考虑如何衡量和衡量什么。当工作实绩与标准产生差异时，就说明工作出现了偏差。这一步骤包括两个方面内容：一是收集反映实际绩效的信息，衡量实际工作绩效；二是比较实际绩效与标准，找出差异。

（一）收集反映实际绩效的信息，衡量实际工作绩效

组织进行控制既然是为了纠正偏差，必然首先要掌握实际工作情况。组织衡量绩效时，首先必须明确衡量的手段和方法是什么，谁进行衡量和检查，然后通过衡量实际工作的绩效，获得大量的信息。这样，一方面可以反映计划执行的进程，使管理者了解每个部门工作绩效的优劣，以便实施相应的奖惩；另一方面，可以使管理者及时发现那些已经发生或预期将要发生的偏差。

为了获得实际工作绩效的信息，管理者衡量实际工作情况时采用的方法较多，一般来说可分为定性衡量和定量衡量两类。定性衡量用于衡量非量化的管理控制的对象绩效，如组织成员的工作积极性、士气、责任心、能力发挥水平，以及组织的运行状态等。常用的定性衡量方法包括观察法、现场调查法、座谈法、会议调查法、跟踪调查分析法、汇报法和调查表方法等。定量衡量用于测评组织中各类量化控制指标的完成情况，以及实际工作与指标的偏差等。常用的定量衡量方法有报表统计法、业务监测法、数据归纳法等。

衡量的方法、手段和衡量的领域等被确定下来后，衡量绩效的下一步的主要问题是如何及时地收集适用的、可靠的信息，并将可用的信息传递到对某项工作负责而且有权采取纠正措施的管理者手中。

（二）比较实际绩效与控制标准，找出偏差

比较实际绩效与控制标准，会出现两种情况：一是没有出现偏差，二是出现了偏差。一般来说，管理工作的实际绩效与控制标准不可能完全一致，两者之间总会有一定的偏差，因此，人们往往规定一个可以浮动的范围。只要实际结果在这个范围之内就可以认为不存在偏差，则该控制过程暂告完成；而一旦实际结果在允许范围之外，就可以认为存在偏差，则控制过程进入下一阶段。

现实中，按照标准来衡量实际绩效的最好办法是以预见为基础，如此，组织可以在偏差实际发生之前就发现并采取适当的措施加以避免。但是我们往往会发现，这样做不一定行得通。那些机敏、有远见的管理者常常能够预见可能出现的偏差；在缺乏这种能力的情况下，也应尽可能地及早发现已经发生的偏差。这就需要一个有效的管理信息系统，它除了要求信息准确以外，还对信息的及时、可靠、适用性能有要求。

三、采取纠正措施

采取纠正措施是控制的关键，它体现了控制的目的，同时，能通过纠正偏差的行动，将控制和其他管理职能结合在一起。通常人们认为，如果制定的标准反映了组织的目标和实际情况，也就是在实际的衡量中，用该标准与计划的执行情况进行比较，能够找出产生偏差的原因，那么就能对偏差做出迅速纠正。管理者能够根据组织结构准确地知道必须在什么地方采取纠正措施。然而，尽管已经找出偏差，但采取纠正措施通常并不那么简单，甚至十分困难。

（一）要分清偏差的性质（偏差可分为正偏差和负偏差）

正偏差是实际绩效高于标准；负偏差是实际绩效没有达到标准。对于负偏差固然需要纠正，但是，对于正偏差也必须重视并正确处理。例如，由于正偏差，生产超过了计划，造成库存大量积压、资金周转不灵，也会危及企业经营目标的实现。

（二）要分析偏差产生的原因

采取纠正措施纠正偏差是通过消除产生偏差的原因实现的，而不是简单地纠正现象。偏差可能是由多种复杂的原因引起的。管理者必须花大力气找出造成偏差的真正原因，而不能仅仅“头痛医头，脚痛医脚”。例如，对于销售收入的明显下降，无论是用同期比较的方法，还是用年度计划目标来衡量，都很容易发现，但引起销售收入下降的原因，却不那么容易一下就找准。再如，在组织运行过程中，问题经常发生在具体的操作岗位上，而原因在哪里呢？实践证明，80%的原因是管理系统有问题。偏差可能是由于未能严格按计划要求行动所致，如工作不负责、不认真或不能胜任、能力有限等；也可能由于外部环境发生了重大变化，而事先并没有估计到这些变化而产生的，如国家政策法规变化、国际政治变化、出现了新的强大竞争对手、某个大客户或大供应商突然破产等；还有可能是由于计划目标本身不合理造成的，如盲目地把目标定得太高而实际能力根本达不到。

管理控制过程中，每一种可能的原因与假设都不可能通过简单的判断确定下来。而对造成偏差的原因判断得不准确，纠正措施就会无的放矢，不可能奏效。弄清原因是采取措施的基础。

（三）采取措施纠正偏差

在查明原因后，纠正偏差的工作可能涉及一些主要的管理职能。针对偏差产生的原因，管理者可能采用重新制订计划或修改目标的方法来消除偏差；也可能利用组织手段来进一步明确职责，补充授权或是对组织机构进行调整；还可能用撤换责任部门的主管或是增配人员的办法来纠正偏差；此外，他们还可能通过改变领导方式，如采用精神奖励和物质奖励相结合等办法来纠正偏差。

总体来讲，管理者可以选择的方案有以下三种。

（1）不采取行动。当工作绩效与控制标准之间不存在偏差时，管理者理所当然地不会采取任何行动；此外，当偏差出现，但未超过允许的偏差范围时，管理者也可以不采取任何行动，这种小范围的偏差有时可以通过组织的自适应控制来校正；还有一种可能是，通过成本—效益分析，管理者发现，如果采取纠偏行动，其费用可能会超过偏差带来的损失，此时最好的方案也许就是不采取任何行动。

（2）改进工作绩效。如果偏差是由于工作产生的，且偏差已超出了允许的范围，则需要采取纠偏措施，以改进工作绩效。具体采取的措施涉及各方面的管理工作，通常包括改进生产技术、改进流程、改进管理方式、调整组织结构、改进激励措施、重新配置人力物力资源、调整培训计划等。

（3）修订控制标准。修订控制标准可以采用提高标准和降低标准两种方式。如果标准脱离实际，导致多数员工、多数部门无法实现控制目标，管理部门应适当降低标准；相反，如果实际工作绩效已远远超过了标准，则应在充分肯定工作的情况下，适当提高标准。标准的修订在控制中是不可避免的，这是由于在组织管理中，一些不确定因素的影响往往难以被预测，同时，管理环境的变化会导致管理目标和标准的变化。从某种意义上说，控制就是一个不断制定标准、实施标准、修订和完善标准的过程。值得注意的是，在修订标准时，应从实际情况出发，强调标准的客观性，避免管理者主观因素的消极影响。

总之，对计划执行过程中出现的偏差进行纠正，说明管理是一个连续的过程。控制职能与其他管理职能的交错重叠，说明了管理者的职能（也即管理的职能）是一个统一的完整的系统。

第四节　控制方法

各个组织在管理实践中会运用不同种类的控制手段和方法来进行管理控制。有些方法属于传统的控制方法，如亲自观察、预算控制和非预算控制；另外一些方法，如计划评审法，则代表了新的计划和控制方法，它说明科学技术的进步、社会活动规模的扩大必然伴随着管理理论的发展和管理技术的进步。从控制范围看，有些方法是适用于局部控制的，如程序控制方法；而另一些方法是用于综合控制的，如损益控制法。随着组织规模的扩大和分权管理的发展，对管理工作的综合控制显得日益重要，其中有单一的控制手段，也有综合性的控制工具。此外，我们还应注意一个显著的特点，那就是许多控制方法同时也是计划方法。

一、预算控制

在管理控制中使用最广泛的一种控制方法就是预算控制。预算是以数量形式表示的计划。预算以财务数字（如收入、费用以及资金等）或者非财务数字（如直接工时、材料、实物销售量和生产量等）来表明组织的预期成果，它是用数字编制的反映组织在未来某一个时期的综合计划。预算可以被称作“数字化”或“货币化”的计划，它通过财务形式把计划分解落实到组织的各层次和各部门中去，使管理者能清楚地了解哪些资金由谁来使用，计划将涉及哪些部门和人员、多少费用、多少收入以及实物的投入量和产出量等。

（一）预算的性质和作用

预算就是用数字编制未来某一个时期的计划，也就是用财务数字或非财务数字来表明预期的结果。

首先，预算是一种计划，从而编制预算的工作是一种计划工作。预算的内容可以概括为：①“多少”——为实现计划目标的各种管理工作的收入（或产出）与支出（或投入）各是多少；②“为什么”——为什么必须收入（或产出）这么多数量以及为什么需要支出（或投入）这么多数量；③“何时”——什么时候实现收入（或产出）以及什么时候支出（或投入），必须使得收入与支出取得平衡。同时，预算是一种预测。它是对未来一段时期内的收支情况的预计。作为一种预测，确定预算数字的方法有统计方法、经验方法和工程方法。

其次，预算主要是一种控制手段。编制预算实际上就是控制过程的第一步——拟定标准。由于预算以数量化的方式来表明管理工作的标准，从而本身就具有可考核性，因而有利于组织根据标准来评定工作绩效，找出偏差（控制过程的第二步），并采取纠正措施消除偏差（控制过程的第三步）。无疑，编制预算能使确定目标和拟定标准的计划得到改进。但是，预算的最大价值在于它对改进协调和控制的贡献，当组织为各个职能部门都编制了预算时，就为协调组织的活动提供了基础。同时，由于对预期结果的偏离将更容易被查明和评定，预算也为控制中的纠正偏差奠定了基础。所以，预算有助于组织进行更好的计划和协调，并为控制提供基础，这正是编制预算的基本目的。

如果要使一项预算对任何一级的管理者真正具有指导和约束作用，预算就必须反映该组织的机构状况。只有充分按照各部门业务工作的需要来制订、协调并完善计划，才有可能编制一个足以作为控制手段的分部门的预算。把各种计划缩略为一些确切的数字，可使管理者清楚地看到哪些资金将由谁来使用，将在哪些单位使用，并涉及哪些费用开支计划、收入计划和以实物表示的投入量和产出量计划。管理者明确了这些情况，就有可能放手授权给下属，以便使之在预算的限度内去实施计划。

（二）预算的种类

预算在形式上是一整套预计的财务报表和其他附表。按照不同的内容，可以将预算分为经营预算、投资预算和财务预算三大类。

1. 经营预算

经营预算是指企业日常发生的各项基本活动的预算。它主要包括销售预算、生产预算、直接材料采购预算、直接人工预算、制造费用预算、单位生产成本预算、推销及管理费用预算等。

2. 投资预算

投资预算是对企业的固定资产的购置、扩建、改造、更新等，在可行性研究的基础上编制的预算。它具体反映了何时进行投资、投资多少、资金从何处取得、何时可获得收益、每年的现金净流量为多少、需要多长时间回收全部投资等。由于投资的资金来源往往是企业的限定因素之一，而对厂房和设备等固定资产的投资又往往需要很长时间才能收回，因此，投资预算应当力求和企业的战略以及长期计划紧密联系在一起。

3. 财务预算

财务预算是指企业在计划期内反映有关预计现金收支、经营成果和财务状况的预算。它主要包括“现金预算”“预计收益表”和“预计资产负债表”。必须指出的是，前述的经营预算和投资预算中的各种资料，都可以折算成金额反映在财务预算内。这样，财务预算就成为各项经营业务和投资的整体计划，故也称“总预算”。

（三）预算控制的风险

预算工作中存在着一些使预算控制失效的危险倾向。

1. 预算过于烦琐带来的危险

由于对极细微的支出也做了细致的规定，管理者管理自己部门所必要的自由都丧失了。所以，预算究竟应当细微到什么程度，必须联系授权的程度进行认真酌定。过细过繁的预算等于使授权名存实亡。

2. 预算目标取代企业目标带来的风险，即发生了目标的置换

在这种情况下，管理者只是热衷于使自己部门的费用尽量不超过预算，但忘记了自己的首要职责是千方百计地去实现企业的目标。例如，某个企业的销售部门为了不突破产品样本的印刷费预算，在全国的订货会上只向部分参加单位提供了产品样本，因此丧失了大量的潜在用户，失去了可能的订单。

目标的置换通常是由以下两个方面的原因引起的。

（1）没有恰当地掌握预算控制的度。例如，预算编制得过于细致，或者制定了过于严厉的制裁规则以保证遵守，还可能制定了有较大吸引力的节约奖励措施，以刺激管理者尽可能地压缩开支。

（2）为职能部门或作业部门设立的预算标准，没有很好地体现计划的要求，与企业的总目标缺乏更直接的、更明确的联系，从而使得这些部门的管理者只是考虑如何遵守预算和程序的要求，而不是从企业的总目标出发来考虑如何做好自己的本职工作。

为了防止在预算控制中出现目标置换的倾向，一方面，应当使预算更好地体现计划的要求；另一方面，应当适当掌握预算控制的度，使预算具有一定的灵活性。预算的详细程度和预算控制的严格程度都要有一个合理的限度，一旦超出了这个限度，预算控制就会背离其目的走向反面。

3. 预算潜在的效能低下的风险

预算有一种因循守旧的倾向，过去所花费的某些费用，可以成为今天预算同样一笔费用的依据。如果某个部门曾支出过一笔费用购买物料，这笔费用就成了今后预算的基数。此外，管理者常常知道在预算的层层审批中，原来申请的金额多半会被削减。因此，申报者往往将预算费用的申请金额有意提高，远远大于实际需要，所以，必须有一些更有效的管理方法来扭转这种倾向，否则预算很可能会变成懒散、效率低下的管理者的保护伞。有效的管理方法一种是编制可变预算，另一种就是“零基预算法”。

预算控制最清楚地表明了计划与控制的紧密联系。不过，在一些非营利的组织中，如政府部门、大学等，却普遍存在着计划与预算脱节的情况。在那里，二者是分别进行的，而且往往互不“通气”。在许多组织中，预算编制工作往往被简化为一种在过去基础上的外推和追加数量的过程，而预算审批则更简单，甚至不加研究调查，就以主观想象为根据任意削减预算，从而使得预算完全失去了应有的控制作用，偏离了其基本目的。正是由于存在这种不正常的现象，新的预算方法发展了起来，它们使预算这种传统的控制方法恢复了活力。

二、非预算控制

除预算控制之外，还有一些传统的管理过程控制方法。

（一）视察

视察可能算是一种最古老、最直接的控制方法，它的基本作用就在于获得第一手的信息。基层管理者通过视察，可以判断产量、质量的完成情况以及设备运转情况和劳动纪律的执行情况等；职能部门的管理者通过视察，可以了解工艺文件是否得到了认真贯彻，生产计划是否按预定进度执行，劳动保护等规章制度是否被严格遵守，以及生产过程中存在哪些偏差和隐患等；而高层管理者通过视察，可以了解组织的方针、目标和政策是否深入人心，可以发现职能部门的情况报告是否属实以及员工的合理化建议是否得到认真对待，还可以从与员工的交谈中了解他们的情绪和士气等。所有这些，都是管理者最需要了解的，却是正式报告中见不到的第一手信息。

视察不仅能使管理者掌握第一手信息，它还能够使得组织的管理者保持和不断更新自己对组织的感觉，使他们感觉到事情是否进展顺利以及组织这个系统是否运转正常。视察还能够使得高层管理者发现被埋没的人才，并从下属的建议中获得不少启发和灵感。此外，亲自视察本身就有一种激励下属的作用，它使得下属感到上级在关心着他们。所以，坚持经常亲临现场视察，有利于创造一种良好的组织气氛。

当然，管理者也必须注意视察可能引起的消极作用。例如，也存在着这样的可能，即下属可能误解上司的视察，将其看作对他们工作的一种干涉和不信任，或者是看作不能充分授权的一种表现。这是需要引起注意的。

尽管如此，亲临现场视察的显著好处仍使得一些优秀的管理者始终坚持这种做法。一方面，即使拥有计算机化的现代管理信息系统，计算机提供的实时信息、做出的各种分析，也仍然代替不了管理者的亲身感受、亲自了解；另一方面，管理的对象主要是人，管理是要推动人们去实现组织目标，而人所需要的是通过面对面的交往所传达的关心、理解和信任。

（二）报告

报告是用来向负责实施计划的管理者全面地、系统地阐述计划的进展、存在的问题及原因、已经采取了哪些措施、收到了什么效果、预计可能出现的问题等情况的一种重要方式。控制报告的主要目的在于提供一种如果有必要，即可作为纠正偏差措施依据的信息。

控制报告的基本要求是必须做到适时，突出重点，指出例外情况，尽量简明扼要。通常，运用报告进行控制的效果，取决于管理者对报告的要求。管理实践表明，大多数管理者对下属应当向他报告什么，缺乏明确的要求。随着组织规模及其经营活动规模的日益扩大，管理也日益复杂，而管理者的精力和时间是有限的，因此定期的情况报告也就越发显得重要。

1. 控制需求

报告需要从控制的需求出发。负责计划实施的上层管理者，为了实施控制，通常需要下属报告以下四个方面的情况。

投入程度——管理者需要确定他本人参与的程度；他需要逐项确定他应在每项计划上花费多少时间，应介入多深。

进展情况——管理者需要获得那些应由他向上级或向其他有关单位（部门）汇报的有关计划进展的情况，如我们的进度如何，怎样向我们的客户介绍计划进展情况，在费用方面我们做得如何，如何向客户解释费用问题等。

重点情况——管理者需要在向他汇报的材料中挑选那些应由他本人注意和决策的重要问题。

全面情况——管理者需要掌握全盘情况，而不能只是了解一些特殊情况。

2. 报告的内容

为了满足上级管理者的上述四项要求，一个有效的报告制度通常规定需要报告的内容。以通用电气公司为例，报告主要包括计划执行情况、上层管理者决策和采取行动需要的关键信息，具体有以下八个方面的内容。

（1）客户的意见以及上次会议以来外部的新情况。这方面报告的作用在于使上级管理者判断情况的复杂程度和严重程度，以便决定他是否要介入以及介入的程度。

（2）进度情况。这方面报告的内容是将工作的实际进度与计划进度进行比较，说明工作的进展情况。通常，拟定工作的进度计划可以采用“计划评审技术”。对于上层管理者来说，他所关心的是处于关键线路上的关键工作的完成情况，因为关键工作若不能按时完成，那么整个工作就有可能误期。

（3）费用情况。报告的内容是说明费用开支的情况。同样，要说明费用情况，必须将其与费用开支计划进行比较，并回答实际的费用开支为什么超出了原定计划，以及按此趋势估算的总费用开支（或超支）情况，以便上级管理者采取措施。

（4）技术工作情况。技术工作情况是表明工作的质量和技术性能的完成情况和目前达到的水平的。其中很重要的问题是说明设计更改情况，要说明设计更改的理由和方案，以及这是客户提出的要求还是我们自己做出的决定等。

（5）当前的关键问题。报告者需要检查各方面的工作情况，并从所有存在的问题中挑出三个最为关键的问题。他不仅要提出问题所在，还须说明其对整个计划的影响，列出准备采取的行动，指定解决问题的负责人，以及规定解决问题的期限，并说明最需要上级管理者帮助解决的问题。

（6）预计的关键问题。报告的内容是指出预计的关键问题，同样也需要详细地说明问题，指出其影响、准备采取的行动、指定负责人和解决问题的日期。预计的关键问题对上层管理者来说特别重要，这能为他们制定长期决策提供选择。

（7）其他情况。报告的内容是提供与计划有关的其他情况。例如，对组织及客户有特别重要意义的成就，上月份（或季、年）的工作绩效与下月份的主要任务等。

（8）组织方面的情况。报告的内容是向上层管理者提交名单，名单上的人员可能会去找这位上层管理者，这位管理者也需要知道他们的姓名；同时，管理者还要通过审查整个计划的组织工作，包括内部的研制开发队伍以及其他的有关机构（部门）。

（三）比率分析

组织经营活动中的各种不同度量之间的比率分析，是一项非常有益的和必需的控制技术或方法。“有比较才会有鉴别”，也就是说，信息都是通过事物之间的差异传达的。

一般来说，仅从有关组织经营管理工作绩效的绝对数量的度量中是很难得出正确的结论的。例如，仅从一家企业年创利 1 000 万元这个数字上很难得出什么明确的信息，因为我们不知道这家企业的销售额是多少，不知道它的资金总数是多少，不知道它所处的行业的平均利润是多少，也不知道该企业上年和历年实现的利润是多少等。所以，我们在做出有关一个组织的经营活动是否有显著绩效的结论之前，必须首先明确比较的标准。

在企业经营活动分析中常用的比率可以分为两大类，即财务比率和经营比率。前者主要用于说明企业的财务状况，后者主要用于说明企业经营活动的状况。

1. 财务比率

财务比率综合地反映着企业的财务状况。通过对财务状况的分析，我们可以迅速地、全面地了解一家企业的资金来源和资金运用情况，了解企业资金利用的效果以及企业的支付能力和清偿债务的能力。

2. 经营比率

财务比率是衡量一家企业生产经营状况和财务状况的综合性指标。除此以外，还有一些更直接的比率，如市场占有率、相对市场占有率和投入—产出比率，可以用来进一步说明企业的经营情况。这些比率被称为经营比率。

（四）盈亏分析

所谓盈亏分析，就是根据销售量、成本和利润三者之间的相互依赖关系，对企业的盈亏平衡点和盈利情况的变化进行分析的一种方法，又称“量本利”分析。它是一种很有用的控制方法和计划方法。在盈亏分析中，我们将企业的总成本按照性质分为固定成本和变动成本(或可变成本)。所谓固定成本，是指不随销售量变化而变化的那部分成本，如折旧费、设备修理费、办公费、新产品研制费等。变动成本则是指随销售量变化而变化的那部分成本，如原材料、工时费、燃料和动力费等。固定成本、变动成本、销售量和利润之间的关系可用一种称之为“盈亏平衡图”的坐标图来描述。

盈亏分析在控制中的应用主要有以下几个方面：预测实现目标利润的销售量；分析各种因素变动对利润的影响；进行成本控制；判断企业经营的安全率。

（五）审计

审计是一种常用的控制方法，财务审计与管理审计是审计控制的主要内容。所谓财务审计，是以财务活动为中心内容，以检查并核实账目、凭证、财物、债务以及结算关系等客观事物为手段，以判断财务报表中所列出的综合的会计事项是否正确无误、报表本身是否可以信赖为目的的控制方法。我们通过这种审计还可以判明财务活动是否符合财经政策和法令。所谓管理审计，是检查一个单位或部门管理工作的好坏，评价人力、物力和财力的组织及利用的有效性。其目的在于通过改进管理工作来提高经济效益。

（六）作业控制

作业控制是为了保证各项作业计划的顺利进行而做的一系列工作，一般包括全面成本控制、质量控制、库存控制等。

1. 全面成本控制

全面成本控制是在对系统的所有工作做全面详细的分析后，层层分解成本指标，以其作为衡量控制标准，也就是说，以成本为控制主线，确保在预定成本下获得预期目标利润。

2. 质量控制

为保证产品质量符合规定标准要求和满足用户使用目的，企业需要在产品设计、试制、生产制造直至使用的全过程中，进行全员参加的、事后检验和预先控制有机结合的、从最终产品的质量到产品赖以形成的工作质量的、全方位的质量管理。

20世纪80年代，随着国际竞争的加剧和顾客期望值的提高，许多企业采用全面质量管理的方法来控制质量，把质量观念渗透到企业的每一项活动中，以实现持续的改进。全面质量管理有以下四大特征。

（1）全过程的质量管理。质量管理不仅在生产过程中，而且应“始于市场，终于市场”，从产品设计开始，直至产品进入市场，以及售后服务等，质量管理都应贯穿其中。

（2）全企业的质量管理。质量管理不仅是质量管理部门的事情，它和全企业各个部门都休戚相关，因为产品质量是做出来的，不是检验出来的，故每项工作都与质量相关。

（3）全员的质量管理。每个部门的工作质量，决定于每位员工的工作质量，所以每位员工都要保证质量，为此，由员工成立了很多质量小组，专门研究在部门或工段的质量问题。

（4）全面科学的质量管理方法。它以统计分析方法为基础，综合应用各种质量管理方法，工作步骤按“计划—执行—检查—处理”循环进行。

3. 库存控制

企业的生产要正常连续地进行，供应流不能断，也需要一定的库存，但库存会占用流动资金。库存过多，不仅占用生产面积，还会造成保管费用增加、资金周转减慢、材料腐烂变质等；库存过少，又容易造成生产过程因停工待料而中断，或因产成品储备不足而造成脱销损失等。所以，做好库存控制是非常重要的。

库存控制主要解决的问题有：哪些物资要有库存？哪些应多存？哪些应少存？何时订货？订多少？

（1）库存有什么。企业应根据数量和资金占用等情况分别对待生产所需物资，其中常用的方法有 ABC 分类法。ABC 分类法是根据 80/20 原则而来的，其基本思想是少数的关键因素起决定性作用。A 类物资的资金占用比重很大，但品种较少；C 类则相反，品种较多，但资金占用比重很小；B 类介于二者之间。通过分类，企业对各类物资实行不同的管理。A 类是库存控制的重点，应严格控制库存数量，严格盘点，采购间隔期尽量短，以利于加速资金周转；对于 C 类可适当延长采购间隔期，简化管理；对 B 类的控制可根据具体情况，采取适当的方式。

（2）库存量控制。控制库存量要考虑总体采购资金、服务质量等因素。企业可通过控制采购间隔期或者采购批量来满足需要，也可设定一个订货点来控制，当库存量低于订货点时就需要再次订货了。

（3）准时生产方式（JIT）。虽然库存被认为是必需的，但库存给许多企业带来了极大的烦恼。基于此，日本丰田汽车公司的准时生产在这方面做出了良好的成绩，甚至被称为“无库存生产方式”。JIT 用“拉动式”的“看板管理”在生产现场控制生产进度，使之达到准时生产的目的。“拉动式”生产方式根据市场需求制订生产计划后，只对最后的生产工序工作中心发出指令，最后生产工序工作中心根据需要向它的前道生产工序工作中心发出指令，这样按反工艺顺序逐级“拉动”。在生产现场，其“拉动”靠“看板”来实现，每一张看板代表一定的数量，很容易计算和检查。它实际上是将库存放在现场，由看板数量确定各零配件的库存数量，每当生产运行平稳后，就减少一些看板数量，使得生产中的一些问题暴露出来，从而采取措施，加以改进。

第二部分　实务部分

任务一　思考与讨论

一、简答题

1. 什么是控制？
2. 计划和控制的关系是什么？
3. 在管理中，控制的作用是什么？
4. 有效控制系统应有哪些特征？
5. 控制过程一般有哪些步骤？
6. 管理者有哪些纠正偏差的行动方案？

二、讨论题

1. 你认为控制方法中哪种最重要？为什么？

2. 你是如何通过建立目标来控制自己行为的？作为一名学生，你是如何衡量、评价自己的学习、生活和工作表现的？

任务二 案例分析

案例一 客户服务质量控制

美国某信用卡公司的卡片分部认识到高质量的客户服务是十分重要的。客户服务不仅影响公司信誉，也和公司利润息息相关。例如，一张信用卡每早到客户手中一天，公司可获得 33 美分的额外销售收入，这样一年下来，公司将有 100 多万美元的净利润。及时地将新办理的和更换的信用卡送到客户手中是客户服务的一个重要方面，但这远远不够。

决定对客户服务质量进行控制来反映其重要性的想法，最初是由卡片分部的地区副总裁凯西·帕克提出来的。她说："一段时间以来，我们对传统的评价客户服务的方法不大满意。向管理部门提交的报告有偏差，因为它们很少包括有问题但没有抱怨的客户，或那些只是勉强满意公司服务的客户。"她相信，真正衡量客户服务质量的标准必须基于和反映持卡人的意见。这就意味着要对公司控制程序进行彻底检查。第一项工作就是确定客户对公司的期望。对抱怨信件的分析指出了客户服务的三个重要特点：及时性、准确性和反应灵敏性。持卡者希望准时收到账单、快速处理地址变动、采取行动解决抱怨。

了解了客户期望，公司质量保证人员开始建立控制客户服务质量的标准。所建立的 180 多个标准反映了诸如申请处理、信用卡发行、账单查询反应及账户服务费代理等服务项目的可接受的服务质量。这些标准都基于客户所期望的服务的及时性、准确性和反应灵敏性。同时也考虑了其他一些因素。

除了客户意见，服务质量标准还反映了公司竞争性、能力和一些经济因素。例如，一些标准因竞争被引入，一些标准受组织现行处理能力影响，还有一些标准反映了经济上的能力。考虑了每一个因素后，适当的标准就成型了，接着控制服务质量的计划开始实施。

计划实施效果很好，如处理信用卡申请的时间由 35 天降到 15 天，更换信用卡的时间从 15 天降到 2 天，回答客户查询的时间从 16 天降到 10 天。这些改进给公司带来的潜在利润是巨大的。例如，办理新卡和更换旧卡节省的时间会给公司带来 1 750 万美元的额外收入。另外，如果客户能及时收到信用卡，他们就不会使用其他公司的卡片了。

该质量控制计划对公司还有其他的益处，该计划使整个公司都注重客户期望。各部门都以自己的客户服务记录为骄傲。而且每位员工都对改进客户服务质量做出了贡献，这使员工士气大增。员工在为客户服务时，都认为自己是公司的一部分，是公司的代表。

信用卡分部客户服务质量控制计划的成功，使公司其他部门纷纷效仿。无疑，它对该公司的贡献将是非常巨大的。

问题：

1. 该公司控制客户服务质量的计划是前馈控制、反馈控制还是现场控制？
2. 找出该公司对计划进行有效控制时涉及的三个因素。
3. 为什么该公司将标准设立在经济可行的水平上，而不是最高可能的水平上？

案例二　飞马公司的成功秘密

飞马公司是一家公开上市的汽车马达制造公司，目前拥有 6 000 名员工，年销售额达 10 亿元。多年来，其他公司都力求发现飞马公司的秘密——为什么管理者能够激发员工实现最大的生产率和实现最佳生产质量？

飞马公司采用了多种多样的控制方法。任务被严格地界定，员工必须达到绩效标准。公司对生产工人实行计件工资外加业绩奖金制度，还依照公司财富发放年终奖金；同时，他们也有员工持股计划。奖金与一系列因素相关，如生产率、质量、可靠性以及同其他员工的合作等。因此，员工年收入超过 10 万元。还有其他一些非实物的奖励，赏识、参与、贡献感、团队精神都是在公司盛行的内在激励方式。公司重视预测和解决客户问题，对销售代表进行技术培训以便他们可以理解客户需求，帮助客户了解和使用公司产品和解决问题。公司对客户的重视还体现在对所有员工的生产率、质量和革新采用严格的标准和正式的衡量办法上，此外，还采用一个被称为“Route”的软件来规划生产过程中的物流。

飞马公司的成功在很大程度上还要归功于其组织文化，它通过有效的组织文化建设提高了员工的工作积极性和自我控制能力。其组织文化建立在诚信、公开、自我管理、忠诚、可依赖和协作精神等价值基础之上。虽然公司中管理者和工人之间界限分明，但是管理者尊重工人的技能，重视他们对业务的贡献。公司倡导所有员工公平的、面对面的交流。工人们被鼓励挑战管理者的权威，只要他们认为事实和报酬不公平。大多数工人都是公司从专业学校直接雇用的，经过岗位培训和交叉培训以完成不同的工作。其中一些工人最终会晋升到管理岗位，因为公司更注重内部提升，因此，大多数工人会在公司工作一辈子。

公司的文化价值、公开的沟通、规范的控制和奖励系统相互作用，将管理者、工人和组织的目标有机地结合在一起，所以，工人在工作中的自我控制程度很高。

问题：

1. 本案例描述的是什么类型的控制，前馈控制、现场控制还是反馈控制？请加以解释。
2. 基于材料，你认为飞马公司成功的原因是什么？

任务三　企业模拟案例（视频案例）

企业模拟案例一

扫描二维码，观看视频后回答以下问题。

扫一扫

案例一

1. 刘工感到受冷落的原因是（　　）。
   A. 违背了公平理论　　B. 刘工不大度
   C. 领导不负责　　D. 年轻人不好好干
2. 张平受委屈的原因是（　　）。
   A. 张平本人过于斤斤计较　　B. 车间主任安排不当
   C. 张副总经理违反了统一指挥原则　　D. 张副总经理与车间主任沟通不充分
3. 从管理控制的角度来看，杨总经理对青工小王的操作方式进行纠正的行为，属于（　　）。
   A. 现场控制　　B. 反馈控制　　C. 前馈控制　　D. 预防控制

4. 杨总经理通过报告和报表对产品质量进行的控制属于（　　）。

A. 现场控制　　B. 反馈控制　　C. 前馈控制　　D. 预防控制

5. 为了使公司的目标管理计划切实有效，相比较而言，对目标的下列哪项要求是最重要的？（　　）

A. 目标必须具备可考核性　　B. 目标必须尽可能先进

C. 目标的表述必须清晰易懂　　D. 目标应考虑平衡水平，不宜太高

企业模拟案例二

扫描二维码，观看视频后回答以下问题。

1. 在场景一、场景二中导致控制没有收到预期效果的原因分别是什么？
2. 如果你是经理，在场景一中你会如何布置工作？
3. 当工作没有收到预期效果时，如果你是经理，你会如何处理？

扫一扫

案例二

模块七

创新

领袖和跟风者的区别就在于创新。

——史蒂夫·乔布斯（美国苹果公司创始人）

目标与要求

通过本模块的学习，使学生认识到创新也是管理的一项重要职能，是管理理论与实践不断发展的结果；要求学生了解创新的概念、内容以及创新的过程，理解创新的方法和策略，掌握创新的方法和策略在实际管理活动中的应用。

导入案例

上海施贵宝公司成立于1982年10月14日，是我国和美国在我国境内成立的第一家西药制剂合资企业，又是完全按照世界卫生组织“优良生产质量规范（GMP）”进行设计、生产、经营和管理的现代化制药企业。该公司先后通过美国、新西兰食品药品管理局（FDA）和加拿大卫生保健局（HPB）批准，成为我国第一家制剂产品可以出口北美和新西兰的制药企业。多年来，该公司始终坚持企业管理创新，进行着卓有成效的经营管理，取得了令人瞩目的成就。

1. 管理思想上的创新

管理创新，首先要在管理思想上创新。这是其他一切创新的前提，没有这个前提，就谈不上创新。企业管理创新也需要机制，这个机制产生于企业内部环境与企业创新的氛围中。创新机制对管理创新具有推动和激发的作用。该公司在合资企业中成立较早，成立之初由于许多经营法规并不完善，因此，在管理上有一定的难度，但它既没有照搬美国投资方——美国施贵宝公司的做法，也没有按国内国有企业的一套做法，而是坚持走学习型、创新型路子。该公司真正做到在认识上、观念上、措施上到位，以管理创新应对变革，并把变革作为机会加以利用，把创新作为对付竞争环境的需要，作为企业本身发展的需要。该公司在管理思想上，主要在以下四个转变上下功夫。

（1）从传统企业和管理目标多元化向管理目标单一化转变。企业每年都有明确的目标，公司的领导、公司的各项管理工作都围绕这一目标而展开，追求管理的卓越和创新，从而带来最佳的经济效益。

（2）从企业被动型管理向企业自主化管理转变，让企业成为管理的主体。公司建立了CMP和质量、财务、安全等内部审计制度，形成了自我检查、自我整改、自我完善、自我发展的机制，调动了管理人员的积极性和主动性，发挥管理人员的智能和潜能，使其创造性地开展管理工作。

（3）从企业内部管理的计划经济模式向市场经济模式转变。上海施贵宝公司将市场占有率作为衡量企业经营好坏的重要标准。只有提高市场占有率，才能保持企业的生存和发展。它坚持各项经营管理工作都以市场为导向，一切为市场需要服务，在营销工作中坚持加强市场研究，讲究市场策略，重视市场投资，完善营销机制。针对药品的特性及其特定的用户，确定了“自销与通过商业渠道销售并举”的原则，立足“用掉”，而不满足于“卖掉”，以形成销售、服务、消费、制造的良性循环。

（4）从封闭型的企业管理向国际通行的现代管理转变，并密切注意借鉴国外现代管理的经验，不断进行管理创新。例如，它将处方药与非处方药分类管理，为我国实施非处方药政策提供了一些经验、建议和措施。该公司是国内第一家成立单独非处方药销售队伍的公司，大力开发非处方药（OTC）市场，提高公司市场份额，积极开发医院和药房的销售，积极传播和促进药房的零售工作，努力塑造品牌，制订新产品上市计划，建立第一流的非处方药销售队伍。

2. 以人为本是现代企业管理的重要创新

人是在一个个具体的环境中全面发展的，由于分工的不同，每个员工都有自己的工作岗位，在特定的工作岗位上创造性地工作，以达到企业的目标；同时，员工也要把自己塑造成一个全面发展的人，这应是企业管理中对人的管理的最高目标，它也是以人为本的管理的真正要旨。上海施贵宝公司的主要做法如下。

（1）公开择优招聘，促进人才合理流动。招聘工作严格贯彻“公开招聘，平等竞争，严格考核，择优录用”的原则。

（2）实行绩效评估，发挥激励导向作用。

（3）引进竞争机制，改革分配制度。该公司每年都要在同行业内或委托咨询机构调查劳动力的市场价格，以此确定公司合理的工资价位。

（4）重视培训，强调学习。该公司为加强员工学习，通过各种方式加强岗位培训。例如，新员工必须进行上岗前培训，以学习了解公司概况、企业文化、劳动合同、员工纪律、行为规范、安全生产、质量意识等；营销人员每季度进行有关营销策略、销售技巧和产品知识的专业培训；生产人员进行GMP的管理专项培训；管理人员每年集中培训两三次，请国际专业培训公司讲授管理知识和技巧，指导部属学习掌握有关洽谈及管理沟通技巧、部门冲突处理技巧，以及时间管理、团队精神、企业形象、学习型组织等知识；技术和管理骨干则要出国参加专业培训或在国内参加专业培训班等。

（5）为员工创造发挥才干的条件，建立“贵宝人和”的融洽气氛。该公司通过培训，使员工提高技能和才干，并通过绩效评估肯定员工的工作成就；还通过各种方式和活动增进员工之间的感情，如公司建立员工生日档案，向过生日的员工祝贺生日；对于在公司工作满五年的员工，公司领导要请这些员工的家属到公司来做客，参观企业并共进午餐。

3. 管理方法上的创新

企业管理方法的创新主要是实现管理科学化和管理现代化。上海施贵宝公司把现代科学技术的一些最新成果应用到管理领域，如全面质量管理、统计分析、计算机网络计划技术、库存管理、决策技术、市场预测技术、生产资源计划（MRPE）、预算管理、办公自动化等。具体如MRP II系统，公司采用了BPCS软件，使计算机网络管理完整地覆盖全公司各生产、经营部门，使市场预测、原料采购、生产作业、产品成本、库存状况、财务控制和质量控制等数据全都被纳入一体化管理，从而以最少的投入、合理的库存量和最高的生产效率来编制生产计划，以更好地适应市场需求，在企业内部做到信息共享、决策科学和进行有效的监督。另外，公司还全面开展提高效率活动，制订节省成本、紧缩人员、提高效率的具体计划。这一活动的特点是面广，涉及生产、销售、财务、技术各个方面。公司在生产上开展了缩短生产周期的活动，对主要产品成立缩短生产周期项目组，定期开展活动，设立专职效率经理，开展大幅度的提高效率活动。车间人均效率提高了50%，达到了减人增产的效果。全面开展的效率活动包括销售效率活动、采购效率活动、新药上市周期缩短的工作效率活动和简化财务工作程序的活动（DO It Simple，DIS）。该公司在年度预算中把提高效率、减少成本作为实绩考核的一项指标。

4. 经营思路的创新

日本通产省曾对两家大型优秀企业进行调查，得出四个结论：①企业把主要精力放在提高劳动生产率、降低成本方面，经济效益一般；②企业把主要精力放在开拓市场上，经济效益较好；③企业把主要精力放在提高产品质量和开发新产品上，经济效益很好；④企业一手抓新产品，一手抓市场的开拓，经济效益最好。由此得出了管理、技术、产品、市场、服务五大创新的关键是产品创新和市场创新。这一结论公布后在国际企业界和理论界引起了强烈的反响。上海施贵宝公司牢牢抓住了产品创新和市场创新，在新产品开发上有五年滚动计划，每年都要上市2～3种新产品；对于新产品上市又有详细的上市促销和扩大市场占有率的策略，具有强烈的超前意识和市场占有意识。为了更好地占有市场，上海施贵宝公司成立了仓储分发部，把仓库、分发、车队归并在一个部门，加强合作，强化管理，保证达到GMP标准。该公司在全国设立了14个分发库，售后服务质量明显提高，如98%以上的产品在接订单后2天内被送到客户手里。设立这一部门后，效率提高，费用下降，效果非常好。该公司在国外设有专门的分发公司，而国内企业一般是通过商业部门销售，不设立全国的分发部门。面对国内应收账款较多和三角债严重的情况，上海施贵宝公司对客户实行了资信管理。其办法是通过建立客户资信控制与管理系统，对客户企业的创建情况、销售历史、还款率等资信情况进行完整记录，并根据客户资信状况的变化调整销售政策。该公司还设立了专职的资信与收款小组，强化了收款工作，使公司应收账款处于良好的状态。

【分析提示】

1. 上海施贵宝公司的管理创新涉及哪些方面?

2. 上海施贵宝公司为什么能在管理上创新？

3. 什么是具有中国特色的管理创新？

第一部分　理论部分

决策、计划、组织、领导和控制是保证企业计划目标实现所不可缺少的，从某种意义上说，它们同属于管理的“维持职能”，主要任务是保证系统按预定的方向和要求运行。但是，管理是在动态环境中运行的社会经济系统，企业只维持是不够的，还必须不断调整系统活动的内容和目标，使之随时适应环境变化的要求，这就是经常被人们所忽视的管理的“创新职能”。

本模块旨在通过了解创新的含义，使人们认识到创新也是管理活动的主要内容，对企业的发展具有重要意义；通过对创新的内容、方法、策略和过程的理解，揭示创新的规律，明确创新职能在企业管理中的具体运用。

第一节　创新概述

创新是一种赋予资源以新的创造财富的能力的行为，是管理者所能够利用的一种特殊的资源。世界各国经济发展的历史证明，创新是人类财富之源，是经济发展的巨大动力。企业家需要有目的地寻找创新的源泉，抓住一切可以使创新成功的机会。

一、创新的含义

（一）创新的概念

创新作为一种理论出现于20世纪初。1912年，美籍奥地利经济学家、美国哈佛大学教授约瑟夫·熊彼特（J.A.Schumpter）在其德文著作《经济发展理论》中第一次把“创新”引入了经济领域。

熊彼特从经济的角度提出了创新。他认为，创新是对“生产要素的重新组合”，具体来说，包括以下五个方面。

（1）生产一种新产品，也就是消费者还不熟悉的产品，或是发现已有产品的一种新用途和新特性。

（2）采用一种新的生产方法，也就是在有关的制造部门中未曾采用的方法。这种方法不一定非要建立在科学新发现的基础上，它可以是以新的商业方式来处理某种产品。

（3）开辟一个新的市场，就是使产品进入以前不曾进入的市场，不管这个市场以前是否存在过。

（4）获得一种原材料或半成品的新的供给来源，不管这种来源是已经存在的还是第一次被创造出来的。

（5）实现一种新的企业组织形式。

美国管理大师德鲁克在20世纪50年代第一次把创新引进管理领域，创造了作为管理学专业术语的“创新”。他认为，创新就是赋予资源以新的创造财富的能力的行为。

复旦大学现代哲学研究所所长、博导张汝伦教授曾在《哲学与创新》讲座中指出，创新具备以下几种含义。

（1）别人从未做过，也就是说“前无古人”。

（2）别出心裁，也就是说不要哗众取宠。

（3）有重大意义。

（4）增进人类文明。

（5）开辟方向。

虽然许多研究者都从不同角度对创新进行了定义。例如，有的东西之所以被认为是创新，有的是因为它提高了工作效率或巩固了企业的竞争地位；有的是因为它改善了人们的生活质量；有的是因为它使经济水平有了根本性的提高。但值得注意的是，创新并不一定是全新的东西，旧的东西以新的形式出现或以新的方式结合也是创新。因此我们说，创新是生产要素的重新组合，其目的是获取潜在的利润。

（二）创新与发明创造的区别与联系

创新不同于发明创造，创新是一种经济行为，而发明创造则属于科技行为。创新与发明创造之间的区别主要表现在以下几个方面。

1. 两者的行为主体不同

按照熊彼特的观点，创新是企业家对生产要素的重新组合，只有企业家才是创新者；而发明创造的主体则是发明者，发明者可以是企业家，也可以是各个领域的专家或一般社会成员。

2. 两者的着眼点不同

发明创造的着眼点在于创造出前所未有的新事物，创新的着眼点之一是发明创造的第一次商业化应用。在熊彼特看来，只有第一次把发明引入生产体系并为商业化生产服务的行为才是创新行为，第二次、第三次以及后续的只能算作模仿。

3. 两者的目的不同

发明创造的目的在于创立一种解决某一领域问题的技术方案，它可以取得专利，但不一定能为社会经济发展带来效益；创新则是创造或执行一种新的方式，创新者不仅要产生新的构想和观念，而且要运用新的构想和观念使社会经济发展获得更多的效益。

我们也要注意到，发明创造与创新之间也存在内在的联系。一般来说，发明创造是创新的源泉和前导，创新是对发明创造的运用和实践。例如，技术发明是发现新的技术原理，而技术创新则是将新的技术原理运用于生产实际之中，使其发挥应有的作用，取得相应的经济和社会效益。

（三）创新与维持的关系

作为企业管理的基本职能，维持与创新对企业的生存和发展都具有非常重要的作用。

维持是保证企业各项活动顺利进行的基本手段，也是企业中最常见的工作。但是，仅有维持是不够的。企业作为一个社会经济系统，它是由众多要素构成的，要不断地与外部发生物质、信息、能量的交换。而外部环境是在不断地发生变化的，这些变化必然会对企业的活动内容、活动形式和活动要素产生不同程度的影响。同时，企业内部的各种要素也是在不断发生变化的。企业内部某个或某些要素在特定时期的变化必然要引起企业内其他要素的连锁变化，从而对企业原有的目标、活动要素间的相互关系等产生一定的影响。企业若不及时根据内外变化的要求，适时进行局部或全局的调整，则可能被变化的环境所淘汰，或为改变了的内部要素所不容。这种为适应企业内外变化而进行的局部或全局的调整，便是企业管理的创新职能。

综上所述，作为企业管理的两个基本职能，维持与创新是相互联系、不可或缺的。

1. 创新与维持在逻辑上表现为相互连接、互为延续的链条

创新是在维持基础上的发展，而维持则是创新的逻辑延续；维持是为了实现创新的成果，而创新则是为更高层次的维持提供依托和框架。企业的管理工作总是从创新到维持，再到创新和再到维持循环往复的过程。只有创新没有维持，企业会呈现无时无刻无所不变的无序的混乱状态；只有维持没有创新，企业缺乏活力，犹如一潭死水，适应不了任何外界的变化，最终会被淘汰。

美国管理学者戴维·K. 赫斯特运用案例研究的方法揭示了企业管理的维持和创新的生态循环过程，这种过程如同森林的产生、成长、毁灭和再生的循环过程。与此类似，阿伯纳西和厄特拜克在产品生命周期理论的基础上进一步描述了创新类型的分布。在产品的投入期，企业需要重大的产品创新；进入产品成长期，重大的工艺创新占据主导地位；而在成熟期，主要是维持活动；在衰退期，企业又呼唤重大的产品创新。

2. 有效的管理是实现维持与创新最优组合的管理

维持与创新在逻辑上的相互连接、互为延续的关系意味着两者在空间和时间上的分离。事实上，企业管理活动是维持与创新的相互融合。有效的管理就是要根据企业的结构维度和关联度来确定维持与创新的组合。过度维持会导致企业的僵化和保守，抑制人的能力的发展，也会使企业忽视市场的竞争和技术的变化，导致企业的反应能力下降，使企业失去发展的机会；过度的维持往往只是注重企业的短期利益，忽视企业的长期的发展战略。另一方面，因为过度地创新和对创新的采纳消耗的大量的物力、财力资源，并不能从创新收益中得到补偿；过度创新会导致企业规章制度的权威性减弱、结构体系紊乱、专业化程度降低；严重过度创新还会导致企业凝聚力下降，甚至导致企业的瓦解。

3. 维持与创新在目标和方向上的不同表现为在基本职能上的差异

从管理使命来看，创新是力图突破现状，率领所领导的企业抛弃一切不适宜的传统的做法；而维持则致力于维持秩序和守业。在计划上，创新是以确定企业未来的经营方向为目标的，包括远景目标和实现远景目标的战略；而维持一般是编制短期、周密的计划方案和预算。在组织上，创新组织联合所有相关者，形成企业内外相互密切配合的关系网络；而维持一般是设计体现合理的工作分工和协作、汇报关系的结构体系，并配备合适的人员执行结构设计所规定的角色任务。在领导上，创新通过与所有能提供合作和帮助的人们进行大量的沟通交流，并提供有力的激励和鼓舞，率领大众朝着某个共同的方向前进；而维持借助于指挥、命令，通过上级对下级的指导、监督，使各层次、各部门的人员能按部就班地开展工作。在控制上，维持表现为尽量减少计划执行中的偏差，确保主要绩效指标的实现；而创新应因环境变化的需要而适时、适度地调整计划目标。总的来说，维持与创新在风格上有较大的差异。在企业中，一位管理者往往难以承担起这两方面的角色任务。

二、创新的特征

创新是推动企业发展的动力，企业必须正确认识创新的特征。一般来说，创新具有以下特征。

（一）创造性

创造性是指创新所进行的活动与其他活动相比，具有突破性的质的提高。也可以说，创新是

一种创造性构思付诸实践的结果。

创新的创造性首先表现在新产品、新工艺上，或是体现在产品、工艺的显著变化上；其次表现在企业组织结构、制度安排、管理方式等方面。这种创造性的特点就是敢于打破常规，在把握规律的同时紧紧地抓住时代前进的趋势，勇于探索新路子。

管理故事

我国古代著名军事家孙膑的老师鬼谷子在教学中极善于培养学生的创新思维。有一天，鬼谷子给孙膑和庞涓每人一把斧头，让他俩上山砍柴，要求“木柴无烟，百担有余”，并限期10天内完成。

庞涓不假思索，每天都去砍柴，直到砍了100担。孙膑经过认真考虑后，选择将一些榆木放到一个窑洞里烧成木炭，然后用一根柏树枝做成的扁担将木炭担回鬼谷洞，意为百（柏）担有余（榆）。

10天后，鬼谷子先点燃庞涓的木柴，火势虽旺但浓烟滚滚；接着，鬼谷子又点燃孙膑的木炭，火旺且无烟，正是鬼谷子所期望的。

启示：创新无处不在，实施者要把握规律，发挥创造力。

（二）风险性

创新的过程涉及许多相关环节和影响因素，因此创新结果存在一定程度的不确定性，也就是说，创新带有较大的风险性。“一将功成万骨枯”，创新的背后往往有着数以百计的失败的设想。据统计，在美国，企业产品开发的成功率只有20%～30%，如果是从设想到开发都成功的产品那就更是凤毛麟角。

创新具有风险性，首先是因为创新的全过程需要大量的投入，这种投入能否顺利地实现价值补偿，受到来自技术、市场、制度、社会、政治等不确定因素的影响；其次是因为竞争过程的信息不对称，竞争者也在进行各种各样的创新，但其内容我们未必清楚，因而我们花费大量的时间、金钱、人力等资源研究出来的成果，很可能对手已经抢先一步获得，如此我们的成果便失去了意义；最后企业在创新时无法预见许多未来的环境变化情况，故创新不可避免地带有风险性。

（三）高收益性

企业创新的目的是要增加企业的经济效益和社会效益，以促进企业发展。创新具有高收益性，这是因为在经济活动中高收益与高风险并存，创新活动也是如此，因而尽管创新的成功率较低，但成功之后却可获得丰厚的利润。微软公司（Microsoft）在创办初期，仅有一种产品、3个员工和1.6万美元的年收入，但它经过持续的创新活动获得了巨大的经济效益，从而一跃成为全球性的大型高科技公司，董事长比尔·盖茨本人也成为世界首富。

“天下熙熙，皆为利来，天下攘攘，皆为利往。”正是因为创新在高风险的前提下具有高收益性，许多国家都成立了风险投资公司，资助创新者进行各种各样的创新试验，以便在其中部分项目成功后获得高额的收益，从而得到持续的发展。

（四）系统性和综合性

企业创新是涉及战略、市场调查、预测、决策、研究开发、设计、安装、调试、生产、管理和营销等一系列过程的系统活动。这一系列活动是一个完整的链条，其中任何一个环节出现失误都会影响整个企业的创新效果。同时，与经营过程息息相关的经营思想、管理体制、组织结构的状况也影响着整个企业的创新效果。所以，创新具有系统性和综合性。创新的系统性和综合性表现在创新是由许多人共同努力的结果，它通常是远见与技术的结合，需要众多参与人员的相互协调和相互作用，如此才能产生出系统的协同效应，使创新达到预期的目的。

（五）时机性

时机是时间和机会的统一体，也就是说，任何机会都是在一定的时间范围内存在的。如果我们正确地认识客观存在的时机并充分地利用了时机，就有可能获得较大的发展；反之，如果我们错过了时机，我们就可能前功尽弃。

创新也具有这样的时机性。消费者的喜好处于不断的变化之中，同时社会的整体技术水平也在不断提高，因而创新者在不同方向具有不同的创新时机，甚至在同一方向也随着阶段性的不同具有不同的时机，这要求管理者在进行创新决策时，必须根据市场的发展趋势和社会的技术水平进行方向选择，并选准切入点。

管理故事

风靡欧洲的“斜口杯”

有一次，日本的营销员在一家饭店观察“老外”饮茶，由于欧洲人的鼻子较大，当茶水少于半杯时，其饮茶时鼻子便会碰到杯沿；若想喝完茶水，必须仰起脖子。这既不方便，也有损其绅士风度。这位营销员回国后，研制生产了便于欧洲人饮茶的“斜口杯”，风靡了欧洲市场。

（六）适用性

创新是为了进步与发展，因而只有能够真正促使企业发展和进步的创新，才是真正意义上的创新。在这个意义上讲，创新并非越“奇”越好，而是应以适用为准则。企业由于基础条件不同、历史背景不同、所处环境不同、经营战略不同，从而需要解决的问题和达到的目的不同。因此，不同的企业采取的创新方式也应该有所区别，要使创新满足本企业的实际需求。

三、创新的作用

创新是推动社会发展的强大动力，也是组织不断强大的前提和保障，在组织的发展过程中起着非常重要的作用。

（1）创新是组织适应环境变化的基本过程。任何组织系统都与外界环境不断地发生物质、信息和能量的交换，而系统与环境的这种联系，通常处于不平衡的状态下，组织系统要与环境的动态变化相平衡，就必须通过不断地创新去实现。

（2）创新是保持组织活力、提高组织竞争力的保证。创新可以使得组织根据自己所处的实际环境，不断在思想、制度、管理等方面不断进行新的改变，使得整个组织具有非常强的竞争活力；同时，每一次创新活动的成功都会给组织带来新的、更好的发展，不断提高组织的核心竞争力。

（3）创新的重要功能是增强组织获取资源、利用资源的能力，使组织的对社会需要的认识能力，员工满意度，组织士气、信心不断提高；组织也因此获得了相对于竞争者的综合比较优势，增强了应对竞争的实力。

第二节　创新的内容

系统在运行中的创新涉及许多方面。在此，我们主要以社会经济生活中大量存在的企业系统来介绍创新的内容。

一、观念创新

管理观念又称管理理念，它是指管理者或管理组织在一定的哲学思想支配下，由现实条件决定的经营管理的感性知识和理性知识构成的综合体。一定的管理观念必定受到一定社会的政治、经济、文化的影响，是企业战略目标的导向、价值原则；同时，管理的观念又必定折射在管理的各项活动中。自 20 世纪 80 年代以来，经济发达国家的优秀企业家提出了许多新的管理观念，如知识增值观念、知识管理观念、全球经济一体化观念、战略管理观念和持续学习观念等。在我国，企业的经营观念存在着经营不明确、理念不当、缺乏时代创新精神等问题，因此，企业应适应现代社会的需要，结合自身条件，构建自己独特的经营管理理念。

二、目标创新

企业是在一定的经济环境中从事经营活动的，特定的环境要求企业按照特定的方式提供特定的产品。当环境发生变化时，企业的生产方向、经营目标以及企业在生产过程中与其他社会经济组织的关系就要进行相应的调整。我们知道，知识经济时代的到来导致了企业经营目标的重新定位。为什么？原因很简单：一是企业管理观念的革命，要求企业经营目标重新定位；二是企业内部结构的变化，促使企业必须重视非股东主体的利益；三是企业与社会的联系日益密切、深入，社会的网络化程度大大提高，企业正成为这个网络中重要的联结点，因此，企业经营的社会性越来越突出，这要求企业高度重视自己的社会责任，全面修正自己的经营目标。在新的经济背景下，我国企业要生存，目标就必须调整为“通过满足社会需要来获得利润”。

三、技术创新

技术创新是企业创新的主要内容，企业中出现的大量创新活动是有关技术的，因此，有人甚至把技术创新视为企业创新的同义语。技术水平高低是反映企业经营实力的一个重要标志，企业要在激烈的市场竞争中处于主动地位，就必须不断地进行技术创新。由于一定的技术都是通过一定的物质载体和利用这些载体的方法来实现的，因此，企业的技术创新主要表现在要素创新、要素组合方法的创新和产品创新三个方面。

四、制度创新

要素组合的创新主要是从技术角度分析了人、机、料各种结合方式的改造和更新，而制度创新则需要从社会经济角度来分析企业系统中各成员间的正式关系的调整和变革。

制度是对组织运行方式、管理规范等的一系列的原则规定。企业具有完善的制度创新机制，才能保证技术创新和管理创新的有效进行。如果旧的、落后的企业制度不被创新，就会成为严重制约企业创新和发展的桎梏。

企业制度主要包括产权制度、经营制度和管理制度三个。产权制度是决定企业其他制度的根本性制度，它规定着企业最重要的生产要素的所有者对企业的权力、利益和责任。经营制度是有关经营权的归属及其行使条件、范围和限制等的原则规定。管理制度是行使经营权、组织企业日常经营的各种具体规则的总称，包括对材料、设备、人员及资金等各种要素的取得和使用的规定。

产权制度、经营制度、管理制度这三者之间的关系是错综复杂的。一般来说，一定的产权制度决定相应的经营制度。但是在产权制度不变的情况下，企业具体的经营方式可以不断调整；同样，在经营制度不变时，具体的管理规则和方法也可以不断改进。而管理制度的改进一旦发展到一定程度，则会要求经营制度做相应的调整；经营制度的不断调整，则必然会引起产权制度的变革。因此，反过来，管理制度的变化会反作用于经营制度，经营制度的变化会反作用于产权制度。

企业制度创新就是实现企业制度的变革，通过调整和优化企业所有者、经营者和劳动者三者的关系，使各个方面的权力和利益得到充分的体现；不断调整企业的组织结构和修正完善企业内部的各项规章制度，使企业内部各种要素配置合理，并发挥最大限度的效能。

管理故事

如何公平地分蛋糕

老张和老李一人出100块钱买了一个蛋糕。老张说由他来切，老李怕他切得不公平，就找了三个朋友。第一个是搞政治思想工作的，他对老张说，你要提高你的道德素质，不可以权谋私。第二个是搞技术的，他对老李说，你好好把这个面积测定一下，再考虑这个蛋糕的均匀度，通过优化计算，再切蛋糕。第三个是学制度经济学的，他对老张说，不用费事，老张你切，切完以后，老李先挑，保证会尽量切得公平。

启示：制度创新是技术创新和管理创新的基础。所以，我们应注意制度创新。

五、结构创新

在工业化时代，市场环境相对稳定，企业为了实现规模经济效益，降低成本，纷纷以正规化、集权化为目标。但随着企业规模的不断扩大，组织复杂化程度也越来越高，信息社会的到来，使环境不稳定的因素越来越多，竞争越来越激烈。管理者意识到传统的组织结构不适应现代环境的多变性，便会实施创新。一个有效的组织应当是能随着环境的变化而不断调整自己的结构，使之适应新的环境的组织。根据这一认识，现代企业组织正不断朝着灵活性、有机性方向发展。

六、环境创新

环境是企业经营的土壤，同时也制约着企业的经营。环境创新不是指企业为适应外界变化而调整内部结构或活动，而是指企业通过积极的创新活动去改造环境，去引导环境朝着有利于企业经营的方向变化。例如，企业通过技术创新，影响社会技术进步的方向。就企业而言，市场创新是环境创新的主要内容。市场创新是指企业通过活动去引导消费，创造需求。人们一般认为，新产品的开发是企业创造市场需求的主要途径。其实，市场创新的更多内容是通过企业的营销活动来进行的，即在产品的材料、结构、性能不变的前提下，或通过市场的地理转移，或通过揭示产品新的物理使用价值，来寻找新用户，再通过广告宣传等促销工作，来赋予产品一定的心理使用价值，影响人们的某种消费行为，诱导、强化消费者的购买动机，增加产品的销售量。

七、文化创新

现代管理发展到文化管理阶段，可以说已达到顶峰。企业文化通过员工价值观与企业价值观的高度统一，通过企业独特的管理制度体系和行为规范的建立，使得管理效率有了较大提高。创新不仅是现代企业文化的一个重要支柱，而且还是社会文化中的一个重要部分。如果文化创新已成为企业文化的根本特征，那么，创新价值观就得到了企业全体员工的认同，行为规范就会得以建立和完善，企业创新动力系统就会高效运转。

第三节　创新的方法和策略

一、创新的方法

扫一扫

创新的方法

（一）头脑风暴法

这种方法的具体应用在模块二中已做详细解释。头脑风暴法在创新中的应用目的在于创造一种自由奔放的思考环境，诱发创造性思维的共振和连锁反应，产生更多的好想法。

（二）综摄法

这种方法在模块二定性决策中也做过说明，运用于创新方法选择中。它是以已知的东西为媒介，把毫无关联、互不相同的知识要素结合起来创造出新的设想，也就是摄取各种产品和知识，综合在一起创造出新的产品或知识。这样可以帮助人们发挥潜在创造力，打开未知世界的窗口。

综摄法有以下两个基本原则。

（1）异质同化，即“变陌生为熟悉”。这是指对待不熟悉的事物要用熟悉的事物、方法、原理和已有的知识去分析，从而提出新设想。

（2）同质异化，即“变熟悉为陌生”。这是综摄法的核心，是指对熟悉的事物、方法、原理和知识，用不熟悉的态度去观察分析，从而启发新的创造性设想。

（三）逆向思考法

这种方法是顺向思维的对立面。逆向思维是一种反常规、反传统的思维。顺向思维的常规性、传统性，往往导致人们形成思维定式，是一种从众心理的反映，因而往往成为人们的一种思维“框框”，阻碍着人们创造力的发挥。这时如果转换一下思路，用逆向思考法来考虑，就可能突破这些“框框”，取得出乎意料的成功。

逆向思考法由于是反常规、反传统的，因此它具有与一般思考方法不同的特点。

（1）突破性。这种方法的成果往往冲破传统观念和常规，常带有质变或部分质变的性质，因而往往能取得突破性的成就。

（2）新奇性。由于思维的逆向性，改革的幅度较大，因而必然是新奇、新颖的。

（3）普遍性。逆向思考法应用范围很广，几乎适用于一切领域。

管理故事

埋井救驴

一头驴掉进枯井之中。主人请来一群朋友帮忙，想要救出驴。但是，井太深，加之井口狭窄，大家想尽办法都无济于事。

主人想到驴跟随自己十多年，没少吃苦，现在就要这样活活饿死在井中，很不忍心。最后，他决定填井，既然救不了驴，就让它死得快一点，少受一点痛苦。

当人们铲起沙土丢进井中后，奇迹却发生了。人们发现丢进去的沙土成了驴的垫脚石，驴随着沙土的增多，正慢慢靠近井口。

启示：在创新中，有时置之死地反而会获得生机。

（四）检核表法

这种方法几乎适用于任何类型与场合的创造活动，因此又被称为“创造方法之母”。它是用一张一览表对需要解决的问题逐项进行核对，从各个角度诱发多种创造性设想，以促进创造发明、革新或解决工作中的问题。实践证明，这是一种能够大量启发创造性设想的方法。

检核表法是一种多渠道的思考方法，包括以下一些创造技法，即迁移法、引入法、改变法、添加法、替代法、缩减法、扩大法、组合法和颠倒法。它启发人们缜密地、多渠道地思考问题和解决问题，并广泛被运用于创造、发明、革新和企业管理。它的要害是一个“变”字，而不把视线凝固在某一点或某一方向上。

（五）类比创新法

类比就是在两个事物之间进行比较，这两个事物可以是同类的，也可以是不同类的，甚至可以是差别很大的，类比创新法是指通过比较，找出两个事物的类似之处，然后再据此推出它们在其他方面的类似之处。因此，类比创新法是一种富有创造性的发明方法，它有利于发挥人的想象力，从异中求同，从同中求异，产生新的知识，得到创新性成果。类比创新法有很多，有拟人类比法、直接类比法、象征类比法、因果类比法、对称类比法、综合类比法等。

（六）信息交合法

它是通过若干类信息在一定方向上的扩展与交合，来激发创造性思维，提出创新性设想。信息是思维的原材料，大脑是信息的加工厂，通过不同信息的撞击、重组、叠加、综合、扩散、转换，可以诱发创新性设想。要正确运用信息交合法，必须注意抓好以下三个环节。

1. 收集信息

不少企业已设立专门机构来收集信息。例如，日本三菱公司在设置了115个海外办事处，约900名日本人和2 000名当地职员从事收集信息工作。收集信息的重点应为收集新的信息，只有新的信息才能反映科技、经济活动中的最新动态、最新成果，这些往往与企业有着直接的利害关系。

2. 简选信息

简选信息包含着核对信息、整理信息和积累信息等内容。

3．运用信息

收集、整理信息的目的是为了运用信息。运用信息，一要讲快，快才能抓住时机；二要交合，即这个信息与那个信息进行交合，这个领域的信息与那个领域的信息交合，把信息和所要解决的目标联系起来思考，以创造性地解决问题。信息交合可按照本体交合、功能拓展、杂交、立体动态四个原则进行。

总之，信息交合法就像一个“魔方”，通过各种信息的引入和各个层次的交换引出许多系列的新信息组合，为创新对象提供多种可能。

（七）模仿创新法

人类的创造发明大多是由模仿开始的，然后再进入独创。人们勤于思考就能通过模仿进行创造发明。模仿创新法不仅被用于工程技术、艺术方面，而且也被用于管理方面。

二、创新的策略

一般来说，企业创新策略主要有首创型、改创型和仿创型三种，每一种策略都有自己的特点。同时，创新也是一项高风险的活动，企业必须采取相应的风险防范措施。

（一）首创型创新策略

首创型创新是创新度最高的一种创新活动。其基本特征是具有首创性，如率先推出全新的产品，率先开辟新的市场销售渠道，率先采用新的广告媒介，率先改变销售价格。

每一项重大的首创型创新，都会先后在不同地区引起一系列相应的改创型和仿创型创新活动，从而具有广泛深远的创新效应。对于企业来说，进行首创型创新，可以开辟新的市场，提高企业的市场竞争力，获得高额利润。对于处于市场领先地位的企业来说，要想保持自己的领先地位，也必须不断地进行首创型创新。

一般来说，首创型创新活动风险大、成本高，相应的利润也较高。市场需求的复杂性和市场环境的多变性，以及生产、技术、市场等方面的不确定性，使首创型创新活动具有较大的不确定性和风险性。另外，要开辟一个全新的市场，企业必须进行大量的市场开发投资，包括市场调查、产品开发、设备更新、组织变动、人员培训、广告宣传等。当然，如果首创型创新获得成功，企业便会因此获得巨大的市场利益；如果失败，企业就会蒙受一定的经济损失。

首创型创新是一种高成本、高风险、高报酬的创新活动。因此，在采用首创型创新策略时，企业应根据实际情况，充分考虑各种创新条件的影响，选择适当的创新时机和方式，及时进行创新。

（二）改创型创新策略

改创型创新的目标是对已有的首创进行改造和再创造，在现有首创的基础上，充分利用自己的实力和创新条件，对他人首创进行再创新，从而提高首创的市场适应性，推动新市场的不断发展。这是一种具有中等创新度的活动，改创型创新策略的基本特征是介于首创型创新策略和仿创型创新策略之间的一种中间型创新策略。

改创性是改创型创新策略的基本特征，改创者不必率先进行创新，而只需对首创者所创造的事物进行改良和变造，因此，改创者所承担的创新成本和风险比较小，而所获创新收益却不一定比首创者少。当然，改创也是一种创造，也具有一定的风险。

首创是重要的，改创也是重要的，如果没有改创，便没有其市场发展前景。例如，飞机、汽车、计算机等首创产品，如果没有后来的不断改进和再创新，也就不会有今天这样的市场大发展。

扩展阅读

隐形拉链：新思路成就大市场

隐形拉链非常受欢迎，这种拉链将金属链条隐藏在衣服背面，而在衣服正面却看不见链条。

此外，把拉链放大和隐形拉链同样很受欢迎。许多人看到大拉链的包，觉得很特别。如此创新，企业收获的不仅是销量，在价格上，有普通拉链的背包卖几十元，但是大拉链的背包可以卖到 100 多元。这个新产品创造了很高的效益，其实并不神秘。

（三）仿创型创新策略

仿创型创新是创新度最低的一种创新活动，其基本特征是具有模仿性。模仿者既不必率先创造全新的新市场，甚至也不必对首创进行改造。仿创者既可以模仿首创者，又可以模仿改创者，其创新之处表现为自己原有市场的变化和发展。一些缺乏首创能力和改创能力的中小型企业，往往采用仿创型创新策略，进行仿创型创新。

一般来说，仿创者所承担的市场风险和市场开发成本都比较小。虽然仿创者不能取得市场领先地位，却可以通过某些独占的市场发展条件来获取较大的收益和竞争优势。例如，仿创者可采取率先紧跟首创者的策略，从而取得市场上的价格竞争优势。

仿创有利于推动创新的扩散，因而也具有十分重要的意义。任何一个首创或改创企业，无论它拥有多大的实力，也无法在一个比较短的时期内占领所有的市场。因此，一旦首创或改创获得成功，一大批仿创者出现就成为必然。

仿创是大部分发展中国家在一定历史阶段企业创新的基本模式，它能使企业获取显著的“后发优势”。例如，在 20 世纪 60 年代至 80 年代初，日本、韩国的大多数产业中的企业多以模仿创新为基本战略，日本的汽车业和电子工业是模仿创新的典范。

总之，在制定创新策略时，不同的企业应该选择一个适当的创新的度，进行适度创新。所谓适度创新，就是既要适应市场需求的发展状况，又要适应本企业的创新条件。只有这样，创新者才能充分利用和发挥本企业的创新优势，尽量减少或避免创新的风险，提高创新的效果，促进企业的发展。

第四节　创新的过程

一、创新的原则

为了推动创新并保证创新活动的顺利进行，需要正确处理各方面的关系，遵循一定的原则。创新的主要原则有以下几个。

（一）创新与维持相协调的原则

创新与维持是管理的基本职能的两个方面，并且两者之间是相互联系、相互统一的关系。要使创新活动顺利进行和圆满完成，企业就必须保证维持活动是按照企业的发展计划进行的，必须在企业维持活动的基础上开展创新活动，也就是要保证创新与维持两个基本职能相互协调发展。

（二）开拓与稳健相结合的原则

创新活动是一项具有风险性的活动。企业及全体员工应具有强有力的开拓精神，从而发现企业的创新点，开展创新活动。但同时不能盲目进行创新活动，必须结合企业的发展计划目标稳步推进，不能急功近利。

（三）统一性和灵活性相结合的原则

企业的创新活动要与企业的发展计划目标相统一，不能违背企业整体的发展战略。但也要注意到，企业所处的环境是不断发展变化的动态的系统，企业应当结合环境变化灵活地进行创新活动，坚持统一性和灵活性相结合的原则。

（四）奖励创新、允许失败的原则

创新具有很大的风险性，成功率低，所以企业的管理者应该客观地看待创新问题，对待创新结果不能只用成功来进行判断，要能够接受创新的失败，只有允许失败才能鼓励员工进行再次的创新，更好地实现企业的发展目标。在美国，有的企业甚至提出“雇员不犯错误将被解雇”。其逻辑是，只有犯过“合理”的错误，才说明雇员是创新能力强、有发展前途的人，同时也说明了创新过程的失败是企业应该接受的。

管理名言

创新是企业家特有的工具，也就是他们借以利用变化作为开创一种新的实业和提供一项新的服务的机会和手段……企业家们需要有意识地去寻找创新的源泉，去寻找预示成功创新机会的变化及其征兆。他们还需要懂得进行成功的创新的原则并加以运用。

———彼得·德鲁克（美国管理学权威）

二、创新的过程

扫一扫

怎样拥有创造性思维

创造性活动是人类智能活动的最高体现。世界上的一切创新成果都是人类创新思维和劳动的结果。创新思维是一个极为复杂的多因素交互作用的过程。日本创新学家高桥浩认为：“创新思维的过程是一种身心的综合性劳动，因而单是掌握方法是不能解决问题的，这里既要具备发现问题的自觉性，又不能缺少信息的积累，而更重要的则是身心健康且斗志旺盛。”由此可见，掌握创新方法只是进行创新的一小部分。要更好地开发、促进创新思维，更好地从事创新工作，还应了解创新的工作过程。

一般而言，创新工作大体上可分为以下四个阶段。

（一）寻找机会

创新是对原有秩序的破坏。原有秩序之所以要被打破，是因为其内部存在着或出现了某种不协调的现象。这些不协调对系统的发展造成了某种不利的影响。创新活动正是从发现和利用原有秩序内部的这些不协调现象开始的，可以说不协调为创新提供了契机。

原有秩序中的不协调既存在于企业的内部，又存在于企业的外部。

（1）就企业外部而言，有可能成为创新契机的变化主要有以下几个方面。

① 技术的变化，可能影响企业相关资源的获取、生产设备及产品的技术水平。

② 人口的变化，可能影响劳动市场的供给和产品销售市场的需求。

③ 宏观经济环境的变化。经济迅速增长可能给企业带来不断扩大的市场，而整个国民经济的萧条则可能降低企业产品需求者的购买能力。

④ 文化与价值观念的转变，可能改变消费者的消费偏好或劳动者对工作及其报酬的态度。

（2）就企业内部来说，引发创新的不协调现象主要有以下几个方面。

① 生产经营中的瓶颈，可能影响了劳动生产率的提高和劳动积极性的发挥，因而始终困扰着企业管理人员。这种不协调的产生，既可能是某种材料的质地不够理想，且始终找不到替代品，也可能是某种工艺或加工方法的不完善，或是某种分配政策的不合理。

② 企业意外的成功和失败。例如，派生产品的利润贡献不声不响地、出人意料地超过了企业的主营产品；老产品被精心整顿改进后，结构更加合理，性能更加完善，质量更加优异，但并未得到预期数量的订单等。这些出乎意料的成功和失败，往往可以把企业从原先的思维模式中解放出来，从而成为企业创新的一个重要突破口。

企业的创新，往往是从密切地注视、系统地分析社会经济组织在运行过程中出现的不协调现象开始的。

（二）提出构想

敏锐地观察到不协调的现象以后，还要透过现象研究原因，并据此分析和预测不协调因素的未来变化趋势，估计它们可能给企业带来的积极或消极的影响，并在此基础上，努力利用各种方法消除不协调，使企业在更高层次提出平衡的创新构想。

（三）迅速行动

迅速行动也就是实施创新的过程。组织内部环境瞬息万变，解决不协调的构想被提出后，企业必须立即付诸行动。由于外部环境的不确定性以及决策时掌握的信息有限，人们决策时提出的构想可能还不完善，甚至可能很不完善，但这种构想毕竟是在考虑到变化了的内外环境的基础上提出来的，有可能解决组织上所面临的新情况、新问题，因此企业必须迅速把它付诸行动。

“没有行动的思想会自生自灭”，这句话对于创新思想的实践尤为重要，一味追求完美，以减少受讥讽、被攻击的机会，就可能坐失良机，把创新的机会白白地送给竞争对手。

20世纪70年代后，施乐公司为了把产品搞得十全十美，在罗切斯特建造了一座全由工商管理硕士（MBA）使用的29层高楼。这些硕士们在大楼内对每件可能开发的产品都设计了拥有数百个变量的模型，编写了一份又一份的市场调查报告。然而，当他们夜以继日地分析、计算，被越来越复杂的研制工作搞得焦头烂额时，竞争者已经凭借在他们看来并不完美的，甚至还有不少缺陷的产品抢占了一半以上的市场份额。要记住，创新是与风险并存的。如果没有了风险，创新也就失去了意义，甚至创新本身也就不复存在了。

（四）坚持不懈

构想经过尝试才能成熟，而尝试是有风险的，不可能一击即中，因此要对创新的过程进行积极反馈。创新过程是不断尝试、不断失败、不断提高的过程。因此，创新者在开始行动以后，为取得最终的成功，必须坚定不移地继续下去，绝不能半途而废，否则便会前功尽弃。

要坚持创新，创新者必须有足够的自信心，有较强的忍耐力，能正确对待创新过程中出现的失败。一方面为减少失误或消除失误后的影响采取必要的预防或纠正措施，另一方面不把一次尝试的失利看成整个创新活动的失败，要知道创新的成功只有在屡屡失败后才姗姗来迟。

伟大的发明家爱迪生曾经说过：“我的成功乃是从一路失败中取得的。”创新者应从这句话中得到启示。创新的成功在很大程度上取决于“最后五分钟的坚持”，浅尝辄止、因噎废食或企图一蹴而就是创新的大忌。

三、创新活动的组织

系统的管理者不仅要根据创新的规律和要求，对自己的工作进行创新，而且主要组织下属创新。组织创新不是去简单地计划和安排某个成员在某个时间从事某种创新活动，更重要的是要为下属的创新活动提供条件、创造环境，有效地组织系统内部的创新。

（一）正确理解和扮演“管理者”的角色

保守的管理者往往认为，自己在组织中的主要任务就是维持组织的正常运行，因此自己的职责首先是保证预先制定的规则的执行和计划的实现，并且认为使“系统的活动不偏离计划的要求”才是优秀的管理者应该做的。为了减少系统在运行过程中的风险，他们往往对创新尝试中的失败吹毛求疵，随意惩罚在创新尝试中失败的员工，或轻易奖励那些从不创新、从不冒险的人，这样的管理者显然是不称职的，其管理活动不利于企业的长远发展。管理者必须自觉地带头创新，并努力为组织成员提供和创造一个有利于创新的环境，积极鼓励、支持、引导组织成员进行创新。

（二）创造促进创新的组织氛围

促进创新的最好办法是大张旗鼓地宣传创新，激发创新，树立“无功便是有过”的新观念，使每一个人都奋发向上、努力进取、跃跃欲试、大胆尝试。要创造一个人人谈创新、时时想创新、无处不创新的组织氛围，使那些没有创新欲望或有创新欲望却无创新行动从而无所作为者自己感觉到在组织中无立身之处，使每个人都认识到，组织聘用自己的目的不是要自己简单地用既定的方式重复进行多次的操作，而是希望自己去探索新的方法，找出新的程序，只有不断地去探索、尝试才有继续留在组织中的资格。

（三）制订弹性的计划

创新意味着打破旧的规则，意味着对时间和资源的计划外占用，因此，创新要求组织的计划必须具有弹性。

创新需要思考，思考需要时间。把每个人的工作日都安排得非常紧凑，创新的许多机遇就不可能被发现，创新的构想也没有条件产生。组织创新最基本的形式是，允许员工使用部分工作时间去探索新的设想。美国成功的企业，往往让员工自由地利用部分工作时间去探索新的设想，IBM、3M、奥尔—艾达公司以及杜邦公司等都允许职工利用5%～15%的工作时间来专注于他们的兴趣和设想。同时，创新需要尝试，而尝试需要物质条件和试验的场所。要求每个部门在任何时间都严格地制订和执行严密的计划，则创新会失去基地，而永无尝试机会的新构想就只能留在人们的脑子里或图纸上，不可能给组织带来任何实际的效果。

组织创新的另外一种形式，就是在预算内提供给创新者一笔可以自由支配的资金用于对新设想的探索。大致做法是：①在每次预算中，增加非计划内的可自由支配资金的比例，指定其中一部分资金用于创新探索；②自由支配的权力下达到具体的人；③设置多种计划外资金，可以让创新者支配使用。例如，美国奥尔—艾达公司每两年提名5人，给5万美元预算，供其作创新探索之用。得克萨斯仪器公司更设有“野兔资金”“设想补助金”等不同名目的多种资金，以满足计划外创新项目的不时之需。

再一种形式是尽量避免多层审批。层层审批的官僚体制不仅会拖延时间，延误创新的成功，严重者还会让竞争者抢占先机；而且在层层传递中，有关设想的信息往往会大量损失，以致最后的决策者无从做出正确的决断，进而扼杀创新。于是许多公司便充分放权，凡与该项创新有关的事宜，创新者完全有权择机决定处理。

（四）正确地对待失败

任何创新，开始时难保是一帆风顺的，创新的过程往往是一个充满失败的过程。创新者应该认识到这一点，创新的管理者更应该认识到这一点。只有认识到失败是正常的，甚至是必需的，管理者才可能允许失败、支持失败，甚至鼓励失败。当然，支持尝试、允许失败，并不意味着鼓励组织成员去马马虎虎地工作，而是希望创新者在失败中取得有用的教训，学到一点儿东西，变得更加明白，从而缩短从失败到创新成功的路程。

许多公司都鼓励创新者大胆探索，而无须顾虑错误和失败。奥尔—艾达公司研究与发展部的总经理拉尔夫·格洛弗就说过："随着公司的成长，人们有了这样一种看法，如果失败了就会受到批评。有了资助机会后，我们对他们说，不必害怕失败，可以从失败中学到东西。"美国一家成功的计算机设备公司在它那只有五六条的企业哲学中甚至这样写道："我们要求公司的人每天至少要犯10次错误，如果谁做不到这一条，就说明谁的工作不够努力。"3M公司董事长卢·莱卡在一次演讲中也讲道："我们的公司在创建时就犯过错误。我们现在继续承认错误，认为这是经营事业过程中的正常现象。我们的高级管理同事们，每个人都支持过几个在前进中的失败者。"大多数风险资本家甚至更情愿投资给那些进行过尝试并经历过失败的创新者，而不愿意投资给没有风险经验的人。

（五）建立合理的奖惩制度

要激发每个人的创新热情，还必须建立合理的奖惩制度。创新的原始动力也许是个人的成就感、自我实现的需要，但是如果人们通过努力创新不能得到组织或社会的承认，不能得到合理的奖酬，则继续创新的动力会渐渐减少。

（1）注意物质奖励与精神奖励的结合。奖励不一定是金钱上的，而且往往是不需要金钱的，精神上的奖励也许比物质报酬更能满足、驱动人们创新的心理需要。从经济的角度来考虑，物质奖励的效果要低于精神奖励，金钱的边际效用是递减的，为了激发或保持同等程度的创新积极性，组织不得不支付越来越多的奖金。对创新者来说，物质上的奖酬只在一种情况下才是有用的，即奖金的多少首先被视作衡量个人的工作成果和努力程度的标准。

（2）奖励不能被视作"不犯错误的报酬"，而应是对特殊贡献甚至是对希望做出特殊贡献的努力的报酬。奖励的对象不仅包括成功以后的创新者，而且应该包括那些成功以前甚至是没有获得成功的努力者。就组织的发展而言，也许重要的不是创新的结果，而是创新的过程。如果奖酬制度能促进每个成员都积极地去探索和创新，那么对组织发展有利的结果是必然会产生的。

（3）奖励制度要既能促进内部的竞争，又能保证成员间的合作。内部的竞争与合作对创新都是重要的。竞争能激发每个人的创新欲望，从而有利于创新机会的发现、创新构想的产生；而过度的竞争则会导致内部的各自为政、互相封锁。协作能综合各种不同的知识和能力，从而可以使每个创新构想都更加完善，但没有竞争的合作难以区别个人的贡献，从而会削弱个人的创新欲望。要保证竞争与协作的结合，在奖励项目的设置上，可考虑多设集体奖、少设个人奖，多设单项奖、少设综合奖；在奖金的数额上，可考虑多设小奖，少设甚至不设大奖，以使每一个人都有成功的希望。避免"只有少数人才能成功的超级明星综合征"，从而防止相互封锁和保密、破坏合作的现象产生。

第二部分 实务部分

任务一 思考与讨论

一、简答题

1. 简述创新与发明创造的区别与联系。
2. 简述维持与创新的联系。
3. 创新在企业发展中有什么作用?
4. 什么是头脑风暴法？利用这种方法应该坚持什么样的原则?
5. 简述创新的过程包括哪几个方面。

二、讨论题

1. 企业应如何进行创新活动?
2. 结合具体企业，谈谈它是从哪些方面进行创新的，效果如何?
3. 结合实际，谈谈你对创新有哪些认识，怎样培养自己的创新思维?

任务二 案例分析

案例一 大疆的创新

大疆：未来无所不能

深圳市大疆创新科技有限公司（DJI-Innovations，DJI）（以下简称“大疆”），成立于2006年，是全球领先的无人飞行器控制系统及无人机解决方案的研发和生产商，客户遍布全球100多个国家和地区。它占据着全球70%的无人机市场份额。通过持续的创新，大疆致力于为无人机工业、行业用户以及专业航拍应用提供性能最强、体验最佳的革命性智能飞控产品和解决方案。大疆的创新性在于无人机以前主要被应用在军事方面，而大疆是第一个将无人机应用在商业领域并获得成功的企业。大疆无人机如今已被应用在军事、农业、记者报道等方面，是可以“飞行的照相机”。

大疆的CEO汪滔说：“我常常在想，皇帝穿着所谓最美的新衣游街，却只有孩子敢指出真相。而现在的社会有那么多的问题，却连敢大声指责的孩子都没有了。几十年间，我们的经济发展取得了显著成就，然而我们却鲜有能够打动世界的科技产品、文学及艺术作品，缺少文化价值观的输出，只能对舶来文化趋之若鹜。DJI就是个敢于说真话的孩子。它由一群从不妥协、极富创造性、坚持梦想的人聚合而成。我们坚信实干而非投机，坚信梦想而非功利。我们坚决践行全新的文化价值观和思维方法论，从创始之初至今从未改变。”

大疆不是没有遇到过危机，曾有抗议者用大疆制造的一架无人机，将一瓶放射性废料投掷于日本首相官邸楼顶；也曾有犯罪分子用无人机，向伦敦郊外的一座监狱运送毒品、手机和武器。这使人们对无人机进入商业领域产生了质疑，大多数企业CEO定会对此十分忧心，但这位主导全球无人机革命的低调的中国人却并不担心。汪滔说：“我认为这些并不是什么大事。”大疆随后用了一个早晨开发出了一款软件，然后推送给旗下所有的无人机，它们在升级以后就不会再出现在华盛顿特区市中心内。

问题：

1. 大疆为什么会取得成功？
2. 结合案例，分析大疆运用了哪些创新策略。

案例二　特斯拉的创新

特斯拉：特定圈层“非常营销”

诞生于美国硅谷的特斯拉与诞生于底特律的传统汽车有着显著的不同。特斯拉更像是汽车界的苹果，其自问世以来，就引起了业界和粉丝们的追捧。特斯拉基本不做广告，但人们却不约而同地认为这是一款非常酷的互联网豪华车。特斯拉身上有着与其他产品太多的不同。它的产品如何定位？如何借助口碑传播树立其前卫炫酷豪华车形象？为什么特斯拉的门店不在 4S 店云集的汽车一条街，却喜欢跟日默瓦、苹果、梵克雅宝做邻居？这样的炫酷玩法，打破了传统汽车行业的“规矩”。

在美国，底特律和硅谷有着两种截然不同的气质。底特律可谓全球最大的汽车工业中心，通用、福特、克莱斯勒的总部都在这里，全城 91%的人以汽车工业为生，除了汽车制造本身，与汽车相关的钢铁、仪表、塑料、玻璃、轮胎、发动机等零部件产业也相当发达，专业化、集约化程度相当之高。无论从人才、基础设施、供应链而言，底特律都有着绝对的优势。

硅谷是当今电子工业和计算机的王国，依托周边的顶尖大学资源，诞生了诸多全球顶级的 IT 公司。然而，特斯拉在创立之日，并没有选择供应链完善的底特律，而是特立独行地选择了更具 IT、互联网基因的硅谷做创业基地。在业界看来，特斯拉的目的就是要颠覆以底特律为代表的传统汽车厂商的思维，做一款具备互联网基因的汽车，因此，特斯拉造电动车，常常被看作是一个“硅谷小子”大战“底特律巨头”的故事。

在很多车主眼中，特斯拉并不仅仅是辆车，而是迎合时代的一款时尚的炫酷产品。就像当今的智能手机一样，打电话发短信的功能渐渐被弱化，但如拍照、娱乐等功能似乎成了标配，“舍本逐末”恰恰是当前智能产品的一大主流趋势。

特斯拉成功的因素之一，是其产品理念，因为它颠覆了传统的汽车行业理念。

特斯拉在产品理念上完全不同。2016 年 9 月 22 日，马斯克自己在其推特上发布了一则消息：特斯拉新款车载操作系统 Version 8.0（以下简称“V8”）即将开始推送，但推送过程是渐进的。马斯克表示，相较于 V7，V8 几乎在每一个层面上都进行了全面革新。

一位特斯拉车主在其朋友圈写道：“V8 进步很明显，一起来试试吧。”V8 主要在两方面有了改进：一是多媒体交互系统的优化，界面更简洁，引入 4G 网络，新增实时路况显示功能，导航路径规划有效避开拥堵；二是自动辅助驾驶系统的升级，改变了数据计算逻辑，由原先以图像数据分析为主改为以毫米波雷达监测的数据为核心，图像分析为辅的计算逻辑。

对于特斯拉车主而言，每一次系统的升级，都能引发他们热烈的期盼，就如同苹果每发布一款新手机，必将带来 iOS 系统的一次大升级。

不难看出，特斯拉的操作系统简直就和 IT 产品如出一辙，能够不断升级，完善。传统汽车买来时功能最优，之后就会越来越落伍，但特斯拉很多功能在刚开始时并不完善，随着系统不断升级，功能会越加完善。特斯拉车主杨先生说，2014 年他购入特斯拉 Model S 时，系统只是 6.0，每一次版本升级，他都不会错过，每升级一次，都会有全新的感受，“一直在升级更新，感觉车子不会过时。”

特斯拉的这种做法，打破了汽车行业的规矩，传统汽车的硬件规格设定主要满足用户在短期内的需求，借助软件将硬件功能予以发挥。一旦用户有了新的需求，只能通过淘汰旧车购买新车来实现，但汽车这种大宗消费品更换起来毕竟不像手机那么简单。特斯拉的做法则在于永远将用户体验放在第一位，不以销量为核心，不断满足用户的新需求。

问题：1. 分析特斯拉的创新是从哪些方面进行的。

2. 你认为企业要想取得成功，最关键的创新要素是什么？

案例三 华为任正非的商业逻辑

任正非：华为不坚持创新，迟早被颠覆

——任正非2016年在全国科技创新大会的发言

从科技的角度来看，未来二三十年人类社会将演变成一个智能社会，其深度和广度我们还想象不到。越是前途不确定，越需要创造，这也给千百万家企业提供了千载难逢的机会。我们公司如何去努力前进，面对重重困难，机会危险也重重，不进则退。如果不能扛起重大的社会责任，坚持创新，迟早会被颠覆。

大机会时代，一定要有战略耐性。

华为这些年逐步将能力中心建立到战略资源的聚集地区去。现在华为在世界各地建立了 26 个能力中心，其中聚集了一批世界级的优秀科学家，他们全流程地引导着公司。这些能力中心自身也在不断发展中。

华为现在的水平尚停留在工程数学、物理算法等工程科学的创新层面，尚未真正进入基础理论研究层面。随着逐步逼近香农定理、摩尔定律的极限，而大流量、低时延的理论还未被创造出来，华为已感到前途茫茫，找不到方向。华为已前进在迷航中。

重大创新是在无人区的生存法则，没有理论突破，没有技术突破，没有大量的技术积累，是不可能产生重大创新的。

华为正逐步攻入本行业的无人区，处在无人领航、无既定规则、无人跟随的困境。华为跟着人跑的“机会主义”高速度，会逐步慢下来，创立引导理论的责任已经到来。

华为过去是一个封闭的人才金字塔结构，我们已炸开金字塔尖，开放地吸取“宇宙”能量，加强与全世界科学家的对话与合作，支持同方向科学家的研究，积极地参加各种国际产业与标准组织，各种学术讨论，多与能人喝咖啡，感知发展方向。有了巨大势能的积累、释放，才有厚积薄发。

内部对不确定性的研究、验证，正进行多路径、多梯次的进攻，密集弹药，饱和攻击。蓝军也要实体化。并且，不以成败论英雄。从失败中提取成功的因子，总结、肯定、表扬，使探索持续不断。

对未来的探索本来就不存在“失败”。不完美的英雄，也是英雄。我们鼓舞人们不断地献身科学，不断地探索，使“失败”的人才、经验继续留在我们的队伍里，如此我们会更成熟。

创新本来就有可能成功，也有可能失败。我们也要敢于拥抱颠覆。一个蛋从外向内打破做出来的是煎蛋，从里面打破飞出来的可能是孔雀。现在的时代，科技进步太快，不确定性因素越来越多，我们也会从沉浸在产品开发的确定性工作中，加大对不确定性研究的投入，追赶时代的脚步。

我们鼓励几十个能力中心的科学家，数万专家与工程师加强交流，进行思想碰撞，吸收别人的创意与能量，把战略技术研讨会变成一个“罗马广场”，一个开放的科技讨论平台，让思想的火花燃成熊熊大火。

公司要有理想，就要有在局部范围内抛弃利益计算的精神。重大创新是很难被规划出来的。固守成规是最容易的选择，但也会使公司失去很多的机会。

我们不仅以内生为主，外引也要更强。我们的俄罗斯数学家，他们更乐意做更长期、挑战性很强的项目，与我们勤奋的中国人结合起来；日本科学家的精细，法国数学家的浪漫，意大利科学家的忘我工作，英国、比利时科学家领导世界的能力……会使我们2020年的销售收入超过1 500亿美元。

问题： 1. 华为的商业战略是什么？

2. 创新在华为的发展中起到了什么样的作用？

任务三 企业模拟案例（视频案例）

企业模拟案例一

扫描二维码，观看视频后回答以下问题。

1. 假如你是张总，该如何处理这个问题？请编写续集。
2. 你认为公司在创新过程中会遇到哪些障碍？
3. 作为领导，你怎样看待创新？

扫一扫

案例一

企业模拟案例二

扫描二维码，观看视频后回答以下问题。

1. 请将故事编写完整。
2. 对于该企业面临的组织结构的创新，你怎么看？
3. 企业在发展的过程中还会面临哪几种类型的创新？

扫一扫

案例二

模块八

现代管理中的热点问题

危机不仅带来麻烦，也蕴藏着无限商机。

——格雷格·布伦尼曼（美国大陆航空公司总裁）

目标与要求

本模块主要阐述知识管理、冲突管理、危机管理、信息安全管理。本模块要求学生掌握知识管理、冲突管理、危机管理、信息安全管理的基本理论，并结合企业实践，将理论熟练应用于解决实际问题中，提高解决突发事件问题的能力，为工作打好基础。

导入案例

惠普公司的知识管理

“公司管理由简到繁有很大的发展，一开始是生产管理，然后是财务管理、人力资源管理、组织管理，‘现在到了知识管理时代’。”中国惠普公司首席知识官（CKO）高建华说。

据高建华介绍，知识管理至少有以下三个明显的作用：一是提高组织智商，把公司所有员工的知识经验汇集到一起，加以整理，共同分享，这样就能提高一个组织的整体智力；二是减少重复劳动，就是“人们不需要重复做车轮”，重复的唯一结果是资源浪费；三是避免组织失忆，即员工的流失不会造成知识和经验的流失。

惠普之道

惠普的创始人休立特和帕卡德曾经说过：“相信每个人都有把事情做好的愿望，只要你给他一个合适的舞台。”

首席知识官的职责就是要给员工一个舞台，让他们在这个舞台上积累知识，在这个舞台上迅速成长。

“首席知识官只有我一个人，但是知识管理需要全部员工参与，共同搭建舞台。”高建华说。

在高建华的带领下，惠普建立了一个知识管理委员会，成员来自惠普的各个业务部门，“生产、行政、财务、人事的人都有，”高建华说，“每个成员都来自一个业务部门，知识管理不能脱离实际工作。”知识管理委员会的作用，是建立惠普知识管理框架，遴选项目，评估项目，然后实施项目。

被高建华津津乐道的一个项目是惠普读书会。“我们有70多个读书会，”他说，“全部是员工在公司的主导下自发设立的。”

“读书会成员之间相互推荐好书，节省了很多员工的时间。每个读书会成员都给自己喜欢的书写书评，书评的格式是由公司统一设定的，这些书评的集合本身就是一个巨大的知识库。”高建华说。

惠普的全体员工都参与了知识管理，每个部门都要做战略规划，包括发展方向、竞争优势、成功要素等很多部分；部门之间的知识会共享，不同部门间也设立了一套标准的知识共享流程。

“例如，销售部门要收集客户信息，从与客户的第一次接触开始就要关注客户、追踪客户、汇集和分析客户信息，这样才能满足客户的不同需要，”高建华介绍说，“而业务发展部门的员工就必须收集和分析竞争者的相关知识。”

“在惠普，提供知识会有一定的回报，也会影响未来的升迁，”高建华说，“在一个有效的知识管理型公司里，员工的付出与得到应该有所平衡。”

惠普CKO

“我们从去年（2001年）年中开始筹建一套知识管理体系，”高建华说，“设立CKO是孙振耀的设想，和CKO同时设立的还有领导力发展中心和惠普读书会。”

高建华是惠普在亚太区设立的第一个CKO。“可是CKO在惠普早已经不是什么新鲜职位，我接受这个职位的时候，在全球其他地区惠普公司任CKO的同事都给我发来了贺电。”高建华说。

CKO这个职位在咨询公司中很常见，麦肯锡、德勤等公司就有类似的职位，只不过有的叫首席知识官CKO，有的叫首席学习官CLO而已。

高建华以前在惠普除了做营销以外，还做过战略规划、流程管理等工作。“其实这些都是知识管理的一部分，只是不能算系统的知识管理而已，”高建华说，“目前很多企业都在做ERP、CRM等项目，其实，ERP是生产端的知识管理，CRM是客户端的知识管理。而惠普要做的是，在整个公司建立一个系统的知识管理系统，这项工作异常复杂。”做首席知识官的人需要有多方面的能力，在不同领域必须有丰富的经验，必须是一个通才。有一篇介绍首席知识官的文章这样写道：“在个人品格上，首席知识官倾向于先天热情，富有求知欲，并善于激发旁人。”“首席知识官要有两个技巧，他们必须是技术专家，而且还要是环境论者。技术层面的优势可以让他们知道如何来获取、存储、探察和分享知识；而环境论者的意义在于能够在企业内部创造一个环境，让知识的创造和交换顺利开展，将不同的团队用相同的兴趣连接并使之互动和谐。”

惠普在中国这么早就设立CKO，和惠普的公司文化关系密切。如果一家公司是封闭型的组织，员工间从来不互通有无，这样的组织必定日渐萎缩。“在惠普，不愿意和同事分享工作经验的员工是无法在公司待下去的，”高建华说，“如果你不是一个好老师，你就不是一个好员工，你也不会被升职。”

“共享知识是惠普文化非常重要的一部分，只有把自己的知识教给别人，你才有动力往前跑。”高建华说。

【分析提示】

什么促使惠普得到长足发展?

第一部分　理论部分

第一节　知识管理

一、知识管理的内涵

21 世纪，企业的成功越来越依赖于企业所拥有的知识的质量，知识可为企业创造竞争优势和持续竞争优势。国际管理信息发展的趋势是从信息管理走向知识管理，从信息资源开发走向知识资源开发，由客户机/服务器结构走向 Internet 结构。知识管理是通过一组问答序列，即解决方案的集合寻找和识别与问题有关的关键性信息，并将这些信息进行提取，形成对某一问题的专门知识，作为决策的依据。在信息社会和知识社会，信息、知识和一些专门的技巧是获取利润的工具。知识管理是把信息转化为知识，用知识指导决策并使之付诸行动，再将该行动转化为利润。

所谓知识管理，就是在组织中构建一个量化与质化的知识系统，让组织中的资讯与知识，通过获得、创造、分享、整合、记录、存取、更新、创新等过程，不断地被回馈到知识系统内，形成永不间断的循环，累积个人与组织的知识，使之在企业组织中成为管理与应用的智慧资本，以助于企业做出正确的决策，以适应市场的变化。

（一）三种性质的知识

从支撑经营运作的角度而言，组织知识有三种性质，即管理知识、业务知识和基础知识。

（二）四个层次的知识

“远近高低各不同”，每一种性质的知识又分为不同的层次，企业知识的内容有四个层次，即思想层知识、资源层知识、事项层知识和操作层知识。

二、企业实施知识管理的原因

（一）竞争

在市场竞争越来越激烈、创新的速度不断加快的环境下，企业必须不断获得新知识，并利用知识为企业和社会创造价值。

（二）顾客导向

企业要为顾客创造价值。企业以满足顾客需求、增加顾客价值为经营出发点。

（三）工作的流动性

雇员的流动性加快，雇员倾向于提前退休，如果企业不能很好地管理其所获得的知识，企业有失去其知识基础的风险。

（四）环境的不确定性

环境的不确定性表现在由于竞争而导致的不确定性和由于模糊性而带来的不确定性。在动态的不确定环境下，技术更新速度加快，学习已成为企业得以生存的根本保证，组织成员获取知识和使用知识的能力成为组织的核心技能，知识已成为企业获取竞争优势的基础，成为企业重要的稀缺资产。

（五）全球化的影响

全球化经营要求企业具有交流沟通能力以及知识获取、知识创造与知识转换的能力。知识获取、知识创造和知识转换依赖于企业的学习能力，学习是企业加强竞争优势和核心竞争力的关键。

三、实施知识管理的步骤

（一）认知

认知是企业实施知识管理的第一步，该步骤的主要任务是统一企业对知识管理的认知，梳理知识管理对企业管理的意义，评估企业的知识管理现状，帮助企业认识是否需要知识管理，并确定知识管理实施的正确方向。主要工作包括：全面完整地认识知识管理，对企业中的高层人员进行知识管理认知培训，特别是让企业高层认识知识管理；利用知识管理成熟度模型等评价工具多方位评估企业的知识管理现状，同时通过调研分析企业管理的主要问题；评估知识管理为企业带来的长、短期效果，从而为是否推进知识管理实践提供决策支持；制定知识管理战略和选定推进方向等。

（二）规划

知识管理的推进是一项系统工程，在充分认知企业需求的基础上，详细规划也是确保知识管理实施效果的重要环节。这个环节主要是通过对知识管理现状、知识类型的详细分析，并结合业务流程等，从多角度进行知识管理规划。在规划中，切记知识管理只是过程，而不能为了知识管理而进行知识管理，把知识管理充分融入企业管理之中，才能充分发挥知识管理的作用。此步骤的主要工作包括：从战略、业务流程及岗位来进行知识管理规划；企业管理现状与知识管理发展的真实性分析；制定知识管理相关战略目标和实施策略，并对流程进行合理化改造；知识管理落地的需求分析及规划；在企业全面建立知识管理的理论基础。

（三）试点

此步骤是规则的延续和实践。按照规划选取适当的部门和流程依照规划基础进行知识管理实践，并从短期效果来评估知识管理规划，同时结合试点中出现的问题进行修正。此步骤的主要工作内容如下。每家企业都有不同的业务体系，包括生产、研发、销售等，各不同业务体系的任务特性均不相同，其完成任务所需要的知识也有不同，因此需要根据不同业务体系的任务特性和知识应用特点，拟定最合适、成本最低的知识管理方法，这被称为知识管理模式分析 KMPA。另外，考虑到一种业务体系下有多方面的知识，如何识别关键知识，并判断关键知识的现状，进而在 KMPA 的指导下采取有针对性的提升行为，这可以被称为知识管理策略规划（KSP）。所以，此阶段的重点是结合企业业务模式进行知识体系梳理，并对知识体系梳理结果进行分析，以确定知识管理的具体策略和提升行为。本步骤是知识管理从战略规划到落地实施的阶段。根据对企业试点部门的知识管理现状、需求和提升计划的分析，应该考虑引入支撑知识管理落地的知识管理 IT 系统。根据前几步的规划和分析，选择适合企业现状的 IT 系统，如具备知识管理功能的办公协同系统、知识管理系统、知识门户落地等。可以说，本步骤在知识管理系统实施中难度最大，需要建立强有力的项目保障团队，做好业务部门、咨询公司、系统开发商等多方面的协调工作。

（四）推广和支持

在试点阶段不断修正知识管理规划的基础上，知识管理将大规模在企业内推广，以全面实现其价值。推广内容包括：将知识管理试点部门的实践在企业中其他部门进行复制；使知识管理全面地融入企业业务流程和价值链；知识管理制度初步建立；知识管理系统全面运用；实现社区、学习型组织、头脑风暴等知识管理提升计划的全面运行，并将其制度化。

此阶段的难点是：对全面推广造成的混乱进行控制和对知识管理实施全局管理；知识管理融入业务流程和日常工作；文化、管理、技术的协调发展；知识管理对战略目标的支持；对诸如思想观念转变等人为因素的控制以及利益再分配；建立知识管理的有效激励机制和绩效体系。

（五）制度化

制度化既是知识管理项目实施的结束，又是企业知识管理的一个新开端，同时也是一个自我完善的过程。要完成这一步，企业必须重新定义战略，并进行组织构架及业务流程的重组，准确评估知识管理在企业中实现的价值。

四、知识管理体系

（一）知识管理体系的内涵

知识管理体系总体上分为知识管理理念和知识管理的软硬件两大部分。其中，知识管理理念分为企业制度和企业文化两个方面。企业制度包括确立企业的知识资产和制定员工激励机制，从而提高管理者对知识管理的重视程度并鼓励员工积极共享和学习知识。企业文化包括企业共享文化、团队文化和学习文化，帮助员工破除传统独占观念，加强协作和学习。与知识管理的硬件对应的是知识管理平台，它是一个支撑企业知识收集、加工、存储、传递和利用的平台，通过互联网、内联网、外联网和知识门户等技术工具将知识和应用有机整合。与知识管理的软件对应的是知识管理系统，它是一个建立在管理信息系统基础之上的实现知识的获取、存储、共享和应用的综合系统，通过文件管理系统、群件技术、搜索引擎、专家系统和知识库等技术工具，使企业显性知识和隐性知识得到相互转化。

（二）知识管理体系的内容

（1）知识管理的基础措施。它是知识管理的支持部分，如数据库、知识库、多库协调系统、网络等基本技术手段以及人与人之间的各种联系渠道等。

（2）企业业务流程的重组。其目的是使企业的知识资源更加合理地在知识链上形成畅通无阻的知识流，让每一个员工在获取与业务有关的知识的同时，都能为企业贡献自己的知识、经验和专长。

（3）知识管理的方法，如内容管理、文件管理、记录管理、通信管理等。

（4）知识的获取和检索，包括各种各样的软件应用工具，如智能客体检索、多策略获取、多模式获取和检索、多方法多层次获取和检索、网络搜索工具等。

（5）知识的传递，如建立知识分布图、电子文档、光盘、DVD及网上传输、打印等。

（6）知识的共享和评测，如建立一种良好的企业文化，激励员工参与知识共享、设立知识总管、促进知识的转换、建立知识产生效益的评测条例等。

（三）运行知识管理体系的关键

（1）制定企业知识管理战略，建立知识创新激励机制，塑造知识共享的企业文化氛围。

（2）设置知识主管专门负责企业知识管理工作，开发知识创新能力。

（3）与企业的业务流程相结合，调整企业知识结构。

（4）建立企业知识管理系统，管理知识生产、交换、整合和内化。

（5）对知识管理体系制定评价方法和原则，以期改进。

第二节　冲突管理

导入案例

亚通网络公司

亚通网络公司是一家专门从事通信产品生产和计算机网络服务的中日合资企业。公司自1991年7月成立以来发展迅速，销售额每年增长50%以上。与此同时，公司内部存在着不少冲突，影响着公司绩效的继续提高。

因为是合资企业，尽管日方管理人员带来了许多先进的管理方法，但是日本式的管理模式未必完全适合中国员工。例如，在日本，加班加点不仅司空见惯，而且没有报酬。亚通公司经常让中国员工长时间加班，引起了大家的不满，一些优秀员工还因此离开了亚通公司。

亚通公司的组织结构是直线职能制，部门之间的协调非常困难。例如，销售部经常抱怨研发部开发的产品偏离顾客的需求，生产部的效率太低，使自己错过了销售时机；生产部则抱怨研发部开发的产品不符合生产标准，销售部门的订单无法达到成本要求。

研发部胡经理虽然技术水平首屈一指，但是心胸狭窄，总怕他人超越自己，因此，常常压制其他工程师。这使得研发部人心涣散，士气低落。

【分析提示】

1. 亚通网络公司的冲突有哪些？原因是什么？
2. 如何解决亚通网络公司存在的冲突？

一、冲突管理理论的内涵

冲突管理（Conflict Management）针对组织中存在的冲突形成了以下三种不同的观点。

第一种为传统的冲突观点，认为冲突是有害的，会给组织造成不利影响。冲突成为组织机能失调、非理性、暴力和破坏的同义词。因此，传统观点强调管理者应该尽可能避免和清除冲突。

第二种为冲突的人际关系观点，认为冲突是任何组织无法避免的自然现象，不一定给组织带来不利的影响，而且有可能成为有利于组织工作的积极动力。既然冲突是不可避免的，管理者就应该接纳冲突，承认冲突在组织中存在的必然性和合理性。

第三种是新近产生的冲突的互动作用观点。与人际关系观点只是被动地接纳冲突不同，互动作用观点强调管理者要鼓励有益的冲突，认为融洽、和平、安宁、合作的组织容易在变革和革新面前表现得静止、冷漠和迟钝，而一定水平的有益的冲突会使组织保持旺盛的生命力，善于自我批评和不断革新。

二、冲突管理的方法

（一）缓解冲突的方法

（1）审慎地选择要处理的冲突问题。

（2）评估冲突当事人。

（3）分析冲突原因。冲突的原因主要分为以下三类。

① 沟通差异。沟通不良容易造成双方的误解，从而引发冲突。人们往往倾向于认为冲突大多数是缺乏沟通造成的。

② 角色要求、决策目标、绩效标准和资源分配等不同而产生的立场和观点的差异。

③ 人格差异。它使得有些人表现出尖刻、隔离、不可信任、不易合作，易导致冲突。

（4）采取切实有效的策略解决冲突。

① 回避、冷处理。

② 强制、支配，也就是以牺牲一方为代价而满足另一方的需要。

③ 迁就、忍让。

④ 折中、妥协。

⑤ 合作、协同。

（二）激发冲突的方法

冲突管理的另一层含义是在必要的时候激发一定水平的冲突。管理者激发冲突可以采用的策略主要有以下几种。

（1）改变组织文化。

（2）运用沟通。

（3）引进外人或重用吹毛求疵者。

（4）重新构建组织。

（三）化冲突为共赢的智慧

没有人喜欢冲突，但有人的地方就有冲突。值得说明的是，冲突不全是坏事，它能暴露组织中存在的问题，促进问题的公开讨论，增强企业活力，刺激良性竞争。从某种意义上讲，冲突是企业创新的重要源泉。孔子曰："君子和而不同，小人同而不和。"孟子云："无敌国者，国恒亡也。"冲突只是发展、变化或创新带来的副产品。

在企业中，如果两个人总是意见一致，那么，其中一个人肯定是不必要的。出现冲突并不可怕，关键是如何有效化解。办法总比问题多，任何冲突都有完美的解决方案。当冲突出现时，如何化冲突为共赢、化干戈为玉帛？

关键是处理方式是基于立场（对与错）还是基于利益（得与失）的，即是要竞赛还是要共赢的问题。如果要竞赛，即导致冲突的升级。基于利益的冲突处理方式迫使人们走向双赢，即我需要的是什么？他需要的是什么？大家如何才能和平共处？这就需要我们拿出诚意，用同理心，采取适度的坚持，并注意妥善处理自己的负面情绪。

在处理冲突时，要冷静公正、不偏不倚，充分听取双方的意见；要建立共同的目标，并要有严密的规章制度；要晓以大义，交换双方的立场，创造轻松的气氛，同时注意冷却降温；最后要使双方有台阶可下。切忌过度理性，对负面情绪视而不见，认为处理冲突是对人不对事；更不能认为冲突是一方引起的，只有对方需要改变；也不能等对方先行动了再表达自己的善意。

在具体方法上，华略咨询首席顾问蒋小华提供了以下九种方法。

（1）做大馅饼。双方如何各取所需？是否存在资源短缺？如何增加关键性资源？创造性地使原先冲突的资源增多，产生更多的资源。

（2）滚木法。我的重要和次要问题是什么？对方的重要和次要问题是什么？我的重要问题在对方是次要问题吗？对方的重要问题对我来说是次要问题吗？双方是否都把可以分开的问题拴在一起？

（3）交易法。对方的目的和价值观是什么？我如何才能满足和适应对方的目的和价值观？

（4）减轻代价。我的建议给对方造成哪些风险和代价？如何降低风险，减少成本？冲突时替对方考虑，如何让对方能赢。

（5）目标升级。出现冲突时，提出一个新的高层次的共同目标，该目标不经冲突双方的协作努力是不可能达到的。

（6）搭桥法。对方的建议是想要解决哪些关切问题？我的建议是想要解决哪些关切问题？在这些关切问题中，双方的优先选择是什么？怎样才能满足双方的优先选择？总之，相互寻找共同点，建立解决冲突的“桥梁”。

（7）谈判法。双方选出谈判代表，确定目标底线与期望上限，在协议中明确：我希望包括哪些内容？彼此为对方找台阶下，同时双方要明白天下没有全赢的谈判，退一步海阔天空。

（8）调解法。调解人要清楚地说明调解事由与目标，要扮演桥梁的角色，创造互信的气氛，缓和冲突；调解时引导双方寻找解决之道，不宜主动提出解决的方案；应记录双方发言的重点，最后供对方确认；调解成功要将调解内容印发给双方，并签名负责。

（9）权威法。这一般适用于情况紧迫时。当冲突通过协商不能解决时，上级主管部门可做出裁决，按“下级服从上级”的组织原则，强制冲突双方执行。

三、企业有效运作冲突管理的方法

对冲突进行管理就是要坚持权变的观点，正视高层管理团队冲突的客观存在，采取有效措施，防止冲突发展成情感冲突，使冲突的负面作用减少，最大限度地发挥冲突的积极作用。

（一）冲突管理预警机制的构建

高层管理团队冲突是客观存在的，如果冲突严重而不能解决，则会引起高层管理危机，因此，建立高层管理团队的预警机制很有必要。构建该预警机制的原则如下。

（1）对冲突变动情况进行监测和评价，以此明确冲突的安全状态及变动趋势。

（2）对冲突的内外环境进行监测，以此明确企业高层管理成员所处的环境以及由此对冲突产生的正面或负面的影响。

（3）建立冲突预警管理活动的评价指标体系，相关指标可分成两类，一类是评价指标，另一类是预警指标。另外，必须构建预警部门。预警部门通过监测、识别、诊断、评价等步骤来分析企业面临的冲突状况，然后把分析结果反馈给决策部门，使其采取措施及时进行控制。

扫一扫

团队管理

（二）营造公开交流和团队协作的氛围

如果在决策过程中，仅仅是少数人发挥作用，那么，企业高层管理团队的价值也就不复存在了。所以，一定要培养一种既能提高绩效又能促进成员积极参与、公开交流、团结协作的氛围。公开的交流可以使高层管理团队成员真诚参与决策，加强团队成员的共识。尽管这种公开、坦诚的交流可能导致一些争论甚至冲突，但是如果高层管理团队成员能够认识到冲突是以决策目标为导向的，是为了提高绩效，他们就能积极对待冲突，从而提高团队成员的决策满意度。

（三）构建合理的权力结构

合理的权力结构往往能使得权力既不过于集中又不过于平均。构建合理的权力结构，主要应做到以下两点。第一，变革组织结构。传统企业的组织结构，尤其是直线职能制结构极易诱发破坏性冲突，因为传统职能结构的一大特点是同级之间的互逆协调性，即同一层次人员彼此相互独立，无法协调，既不能相互指挥，又出现多头领导，很多事情都靠上级跨部门协调。因此，企业应改变金字塔式的组织结构，变为扁平化、网络化的组织结构，减少管理层次，扩大管理幅度，广泛引入工作团队。第二，改变管理模式。过度集权和过度分权所带来的代理成本都会引起决策总成本的增加，从而降低效率，因此，必须改变传统的管理模式，实行知识管理。随着知识管理的实施，企业信息将会实现低成本传播，这样就会对过度的集权产生制约。

（四）确立目标导向机制

高层管理团队应共同参与企业共同愿景和目标任务的设计和确认。调查显示，高效的高层管理团队总是能把工作重点放在与核心问题有关的难题和事情上，高层管理团队如果缺乏共同目标，就容易把彼此放在竞争的位置上，做出负面的决定。如果有共同目标，就会用更广的视野讨论企业的目标和怎样取得更高的绩效，虽然彼此在相关议题上有异议，但本质是建设性的。

第三节　危机管理

导入案例

丰田汽车“召回门”

日本有句谚语：“要是闻着发臭，那就盖上盖子”（眼不见为净）。2009 年 8 月，广汽丰田和一汽丰田由于其所产汽车零部件出现缺陷，召回近 70 万辆车。随后，丰田召回事件波及全球。当时，丰田汽车公司似乎就在以这种“盖盖子”的方式处理其急速发展的汽车安全危机。对于不能刹车的刹车以及颇有“主见”的油门，丰田起初是否认，然后想大事化小，后来又百般推托。公司总裁丰田章男是丰田创始人的孙子，在危机发生的头两周成了失踪人员，公司对重大汽车安全问题的反应似乎不再那么积极，有负全球消费者对其的信任。

对丰田来说，这是一场公共关系的噩梦。因为长久以来，丰田品牌一直是品质和可靠性的代名词。再也没有比这更糟糕的危机管理了，到 2010 年 2 月上旬，丰田已为此付出 20 亿美元的召回费用，公司股价自 2010 年 1 月 21 日（当天丰田宣布因油门踏板问题实施召回）以来下跌了 17%，而这些仅是丰田最后要承担的巨额损失的头期款而已。召回规模肯定会扩大，将包括在日本生产的汽车；丰田已面临多起法律诉讼，未来可能要付出高昂代价才能解决；而闲置的工厂和空荡荡的汽车专卖店展示区同样意味着巨大的经济损失。

日本媒体对丰田危机的报道极尽简约之能事。丰田在本土的危机公关能力似乎比在美国强大，日本媒体和政府对此事的态度也更为谨慎。不过，2010 年 2 月 5 日，一向直言不讳的日本国土交通大臣前原诚司尖锐地指出，丰田公司曾否认存在质量问题，因此，他认为该公司对消费者投诉的敏感度不够；但与美国方面不同的是，他没有授权发起对丰田产品安全隐患的调查。

同一天，丰田章男终于召开新闻发布会，这距离丰田公司因油门踏板安全问题在美国发出召回公告已有两周时间。丰田章男试图做一些补救工作，为此事给全球消费者带来的不便致以歉意。然而，公司将刹车问题归因于消费者对 ABS 电子刹车系统使用感受的不当理解，表示只有 2009 年生产的普锐斯存在此类问题；自 2010 年 1 月起，公司已解决了相关软件问题，让 ABS 刹车系统的反应更加快速。

这场新闻发布会并不成功，既没有给消费者带来安抚，也未能缓和计划于 2010 年 2 月 10 日周三在美国举行的听证会给公司带来的不利影响。很明显，丰田公司试图避免在日本本土对其产品展开安全召回，正在游说政府通过一个自愿修复计划，以减少人力、物力的成本支出。丰田仍坚称其产品没有缺陷，只有软件方面的小毛病。这种空谈对重树消费者信心毫无裨益。普锐斯是丰田汽车销量的支柱之一，而人们对其刹车系统以及其他一些安全缺陷的疑虑依然没有消除。

在"召回门"越演越烈之时，中国国家质量监督检验检疫总局就丰田车加速踏板等缺陷发出风险警示通告，希望消费者谨慎使用部分型号的汽车，同时在全国范围内搜集缺陷信息。

2010 年 3 月 1 日，丰田汽车总裁丰田章男在北京举行记者会，就大规模召回事件进行说明，并向中国消费者道歉。

【分析提示】

丰田汽车为什么付出了如此大的代价？公司的危机管理是否得当？

一、危机管理的定义和危机的类型

（一）危机管理的定义

西方国家通常把危机管理（Crisis Management）称为危机沟通管理，原因在于，加强信息的披露和与公众的沟通，争取公众的谅解与支持是危机管理的基本对策。

危机管理是企业为应对各种危机情境所进行的规划决策、动态调整、化解处理及员工培训等活动过程，其目的在于消除或降低危机所带来的威胁和损失。危机管理是专门的管理科学，它是为了应对突发的危机事件，抗拒突发的灾难事变，尽量使损害降至最低点而事先建立的防范、处理体系和应对的措施。

（二）危机的类型

企业组织面临的危机主要有 8 种，即信誉危机、决策危机、经营管理危机、灾难危机、财务危机、法律危机、人才危机、媒介危机。

（1）信誉危机。信誉危机是指企业在长期的生产经营过程中，公众对其产品和服务形成了整体印象和评价，但是企业由于没有履行合同及其对消费者的承诺，而产生了一系列纠纷，甚至给合作伙伴及消费者造成重大损失或伤害，使得企业信誉下降，失去公众的信任和支持而造成的危机。

（2）决策危机。决策危机是指企业因经营决策失误造成的危机。企业不能根据环境条件变化正确制定经营战略，而使企业遇到困难无法经营，甚至走向绝路。例如，巨人集团涉足房地产项目——建造巨人大厦，并一再增加层数，隐含着经营决策危机，而决策危机没有能够及时化解，给企业带来了灭顶之灾。

（3）经营管理危机。经营管理危机是指企业因经营管理不善而导致的危机，包括产品质量危机、环境污染危机、关系纠纷危机。

（4）灾难危机。灾难危机是指企业无法预测和人力不可抗拒的强制力量，如地震、台风、洪水等自然灾害，战争，重大工伤事故，经济危机，交通事故等造成巨大损失的危机。危机给企业带来巨额的财产损失，使企业经营难以继续。

（5）财务危机。财务危机是指企业因投资决策的失误、资金周转不灵、股票市场的波动、贷款利率和汇率的调整等因素使企业暂时出现资金断流，难以正常运转，严重的最终造成企业瘫痪。

（6）法律危机。企业高层领导法律意识淡薄，在企业的生产经营中涉嫌偷税漏税、以权谋私等，事件暴露后，企业会陷入危机之中。

（7）人才危机。人才频繁流失会给企业造成危机，尤其是企业核心员工离职，其岗位没有合适的人来接替，这给企业带来的危机也是比较严重的。

（8）媒介危机。真实性是新闻报道的基本原则，但是由于客观事物和环境的复杂性与多变性，以及报道人员观察问题的立场角度有所不同，媒体的报道出现失误是常有的现象。媒介危机可分为三类：一是因媒介对企业的报道不全面或失实，媒体不了解事实真相，其报道不能客观地反映事实，进而引起的企业危机；二是曲解事实，由于新科技的引入，媒体还是按照原有的观念、态度分析和看待事件而引起企业的危机；三是报道失误，人为地诬陷，引起企业的危机。

二、企业危机管理的内涵

企业危机管理是指企业通过危机监测、危机预警、危机决策和危机处理，达到避免、降低危机产生的危害，总结危机发生、发展的规律，对危机进行科学化、系统化处理的一种新型管理体系。

危机管理的要素如下。

（1）危机监测。危机管理的首要任务是对危机进行监测。在企业顺利发展时期，企业就应该有强烈的危机意识和危机应变的心理准备，建立一套危机管理机制，对危机进行监测。企业越是在风平浪静的时刻越应该重视危机监测，因为平静的背后往往隐藏着危机。

（2）危机预警。许多危机在爆发之前都会出现某些征兆，危机管理关注的不仅是危机爆发后对各种危害的处理，而且要建立危机警戒线。企业应在危机到来之前，把一些可以避免的危机消灭在萌芽之中，对于另一些不可避免的危机则通过预警系统及时解决。这样，企业才能从容不迫地应对危机，把企业的损失减少到最低限度。

（3）危机决策。企业要在调查的基础上制定正确的危机决策。危机决策即企业根据危机产生的原因，对几种可行方案进行优缺点对比后选择出最佳方案。方案定位要准，推行要迅速。

（4）危机处理。第一，企业确认危机。确认危机包括将危机归类、收集与危机相关的信息、确认危机程度以及找出危机产生的原因、辨认危机影响的范围和影响的程度及后果。第二，控制危机。控制危机需要根据确认的某种危机，遏制危机的扩散，使其不影响其他事物。紧急控制如同救火刻不容缓。第三，处理危机。在处理危机中，关键的是速度。企业能够及时、有效地将危机决策运用到实际中化解危机，可以避免危机给企业造成的损失。

三、企业危机管理的基本原则

扫一扫

危机管理原则

（一）制度化原则

危机发生的具体时间、实际规模、具体态势和影响深度，是难以完全预测的。这种突发事件往往在很短时间内会对企业或品牌产生恶劣影响。因此，企业内部应该有制度化、系统化的有关危机管理和灾难恢复方面的业务流程和组织机构。这些流程在业务正常时不起作用，但是在危机发生时会及时启动并有效运转，对危机的处理发挥重要作用。国际上一些大公司在危机发生时往往能够应付自如，其关键之一是有制度化的危机处理机制，从而在发生危机时可以快速启动相应机制，全面而井然有序地开展工作。因此，企业应建立成文的危机管理制度、有效的组织管理机制、成熟的危机管理培训制度，逐步提高危机管理的快速反应能力。在这方面，天津史克面临康泰克危机事件时的沉着应对就是一个典型的危机处理成功范例。相反，阜阳奶粉事件发生后，被动和缺乏技巧性的危机处理，反映出一些企业没有明确的危机反应和决策机制，导致机构混乱忙碌，效率低下。

（二）诚信形象原则

企业的诚信形象，是企业的生命线。危机事件的发生必然会给企业的诚信形象带来损失，甚至危及企业的生存。矫正形象、塑造形象是企业危机管理的基本思路。在危机管理的全过程中，企业要努力减少危机给企业诚信形象带来的损失，争取公众的谅解和信任。如果社会公众由于使用了本企业的产品而受到了伤害，企业就应该在第一时间向社会公众公开道歉以示诚意，并且给受害者相应的物质补偿。对于那些确实存在问题的产品应该不惜代价迅速回收，立即改进企业的产品或服务，以尽力挽回影响，赢得消费者的信任和忠诚，维护企业的诚信形象。例如，对“泰诺”中毒事件的处理维护了约翰逊公司的信誉，赢得舆论和公众的一致赞扬，为今后公司重新占领市场创造了极为有利的条件。相反，老字号南京冠生园原本也是个有竞争力的企业，2001 年 9 月，中央电视台对其月饼陈馅的曝光，使南京冠生园遭到灭顶之灾，连带全国的月饼销量下降超过六成。又如，企业的形象危机甚至造成“秦池”等知名品牌的销声匿迹。

（三）信息应用原则

随着信息技术日益广泛地应用于政府和企业管理，良好的管理信息系统对企业危机管理的作用也日益明显。信息社会中，企业只有持续获得准确、及时、新鲜的信息资料，才能保证自己的生存和发展。预防危机必须建立高度灵敏、准确的信息系统，随时搜集各方面的信息，及时加以分析和处理，从而把隐患消灭在萌芽状态。在处理危机时，信息系统有助于有效诊断危机原因、及时汇总和传达相关信息，并有助于企业各部门统一口径、协调作业，及时采取补救措施。例如，对于 2003 年 8 月的“进口假红牛”危机，红牛公司及时查找信息来源，弄清事情真相。红牛公司立即同国内发布该新闻的一些主要网站取得联系，向其说明事情真相。同时，通知全国 30 多个分公司和办事处，要求它们向当地的经销商逐一说明事情真相，坚定经销商对红牛的信心。及时、准确的信息应用使“假红牛”的负面影响被控制在一定范围之内，把危机对于品牌和公司的危害降低到了最低限度。

（四）预防原则

防患于未然，永远是危机管理最基本和最重要的要求。危机管理的重点应为危机发生前的预防，预防与控制是成本最低、最简便的方法。为此，建立一套规范、全面的危机管理预警系统是必要的。现实中，危机的出现具有多种前兆，几乎所有的危机都是可以通过预防来化解的。危机的前兆主要表现在产品、服务等存在缺陷、企业高层管理人员大量流失、企业负债过高长期依赖银行贷款、企业销售额连续下降和企业连续多年亏损等。因此，企业要从危机前兆中透视企业存在的危机，企业越早认识到存在的威胁，越早采取适当的行动，越可能控制住危机的发展。例如，1985年，海尔集团总裁张瑞敏当着全体员工的面，将76台带有轻微质量问题的电冰箱全部砸毁，力求消除质量危机的隐患，创造出了“永远战战兢兢，永远如履薄冰”的独具特色的海尔生存理念。

（五）企业管理者重视与参与原则

企业管理者的直接参与和领导是有效解决危机的重要措施。危机处理工作对内涉及从后勤、生产、营销到财务、法律、人事等各个部门，对外不仅需要与政府、媒体打交道，还要与消费者、供应商、渠道商、股东、债权银行等方方面面进行沟通。如果没有企业管理者的统一指挥协调，很难想象这么多部门能做到口径一致、步调一致、协作支持并快速行动。很多企业更多趋向于人治，如果企业管理者不重视，往往会直接导致整个企业对危机麻木不仁、反应迟缓。因此，企业应组建企业危机管理领导小组，担任危机管理领导小组组长的一般应该是企业一把手，或者是具备足够决策权的高层管理者。

（六）快速反应原则

解决危机，速度是关键。危机降临时，当事人应当冷静下来，采取有效的措施，隔离危机，要在第一时间查出原因，找准危机的根源，以便迅速地消除公众的疑虑。同时，企业必须以最快的速度启动危机应变机制并立刻制定相应的对策。如果是内因导致的，就要下狠心处置相应的责任人，给舆论和受害者一个合理的交代；如果是外因导致的，要及时调整企业战略目标，重新考虑企业发展方向。在危机发生后要时刻同新闻媒体保持密切的联系，借助公证、权威性的机构来解决危机，承担起给予公众精神和物质补偿的责任，做好恢复企业的事后管理，从而迅速有效地解决企业危机。例如，在2003年的“进口假红牛”危机中，红牛公司临阵不慌，出手快、准、狠，将危机的负面影响减少到最小，从容地应对了这场关系品牌和产品的信任危机，这体现了红牛公司危机管理水平较高。

（七）创新性原则

知识经济时代，创新已日益成为企业发展的核心因素。危机处理既要充分借鉴成功的处理经验，也要根据危机的实际情况，借助新技术、新信息和新思维进行大胆创新。企业危机具有突发性、破坏性、紧迫性的特点，更需要企业采取超常规的创新手段进行处理。例如，在遇到“非典”这种突发情况时，青岛啤酒公司通过“两个创新”牢牢地抓住了商机。一是渠道的创新。青岛啤酒在许多城市通过与供水系统联合，利用他们的配送网络，实现了“非接触”式的送货上门。二是销售终端的创新。青岛啤酒改变以城市的酒店为重点的销售终端，把力量集中在小区、社区和农村市场，有计划、有步骤地进一步开发家庭消费市场这个终端。

（八）沟通原则

沟通是危机管理的中心内容。与企业员工、媒体、相关企业组织、股东、消费者、产品销售商、政府部门等利益相关者的沟通是企业不可或缺的工作。沟通对危机带来的负面影响有最好的化解作用。企业必须树立强烈的沟通意识，及时将事件发生的真相、处理进展传达给公众，以正视听，杜绝谣言、流言，稳定公众情绪，争取社会舆论的支持。例如，在中美史克 PPA 遭禁事件中，中美史克在事发的第二天就召开中美史克全体员工大会，向员工通报了事情的来龙去脉，宣布公司不会裁员。此举使员工空前一致的团结，避免了将外部危机转化为内部危机。相反，三星集团主席李健熙是一个强势的领导者。在 1997 年决定进入汽车产业的时候，李健熙认为凭借三星当时的实力做汽车没有问题。实际上，汽车工业早已经生产大量过剩，生产能力超过需求的40%，世界级品牌正在为瓜分市场而激烈竞争。由于企业内部领导层缺乏沟通，部门经理不敢提出反对意见，结果三星汽车刚刚投产一年就关门大吉。

四、企业危机管理的特征

（一）突发性

危机往往不期而至，令人措手不及，危机一般是在企业毫无准备的情况下瞬间出现的，给企业带来的是混乱和惊恐。

（二）破坏性

危机出现后可能会带来比较严重的物质损失和负面影响，有些危机的破坏性用“毁于一旦”来形容一点儿也不为过。

（三）不确定性

危机爆发前的征兆一般不是很明显，企业难以做出预测。危机出现与否以及出现的时机是无法完全被确定的。

（四）急迫性

危机的突发性特征决定了企业对危机做出的反应和处理的时间十分紧迫，任何延迟都会带来更大的损失。因为危机的迅速发生会引起各种媒体以及社会大众的极大关注，因此企业必须立即进行事件调查与对外说明。

（五）信息资源紧缺性

危机往往突然降临，决策者必须做出快速决策，但是在时间有限的条件下，混乱和惊恐的心理使得获取相关信息的渠道出现问题，决策者很难在众多的信息中发现准确的信息。

（六）舆论关注性

危机事件能够刺激人们的好奇心理，常常成为人们谈论的热门话题和媒体跟踪报道的内容。企业越是束手无策，危机事件越具有神秘感，进而引起各方的关注。

扫一扫

企业危机处理应对

五、企业危机管理的对策

企业在生产经营中面临着多种危机，并且无论哪种危机出现，都有可能给企业带来致命的打击。企业可通过危机管理对策把一些潜在的危机消灭在萌芽状态，把必然发生的危机损失减少到最低限度。虽然危机具有突发性，但是选择相应的危机管理对策并不是无章可循的。我们通过对企业危机实践的总结，不难发现危机管理对策主要包括如下几个方面。

（一）做好危机预防工作

危机产生的原因是多种多样的，不排除偶然的原因，多数危机的产生有一个变化的过程。如果企业管理人员有敏锐的洞察力，根据日常收集到的各方面信息，及时采取有效的防范措施，完全可以避免危机的出现或使危机造成的损害和影响尽可能减少到最低限度。因此，预防危机是危机管理的首要环节。

1. 树立强烈的危机意识

企业进行危机管理应该树立一种危机理念，营造一种危机氛围，使员工面对激烈的市场竞争而充满危机感，将危机的预防作为日常工作的组成部分。首先，对员工进行危机管理教育，教育员工认清危机的预防有赖于全体员工的共同努力。全员的危机意识能提高企业抵御危机的能力，有效地防止危机出现。在企业生产经营中，员工时刻把与公众沟通放在首位，与社会各界保持良好的关系，消除危机隐患。其次，开展危机管理培训。危机管理培训的目的与危机管理教育不同，它不仅在于进一步强化员工的危机意识，更重要的是让员工掌握危机管理知识，提高危机处理技能和面对危机的心理素质，从而提高整个企业的危机管理水平。

2. 建立预防危机的预警系统

要预防危机必须建立高度灵敏、准确的预警系统。信息监测是预警的核心，企业要随时收集各方面的信息，及时加以分析和处理，把隐患消灭在萌芽状态。预防危机需要重点做好以下信息的收集与监测工作：一是随时收集公众对产品的反馈信息，对可能引起危机的各种因素和表象进行严密的监测；二是掌握行业信息，研究和调整企业的发展战略和经营方针；三是研究竞争对手的现状，进行实力对比，做到知己知彼；四是对监测到的信息进行鉴别、分类和分析，对未来可能出现的危机及其危害程度做出预测，并在必要时发出危机警报。

3. 建立危机管理机构

这是企业有效进行危机管理的组织保证，这不仅是处理危机时必不可少的组织环节，而且在日常危机管理中也是非常重要的。危机发生之前，企业要做好准备工作，建立起危机管理机构，制定出危机处理工作程序，明确主管领导和成员的职责。成立危机管理机构是发达国家的成功经验，是顺利处理危机、协调各方面关系的组织保障。危机管理机构的具体组织形式可以是独立的专职机构，也可以是一个跨部门的管理小组，还可以在企业战略管理部门设置专职人员来代替。企业可以根据自身的规模以及可能出现的危机的性质和概率灵活决定。

4. 制订危机管理计划

企业应该根据可能发生的不同类型的危机制订一套危机管理计划，明确怎样防止危机爆发，一旦危机爆发立即做出怎样的针对性反应等。事先拟订的危机管理计划应该囊括企业多方面的应急预案。计划中要重点体现危机的传播途径和解决办法。

（二）进行准确的危机确认

危机管理人员要做好日常的信息收集、分类管理，建立起危机防范预警机制。危机管理人员要善于捕捉危机发生前的信息，在出现危机征兆时，尽快确认危机的类型，为有效的危机控制做好前期工作。

（三）危机处理的理论依据

1. 承担责任（Shoulder the Matter）原则

危机出现后，公众会关心两方面的问题。一方面是利益的问题，利益是公众关注的焦点，无论谁是谁非，企业都应该承担责任。即使受害者在事故发生中有一定的责任，企业也不应首先追究其责任，否则会各执己见，加深矛盾，引起公众的反感，不利于问题的解决。另一方面是感情问题，公众很在意企业是否在意自己的感受，因此，企业应该站在受害者的立场上对其表示同情和安慰，并通过新闻媒介向公众致歉，解决深层次的心理、情感关系问题，从而赢得公众的理解和信任。

实际上，公众和媒体往往在心中已经有了一杆秤，对企业有了心理上的预期，即“企业应该怎样处理，我才会感到满意”。因此，企业绝对不能选择对抗，态度至关重要。

2. 真诚（Sincerity）沟通原则

企业处于危机漩涡中时，是公众和媒体的焦点。企业的一举一动都将受到质疑，因此不能有侥幸心理，企图蒙混过关，而应该主动与新闻媒介联系，尽快与公众沟通，说明事实真相，促使双方互相理解，消除疑虑与不安。

真诚沟通是处理危机的基本原则之一。这里的真诚指“三诚”，即诚意、诚恳、诚实。如果做到了这“三诚”，则一切问题都可迎刃而解。

（1）诚意。在事件发生后的第一时间，公司的高层应向公众说明情况，并致以歉意，从而体现企业勇于承担责任、对消费者负责的企业文化，赢得消费者的同情和理解。

（2）诚恳。一切以消费者的利益为重，不回避问题和错误，及时与媒体和公众沟通，向消费者说明事件处理的进展情况，重获消费者的信任和尊重。

（3）诚实。诚实是危机处理最关键也是最有效的解决办法。我们会原谅一个犯错的人，但不会原谅一个说谎的人。

3. 速度（Speed）第一原则

好事不出门，坏事行千里。在危机出现的最初12小时～24小时，消息会像病毒一样，以裂变方式高速传播。而这时，可靠的消息往往不多，社会上充斥着谣言和猜测。公司的一举一动将是外界评判公司如何处理这次危机的主要根据。媒体、公众及政府都密切注视公司发出的第一份声明。对于公司在处理危机方面的做法和立场，舆论赞成与否往往都会立刻见于传媒报道。

公司必须当机立断，快速反应，果决行动，与媒体和公众进行沟通，从而迅速控制事态，否则会扩大突发危机的范围，甚至可能失去对全局的控制。危机出现后，能否首先控制住事态，使其不扩大、不升级、不蔓延，是处理危机的关键。

4. 系统（System）运行原则

在应对一种危险时，不要忽视另一种危险。在进行危机管理时必须系统运作，绝不可顾此失彼。只有这样才能透过表面现象看本质，创造性地解决问题，化害为利。

系统运作主要是做好以下几点。

（1）以冷对热，以静制动。危机会使人处于焦躁或恐惧之中，所以，企业高层应以“冷”对“热”，以“静”制“动”，镇定自若，以减轻企业员工的心理压力。

（2）统一观点，稳住阵脚。在企业内部迅速统一观点，对危机形成清醒的认识，从而稳住阵脚，万众一心，“一致对外”。

（3）组建班子，专项负责。一般情况下，危机公关小组由企业的公关部成员和企业涉及危机的高层领导组成。这一方面是高效率的保证，另一方面是对外口径一致的保证，使公众认识到企业处理危机的态度。

（4）果断决策，迅速实施。由于危机瞬息万变，任何模糊的应对决策都可能会产生严重的后果，所以必须迅速做出决策，系统部署，付诸实施。

（5）合纵连横，借助外力。当危机来临时，应和政府部门、行业协会、同行企业及新闻媒体充分配合，联手对付危机，如此企业还能增强公信力、影响力。

（6）循序渐进，标本兼治。要真正彻底地消除危机，需要在控制事态后及时准确地找到危机的症结，对症下药，谋求治"本"。如果仅仅停留在治标阶段，就会前功尽弃，甚至引发新的危机。

5. 权威（Standard）证实原则

自己称赞自己是没用的，没有权威的认可只会徒留笑柄。在危机出现后，企业不要自己整天拿着高音喇叭叫冤，而要"曲线救国"，请重量级的第三者在前台说话，使消费者解除对自己的警戒心理，重获他们的信任。

（四）危机的善后管理工作

危机的善后工作主要是消除危机处理后的遗留问题和影响。危机出现后，企业形象受到了影响，公众对企业会非常敏感，企业要靠一系列危机善后管理工作来挽回形象。

（1）进行危机总结、评估。对危机管理工作进行全面的评价，包括对预警系统的组织和工作程序、危机处理计划、危机决策等各方面的评价，要详尽地列出危机管理工作中存在的各种问题。

（2）对问题进行整顿。多数危机的爆发与企业管理不善有关，企业可通过总结评估提出改正措施，责成有关部门逐项落实，完善危机管理内容。

（3）寻找商机。危机给企业制造了另外一种环境，企业管理者要善于利用危机探索经营的新路子，进行重大改革。这样，危机可能会给企业带来商机。

总之，危机并不等同于企业失败，危机之中往往孕育着转机。危机管理是一门艺术，是企业发展战略中的一项长期规划。企业在不断谋求技术、市场、管理和组织制度等一系列创新的同时，应将危机管理创新放到重要的位置上。企业在危机管理上的成败能够显示出它的整体素质和综合实力。成功的企业不仅能够妥善处理危机，而且能够化危机为商机。

第四节　信息安全管理

导入案例

徐玉玉诈骗案：嫌犯攻击报名系统　盗取考生信息

2016 年 8 月 19 日，山东省临沂市高考录取新生徐玉玉，被不法分子欺骗，其准备用来交学费的 9 900 元被骗光。徐玉玉在报警后因心脏衰竭死亡。

案发后，公安机关全力工作，不仅查明电信网络诈骗团伙情况，也掌握了信息泄露源头。嫌犯杜某利用技术手段，攻击了"山东省 2016 高考网上报名信息系统"，并在网站植入木马病毒，获取网站后台登录权限，盗取了包括徐玉玉在内的大量考生的报名信息。7 月月初，嫌犯陈某在江西九江租住房屋设诈骗窝点，通过 QQ 搜索"高考数据群""学生资料数据"等聊天群，在群内发布个人信息购买需求后，从杜某手中以每条 0.5 元购买了 1 800 条高中毕业生资料。同时，陈某雇佣郑某、黄某等冒充教育局、财政局工作人员拨打电话，以发放助学金的名义，对高考录取学生实施诈骗。在徐玉玉向嫌疑冒用他人身份证开设的银行卡账户汇款6分钟后，陈某即操控在福建泉州的嫌疑人郑某某，让其组织熊某、陈某某等人在泉州一银行ATM上取走赃款。嫌犯彭某通过网络，多次向陈某犯罪团伙售卖非实名手机卡，供犯罪团伙作案使用。

【分析提示】

案例中有几处信息安全问题？

一、信息安全管理的内涵

信息安全是一门涉及计算机科学、网络技术、通信技术、密码技术、信息安全技术、应用数学、数论、信息论等多种学科的综合性学科。它包括以下五方面的特性，即需保证信息的保密性、真实性、完整性、未授权拷贝和所寄生系统的安全性。

它使信息网络的硬件、软件及其系统中的数据受到保护，不因偶然的或者恶意的原因而遭到破坏、更改、泄露，系统连续可靠正常地运行，信息服务不中断。

二、企业建立健全信息安全管理体系的必要性

随着计算机技术的不断发展，计算机被广泛地应用于各个领域。在企业中，利用计算机进行管理可以显著提高工作效率，使企业管理水平有一个明显的提高。对于中小企业而言，信息化是中小企业迎接新经济的挑战、提高企业运作效率、降低经营管理成本、把握新的商业机会的必由之路。在各类管理信息系统中，信息制作和传播等都要涉及信息的存储、传输与使用等信息处理问题，而信息处理过程中的信息安全问题尤为突出。存储在计算机中的重要文件、数据库中的重要数据等信息，一旦丢失、损坏或泄露、不能及时送达，都会给企业造成很大的损失。如果是商业机密信息，给企业造成的损失会更大，甚至会影响企业的生存和发展。

因此，建立健全信息安全管理体系对企业的安全管理工作和企业的发展意义重大。首先，此体系的建立将提高员工信息安全意识和企业信息安全管理的水平，增强组织抵御灾难性事件的能力，是企业信息化建设中的重要环节，必将大大提高信息管理工作的安全性和可靠性，使其更好地服务于企业的业务发展。其次，建设信息安全管理体系，可有效提高企业对信息安全风险的管控能力，通过与等级保护、风险评估等工作接续起来，使得信息安全管理更加科学有效。最后，信息安全管理体系的建立将使得企业的管理水平与国际先进水平接轨，从而成为企业向国际化发展的有力支撑。

三、企业信息安全管理的现状

目前，国内大中型企业由于信息化起步早、资金和技术力量充足、管理制度较为完善，因此信息安全管理体系的成熟度也相对较高，但众多中小企业由于资金、技术等方面的原因，在信息安全性方面普遍存在着严重漏洞，与大型企业、行业用户相比，它们更容易受到网络病毒的侵害，损失会很严重。因此构建一个成熟的信息安全管理体系对中小企业尤为重要。

中小企业计算机管理人员配置少，监督管理都难以细致，其他员工在信息化系统操作中容易工作马虎、不细心、不按成型的规范操作、不遵守相应规章制度。中小企业中很多员工信息安全意识不强，将“123456”、生日或工号作为系统口令，或将单位的账号随意转借他人使用，将一

些企业资料存在 U 盘或网络中，从而造成信息的丢失或被篡改。企业网站或微信平台等缺乏安全防护措施，数据库和中间件漏洞不能及时修补，容易被攻破或种植木马，造成客户信息泄露，甚至被挂上恶意链接或反动言论，对企业造成不良影响。徐玉玉诈骗案的起因就是教育部门的服务器被种植木马造成考生信息泄露。还有很多企业对计算机终端管理随意，很多办公计算机没有安装杀毒和安全防护软件，很容易被种植木马成为“肉鸡”，造成信息被窃取或成为网络攻击的对象。

四、加强信息安全管理的措施

企业加强信息安全管理是当今管理的当务之急，企业应如何加强信息安全管理呢？首先，要组织全员树立信息安全意识，定期进行安全知识培训，签署信息安全承诺书。其次，要加强安全管理力度，健全管理制度。最后，要加大对计算机网络与信息安全工作的投入，对企业涉密信息的加密软件、防火墙等网络安全硬件要配置到位；企业网站和微信、微博平台要有专人负责，定期进行安全检测和软件漏洞修复。加强信息安全管理的具体措施如下。

（一）防范外部入侵的措施

（1）防火墙。防火墙是一种网络安全保障手段，是网络通信时执行的一种访问控制尺度，其主要目标就是通过控制进、出一个网络的权限，在内部和外部两个网络之间建立一个安全控制点，对进、出内部网络的服务和访问进行控制和审计，防止外部网络用户以非法手段通过外部网络进入内部网络，访问、干扰和破坏内部网络资源。在逻辑上，防火墙是一个分离器，一个限制器，也是一个分析器，有效地监视了内部网络和 Internet 之间的任何活动，保证了内部网络的安全。防火墙有软、硬件之分，实现防火墙功能的软件，为软件防火墙。软件防火墙被运行于特定的计算机上，它需要计算机操作系统的支持。基于专用的硬件平台的防火墙系统，为硬件防火墙。它基于 PC 架构，运行一些经过裁剪和简化的操作系统，承载防火墙软件。

（2）入侵检测。部署入侵检测产品，并与防火墙联动，以监视局域网外部绕过或透过防火墙的攻击，并及时触发联动的防火墙及时关闭该连接；同时监视主服务器网段的异常行为，以防止来自局域网内部的攻击或无意的误用及滥用行为。入侵检测是对防火墙的合理补充，帮助系统对付网络攻击，扩展了系统管理员的安全管理能力。

（二）防范内部非法活动的措施

（1）身份认证。网络安全身份认证是指登录计算机网络时系统对用户身份的确认技术。是网络安全的第一道防线，也是最重要的一道防线。用户在访问安全系统之前，首先经过身份认证系统识别身份，然后访问监控器根据用户的身份和授权数据库决定用户是否能够访问某个资源。授权数据库由安全管理员按照需要进行配置。审计系统根据审计设置记录用户的请求和行为，同时入侵检测系统实时或非实时地检测是否有入侵行为。访问监控器和审计系统都要依赖于身份认证系统提供的用户的身份。身份认证在安全系统中的地位极其重要，是最基本的安全服务，其他的安全服务都要依赖于它。一旦身份认证系统被攻破，那么系统的所有安全措施将形同虚设。黑客攻击的目标往往就是身份认证系统，因此身份认证实在是网络安全的关键。

（2）访问控制。访问控制决定了用户可以访问的网络范围、使用的协议、端口；能访问系统的何种资源以及如何使用这些资源。在路由器上可以建立访问控制列表，它是应用在路由器接口的指令列表，这些指令列表告诉路由器哪些数据包可以接收、哪些数据包需要拒绝。至于数据包是被接收还是被拒绝，可以由类似于源地址、目的地址、端口号、协议等特定指示条件来决定。建立访问控制列表后，可以限制网络流量，提高网络性能，对通信流量起到控制的作用，这也是对网络访问的基本安全保障。在应用系统中，访问控制包括用户识别代码、口令、登录控制、资源授权（如用户配置文件、资源配置文件和控制列表）、授权核查、日志和审计。适当的访问控制能够阻止未经允许的用户有意或无意地获取数据，即根据授予的权限限制其对资源的利用范围和程度。

（3）流量监测。目前有很多因素造成网络的流量异常，如拒绝服务攻击（dos）、网络蠕虫病毒的传播、一些网络扫描工具产生的大量tcp连接请求等，很容易使网络设备瘫痪。它们都是利用系统服务的漏洞或利用网络资源的有限性，在短时间内发动大规模网络攻击，消耗特定资源，造成网络或计算机系统瘫痪的。因此，监控网络的异常流量非常重要。流量监测技术主要有基于snmp的流量监测和基于netflow的流量监测。基于snmp的流量监测是通过提取网络设备agent提供的mib（管理对象信息库），收集一些与具体设备及流量信息有关的变量。基于snmp收集的网络流量信息包括：输入字节数、输入非广播包数、输入广播包数、输入包丢弃数、输入包错误数、输入未知协议包数、输出字节数、输出非广播包数、输出广播包数、输出包丢弃数、输出包错误数、输出队长等。基于netflow的流量监测是基于网络设备提供的netflow机制实现的网络流量信息采集，在此基础上实现的流量信息采集效率和效果均能够满足对网络流量异常监测的需求。基于以上的流量检测技术，目前有很多流量监控管理软件，此类软件是判断异常流量流向的有效工具，通过对流量大小变化的监控，可以帮助网络管理人员发现异常流量，特别是大流量异常流量的流向，从而进一步查找异常流量的源地址和目的地址。处理异常流量最直接的办法是切断异常流量源设备的物理连接，也可以采用访问控制列表进行包过滤或在路由器上进行流量限定控制异常流量。

（4）漏洞扫描。对一个网络系统而言，存在不安全隐患，将是黑客攻击得手的关键。就目前的网络系统来说，其在硬件、软件、协议的具体实现或系统安全策略方面都可能存在一定的安全缺陷，即安全漏洞。及时检测出网络中每个系统的安全漏洞是至关重要的。漏洞扫描是增强系统安全性的重要措施之一，它能够有效地预先评估和分析系统中的安全问题。漏洞扫描系统是用来自动检测远程或本地主机安全漏洞的程序，按功能可分为：操作系统漏洞扫描系统、网络漏洞扫描系统和数据库漏洞扫描系统。网络漏洞扫描系统是指通过网络远程检测目标网络和主机系统漏洞的程序，它对网络系统和设备进行安全漏洞检测和分析，从而发现可能被入侵者非法利用的漏洞。定期对网络系统进行漏洞扫描，可以主动发现安全问题并在第一时间完成有效防护，让攻击者无隙可钻。

（5）防病毒。企业防病毒系统应该具有系统性与主动性的特点，能够实现全方位多级防护。考虑到病毒在网络中存储、传播的方式各异且途径多种多样，相应地在构建网络防病毒系统时，应利用全方位的企业防毒产品，实施集中控制、以防为主、防杀结合的策略。具体而言，就是针对网络中所有可能的病毒攻击设置对应的防毒软件，通过全方位、多层次的防毒系统配置，使网络没有薄弱环节可成为病毒入侵的缺口。

随着科技的发展，一些不法分子和黑客通过计算机网络窃取企业商业机密的现象越来越多，因此，对于信息安全管理应该予以高度重视，否则可能对企业造成不可预估的损失。

第二部分　实务部分

任务一　思考与讨论

一、简答题

1. 知识管理在企业发展过程中的重要性是什么？如何实施？
2. 冲突管理模式的中西方差异有哪些？
3. 企业如何应对突发性危机？
4. 中小企业如何做好信息安全管理？

二、讨论题

1. 请你根据冲突管理理论分析“菜贱伤农”问题，并为其带来的危机讨论解决方案。

2. 列举身边危机公关失败的企业实例，并选择一个典型案例进行分析，做一个较完整的分析方案。

3. 列举身边信息安全管理做得比较好的和做得不完善的企业案例，并做一个比较完整的分析方案。

任务二　案例分析

案例一　腾讯进军知识管理

2017 年 11 月 16 日，在上海举办的企业微信行业交流沙龙上，腾讯第一次向外界展示了自己的知识管理能力，推出一款名为“腾讯乐享”的企业社区化知识管理应用，腾讯乐享是企业微信上线的首批腾讯自研应用。

据腾讯乐享高级产品总监周芝芝介绍，目前已有超过 3 000 家企业接入腾讯乐享，其中不乏可口可乐、链家、中国移动、中国联通这样的知名公司，覆盖互联网、零售、制造、金融、电信等多个行业。腾讯乐享是“以知识管理为核心的企业一站式社区”，无须添加多个应用，支持自定义版面与自定义应用组合，为企业内知识、沟通、协作提供综合服务平台。

腾讯乐享为企业提供以下四种功能。1. 多终端化，支持基于 PC 浏览器和手机的多终端浏览操作，与企业微信高度集成，可随时随地访问。2. 社区化，基于企业 2.0 理念打造全方位的员工分享社区。3. 组件化，支持多维度群组创建，丰富应用满足不同场景。4. SaaS 化，服务部署云端，安全便捷，有腾讯多项技术保障。腾讯乐享提供的各类组件，包括文档管理、知识分享、活动组织、论坛（BBS）、投票、乐问（企业内“知乎”）、在线课堂（企业内学习平台）。腾讯乐享能全方位满足企业在人力资源、行政、财务、文化建设上的需要，一个平台就能实现企业管理信息化。

腾讯乐享是腾讯花费十年打磨的产品。腾讯乐享总经理张文浩介绍说："腾讯乐享于2008年上线，腾讯也是国内最早做社区化知识管理的公司。过去十年，腾讯在知识管理的实践中取得了丰硕成果，通过知识管理完成企业知识资产化；通过企业内'知乎'乐问打造开放的腾讯企业文化，实现平板沟通。"

据悉，在腾讯乐享上，腾讯员工共分享超过50万篇知识性文章，每月过万腾讯员工通过乐问参与公司的大事小情，腾讯也通过腾讯乐享完成了知识赋能业务：每天70%的员工会访问腾讯乐享。

在互联网上流传着许多与腾讯乐享有关的故事，例如腾讯乐享采访了腾讯创始人张志东。张志东在访谈中提倡腾讯人要独立思考、避免人云亦云，指出好的团队要允许争吵和不同意见。这次访谈引起腾讯员工热议，也在互联网上广为流传。

腾讯乐享已经成为腾讯内部的平板沟通利器，实实在在地突破了地域、部门、职位的壁垒，腾讯创始人张志东评价说："1万人的企业，200人的感觉。"

腾讯乐享是腾讯管理文化对外输出的标志，腾讯乐享的问世，为企业知识管理提供了另一种选择：利用腾讯已有的实践经验，实现企业内部的知识管理信息化，沟通平板化。

问题：

1. 知识管理的内涵是什么？
2. 知识管理的意义是什么？腾讯为什么要进行知识管理和文化输出？

案例二　国美的冲突管理

2010年11月，有消息称黄光裕、陈晓相互达成谅解，邹晓春、黄燕虹将进入国美董事会。关于此次达成的谅解备忘录，黄光裕方面表示：这将有利于公司治理结构的完善，有利于国美电器长期稳定健康发展，目前有了一个良好的开端。虽然当时还未就非上市门店以及再次召开股东大会与否达成一致。按谅解备忘录提示，黄光裕不会再轻易提出这个要求，但这意味着黄光裕保留了这两项权利。

这对国美来说绝对是个利好的消息！

那究竟是谁化解了这场冲突呢？为什么经过几轮"拉锯战"最终握手言和呢？开战之初，他们相互都表示要"置对方于死地""不是你死就是我亡"。我们不难发现，开战之初，双方都是就各自立场进行谈判的。黄光裕的立场：老板哪能接受你职业经理人的威胁与挑衅，我要拥有绝对控制权！陈晓的立场：你不仁我不义，国美也是我们的！事实上，出现冲突时如果就各自立场进行谈判，这是冲突管理的大忌。基本上不会产生双赢的局面，要么是你输我赢，要么是我输你赢，关键看谁握有更多的权力与资源。如今，经过几轮较量与冷静思考，利益还是最重要的。如果国美分拆，或者陈晓等团队立刻下台等，对国美肯定不是好事。双方肯定都明白其中利害，关键是没有放下各自的立场。

华略咨询首席顾问蒋小华认为，想有效地解决冲突，就必须基于利益而非基于立场进行谈判，即竞赛还是共赢的问题。基于立场是评判对与错，基于利益是考虑得与失。如果要竞赛，会导致冲突的升级，即你不好，我也不好，大家都不好。基于利益谈判会迫使人们走向双赢，即我需要的是什么，你需要的是什么，如何实现你好我好大家好。这就需拿出诚意，用同理心，并妥善处理自己的负面情绪，冷静公正，不偏不倚，晓以大义，交换双方的立场，创造轻松的气氛，使双方都有台阶可下。

可以肯定的是，国美内战最终走向谅解，是以从基于立场走向基于利益的谈判实现的，这才是化解冲突的“幕后推手”。

问题： 1. 国美出现内部冲突的原因是什么？

2. 结合案例分析，怎样解决内部冲突？

任务三　企业模拟案例（视频案例）

企业模拟案例一

扫描二维码，观看视频后回答以下问题。

假如你是冯经理，该如何处理此问题？请编写续集。

企业模拟案例二

扫描二维码，观看案例后回答以下问题。

1. 假如你是酒店总经理王总，你该如何处理此次事件？请编写续集。

2. 结合你的所见所闻，谈谈你对危机管理对策的认识。

扫一扫

案例一

扫一扫

案例二

参考文献

[1] 迟艳琴，郭景婷．管理学基础[M]．天津：南开大学出版社，2010.8.

[2] 李国政，吴会杰．管理学原理[M]．天津：南开大学出版社，2010.8.

[3] 唐华山．世界500强企业总裁语录[M]．北京：人民邮电出版社，2008.3.

[4] 罗伯特·F．哈特雷．蔡升贵，徐健译[M]．企业管理经典案例．北京：人民邮电出版社，2008.6.

[5] 斯蒂芬·P．罗宾斯，玛丽·库尔特．孙健敏，黄卫伟，王凤彬，等．管理学（第七版）[M]．北京：中国人民大学出版社，2004.1.

[6] 彼得·德鲁克．管理的实践[M]．北京：机械工业出版社，2009.9.

[7] 芮明杰．管理学现代的观点（第二版）[M]．北京：上海人民出版社，2005.1.

[8] 张岩松，陈百君，周宏波．现代管理学案例教程[M]．北京：清华大学出版社，北京交通大学出版社，2009.10.

[9] 胡伟．管理学[M]．北京：化学工业出版社，2009.8.

[10] 吴锐，何耀明．管理学基础[M]．北京：首都经济贸易大学出版社，2009.5.

[11] 赵丽芬．管理理论与实务（第2版）[M]．北京：清华大学出版社，2010.2.

[12] 尤建新，陈守明．管理学概论[M]．上海：同济大学出版社，2007.2.

[13] 王秀红，王庆美，吴之明．护理管理学[M]．上海：同济大学出版社，2008.5.

[14] 吴照云．管理学[M]．北京：经济管理出版社，2000.

[15] 李晓光．管理学原理[M]．北京：中国财政经济出版社，2004.

[16] 单凤儒．企业管理[M]．北京：高等教育出版社，2004.

[17] 赵蕾．管理学原理[M]．北京：清华大学出版社，2009.

[18] 徐国华，张德，赵平．管理学[M]．北京：清华大学出版社，1998.

[19] 周三多，陈传明，鲁明鸿．管理学——原理与方法[M]．上海：复旦大学出版社，1999.

[20] 李旭升．冲突管理[M]．北京：北京大学出版社，2008.5.

[21] 朱晓敏，张润彤．知识管理导论[M]．北京：高等教育出版社，2010.6.

[22] 储节旺．知识管理概论[M]．北京：北京交通大学出版社，2006.3.

[23] 董传仪．危机管理学[M]．北京：中国传媒大学出版社，2010.10.

[24] 肖鹏英．危机管理[M]．广州：华南理工大学出版社，2008.7.

[25] 邢以群．管理学[M]．杭州：浙江大学出版社，2012.3.

[26] 吴照云．管理学[M]．北京：中国社会科学出版社，2011.2.